汉语待嵌格式研究

孟祥英 著

齊魯書社

图书在版编目(CIP)数据

汉语待嵌格式研究／孟祥英著. —济南:齐鲁书社,
2014.7

ISBN 978-7-5333-3186-3

Ⅰ.①汉… Ⅱ.①孟… Ⅲ.①汉语—复合词—研究
Ⅳ.①H136

中国版本图书馆 CIP 数据核字(2014)第 150254 号

汉语待嵌格式研究

孟祥英　著

主管单位	山东出版传媒股份有限公司
出版发行	齊魯書社
社　　址	济南市英雄山路 189 号
邮　　编	250002
网　　址	www.qlss.com.cn
电子邮箱	qilupress@126.com
营销中心	(0531)82098521　82098519
印　　刷	日照日报印务中心
开　　本	880mm×1230mm　1/32
印　　张	10.25
插　　页	3
字　　数	260 千
版　　次	2014 年 7 月第 1 版
印　　次	2014 年 7 月第 1 次印刷
标准书号	ISBN 978-7-5333-3186-3
定　　价	**38.00 元**

序

随着对汉语特点研究的逐步深入，特别是受到语法化理论、词汇化理论、构式语法理论、认知语言学理论等的影响，汉语语言学对汉语语法格式和词汇格式的研究取得了不少成绩，且正向纵深处挖掘拓展。在词汇格式的研究中，待嵌格式的研究最为突出，无论是个案分析，还是整体描述，无论是理论阐释，还是应用探索，都有一些值得关注的研究成果。这不仅是因为汉语待嵌格式是一种显性范畴，在汉语口语交际和书面交际中普遍存在，而且更重要的是因为它一方面由汉语本体特点和语用特点所塑造，另一方面又能鲜明地体现汉语的某些特点。

齐鲁师范学院文学院的孟祥英老师在其博士学位论文的基础上经过近4年时间修改完成的《汉语待嵌格式研究》，就是汉语待嵌格式研究领域的最新成果之一。这不仅是孟老师的用心之作，也是目前研究汉语待嵌格式的系统之作。该成果的主要特点有以下三个方面：

其一，视野开阔，理论性强。作者对汉语待嵌格式研究的历程有全面的了解和认识，因此能对自己的研究准确定位。针对学界已有研究多个例阐释、少共性描写之不足，她对待嵌格式进行了系统的整理和分类描写。从描写内容和使用的方法看，作者有着结构主义描写语言学的良好素养。更可贵的是，作者能及时跟进语言学发展的动态，吸收和借鉴最新研究成果，采用具有解释力的文化语言学、构式语法学、认知语言学、语法化、词汇化等新兴语言学的理论方法，对汉语待嵌格式的特点和动因作出有说服力的解释，使该研究具有较强的理论色彩。

其二，系统全面，重点突出。在已有研究成果的基础上，作者概括出240个典型的待嵌格式作为研究对象，这240个待嵌格式基本上能够反映出现代汉语待嵌格式的全貌。对240个待嵌格式的研究既有整体的观照和描述，又有对主要类型和个案的重点剖析。点面结合，以点带面。本体研究彰显了待嵌格式的特性和理论意义，应用研究说明了待嵌格式的作用和实践价值。整个研究贯穿了定性与定量相结合，描写与解释相结合，语法、语义和语用相结合的原则，但又不难看出作者的研究是以定性、解释、语义为重点的。定量是定性的前提，描写是解释的基础，语法、语用受制于语义。

其三，追求超越，认识创新。待嵌格式的研究不是汉语语言学研究的新问题，相关研究成果也不能说不多。作者能从既有成果中得到启发，又不受既有成果所囿，而是立足对研究对象的深入考察和多维度分析，努力超越对待嵌格式的一般认知，根据个人的研究得出新的认识和见解。纵观全文，可以说新意迭现。比如，作者认为能够构成待嵌格式框架的名词、形容词、数词等多属于基本等级范畴，具有认知上的显著性，且多具有文化附加义；固定部分在其生成的四字格中会发生不同程度的语法化，其语法化等级与其意义变化及其在四字格中的句法位置密切相关；就一般倾向而言，嵌入部分的排序遵循一致性、显著性、文化规约性、空间性及时间性等原则；待嵌格式生成的四字格发生了不同程度的词汇化，词汇化程度可从形式是否凝固、意义的融合度、使用频率的高低这三个角度进行考察；待嵌格式生成的四字格多具有主观增量的意义；待嵌格式的产生及发展主要受到社会文化、汉语特点及其发展规律、语言内部存在的普遍机制（对称机制、类推机制、经济机制、羡余机制等）的影响。

这些观察和认识对人们了解汉语待嵌格式的本质特点会有积极帮助，也能较好地回答为什么只有汉语才会大量存在这种格式。

当然，该成果也不无遗憾或欠缺之处。应该说作者已看到了待嵌格式研究多共时考察，少历时追溯的不足，但是该研究依然没能很好地解决这个问题，还是以共时研究为主，历时研究的支撑不够。在确定待嵌格式上，尚未能提出刚性的原则标准，以致所确定的240个格式未必是同质、同层面的事实，也未必都是最具典型性的，当然也就未必是全部事实。比如“奇……异……”在240个之列，“奇……怪……”不在其中，那么，是不是“奇……怪……”就不够资格呢？

孟祥英老师是勤奋向学的人，是求真务实的人。期待她对汉语待嵌格式有更深透的研究，希望能看到她立足汉语实际，深刻揭示汉语特点的更新、更多的研究成果。

在《汉语待嵌格式研究》出版之际，写下以上文字以示祝贺！

刘中富

2014年4月6日于青岛

目　录

第一章　绪　论

本章主要说明本书的研究对象、研究意义、研究概况、研究方法及使用的语料。

一、研究对象

“待嵌格式”这一术语是周荐在 1999 年提出来的，见于他的《双字组合与词典收条》一文的“附注”部分：“双语素合成词，既包括上面所举派生词和复合词，也包括一些待嵌格式。”①其后，在《〈现代汉语词典〉中的待嵌格式》一文中，周荐对“待嵌格式”加以具体界定，指出“两字交替显现、两字（个别的为多字）交替隐含而需人们在使用中将隐含的字填补进去以成就一个新的词汇单位的准四字格式”②，如“东……西……”、“千……万……”、“爱……不……”、“不……不……”、“大……大……”、“……来……去”、“……三……四”等。从外在形式来看，待嵌格式可分为三种类型，即“A……B……”、“A……A……”和“……A……B”。从逻辑上来推理，还应包括第四种类型，即“……A……A”型。比如在“爱来不

① 周荐：《双字组合与词典收条》，《中国语文》1999 年第 4 期。
② 周荐：《〈现代汉语词典〉中的待嵌格式》，《中国语文》2001 年第 6 期。

来”、“要来就来”、“说来就来”这些四字格的基础上,似乎可以概括出“……来……来”这一格式。但是,在我们的研究对象中没有此种类型,原因有二:第一,在以上四字格中,“来”是谓词,充当核心成分,其意义很难虚化;第二,此类四字格数量非常少,没有必要把它归纳概括成一种格式。因此,我们的研究对象不包括“……A……A”这种类型。

我们以《现代汉语词典》(第6版)、姜德梧编著的《汉语四字格词典》以及张斌主编的《新编现代汉语》“类固定词语”部分(第270－272页)所收的待嵌格式为主要考察对象,共计240个格式。在标写形式上统一采用“A……B/A……”和“……A……B”两种形式①,称“A”和“B”为固定部分,“……”为嵌入部分。下面把研究对象按字母顺序排列如下:

A. 挨……受……、爱……不……

B. 百……百……、百……不……、百……千……、半……半……、半……不……、……背……腰、本……本……、避……就……、边……边……、兵……将……、……兵……将、冰……雪……、不……不……、不……而……、不……其……、不……一……、不……之……、不……自……

C. 残……剩……、……长……短、……肠……肚、车……马……、称……道……、成……成……、……仇……恨、出……入……、春……秋……、此……彼……、粗……大……

D. 大……不……、大……大……、大……其……、大……特……、大……小……、大……一……、待……不……、得……且

① 《现代汉语词典》和《汉语四字格词典》采用的是“A…B/A…”和“…A…B”两种形式。我们认为,“…”不符合标点符号使用规范,故而采用张斌主编的《新编现代汉语》的标记方法。

……、东……西……、……东……西、独……独……、断……残……、多……多……、多……善……、多……少……

E.……而……之、……儿……女、耳……目……

F.翻……倒……、反……为……、飞……走……、非……非……、非……即……、风……浪……、……风……浪、风……日……、风……雨……、……风……雨

G.改……换……、敢……敢……、高……大……、……歌……舞、各……各……、各……其……、……根……底、……公……私、孤……寡……、……古……今、鬼……神……、国……民……、……国……民

H.含……带……、好……好……、红……绿……、……红……绿、忽……忽……、胡……乱……、互……互……、化……为……、……魂……魄、或……或……

J.鸡……狗……、既……又……、……家……户、街……巷……、……街……巷、……金……银、金……玉……、紧……慢……、精……细……、……旧……新、旧……重……

K.可……可……、……口……舌

L.……来……去、……来……往、连……带……、龙……凤……、……龙……凤、龙……虎……、……龙……虎、乱……乱……、屡……不……、屡……屡……

M.……眉……目、眉……眼……、……眉……眼、没……没……、……门……户、明……暗……、……模……样

N.南……北……、……南……北、男……女……、……男……女、内……外……、能……能……、能……善……、……年……月

P.……朋……友、披……戴……、……皮……脸

Q.七……八……、……七……八、奇……异……、千……百……、千……万……、前……后……、……前……后、……腔……

调、且……且……、……情……理、……情……意、……情……义、……缺……少

R. 人……马……、日……月……、如……如……、如……似……、……入……出、若……若……

S. 三……两……、三……六……、三……四……、……三……四、三……五……、山……海……、……山……海、山……水……、……山……水、上……下……、……上……下、神……鬼……、……神……鬼、……声……气、……生……死、时……时……、……始……终、……是……非、是……是……、……手……脚、说……道……、说……就……、……思……想、死……活……、……死……活、四……八……、似……不……、似……非……、似……似……、随……随……

T. 天……地……、……天……地、……天……日、……头……脸、……头……面、头……脑……、……头……脑、……头……尾

W. 万……千……、惟……是……、文……武……、无……不……、无……可……、无……无……、无……之……、五……六……

X. 先……后……、现……现……、相……相……、小……小……、……心……胆、……心……肺、心……气……、心……神……、心……手……、心……意……、……心……意

Y. ……牙……齿、……言……语、……衣……食、一……百……、一……半……、一……不……、一……而……、一……二……、一……就……、一……千……、一……三……、一……无……、一……一……、一……再……、一……之……、以……代……、以……为……、以……相……、由……而……、有……必……、有……可……、有……无……、有……有……、又……又……、愈……愈……、越……越……、云……雾……、……云……雾

Z. ……灾……祸、朝……暮……、招……惹……、真……实

……、……针……线、争……夺……、……枝……叶、转……为……、装……作……、……子……孙、自……自……、……嘴……舌、左……右……

二、研究意义

新中国成立以来，学者们从不同的角度对待嵌格式进行研究，提出了很多有价值的观点和研究思路。但以往研究也存在着一些不足之处，如多个例阐释，少共性描写；多共时考察，少历时追溯；多定性描写，少定量分析等。因此，这一课题还有进一步研究的空间和探索的价值。对其进行深入研究的意义在于：

第一，有利于深化对汉语特点的认识。汉语与世界上的其他语言之间有许多共性，但也有自己的鲜明个性，待嵌格式就是汉语特有而印欧语言所无的一类语言现象。在汉语中，这类格式数量较多，且由它们生成的四字格形式整齐，音韵和谐，描写性强，这与汉语重意合的特点及四字格词语丰富的特点密切相关。因此，考察待嵌格式，对发现汉语的特点、总结汉语的发展规律具有一定的意义。

第二，有利于语言教学，尤其是对外汉语教学。近几十年来，随着对外汉语教学的推进，一些学者从对外汉语教学这一实用的角度出发来研究待嵌格式。深化对待嵌格式的研究，一方面，能够对编写对外汉语教材提供理论支持；另一方面，在教学中让学生掌握此类待嵌格式，可以避免孤立地学习汉语，学生一旦掌握了格式的特点，就可以根据不同情境的需要灵活地选择相应格式的词语，甚至能自造新词，这有利于提高他们的语言表达能力。

第三，有利于词典编纂。目前收释待嵌格式的词典数量不多，且据我们考察的两部词典（《现代汉语词典》和《应用汉语词典》）来看，所收的待嵌格式不完全相同。待嵌格式收释的标准和原则是什么？这两部词典在收释待嵌格式方面有哪些优点和不足？同时，收释待嵌格式是《现代汉语词典》一以贯之的做法，但有些具体条目在不同的版本中或被增或被删，这种调整有无道理？道理何在？对这些问题加以思考和研究，对词典编纂工作是十分有用的。

第四，有利于提高语言表达效果。待嵌格式在语言交际中使用频率较高，其独有的描写性特征又使其具有重要的修辞效果，因此广受人们青睐。张卫国指出："我们查看了几百篇中、短篇小说以及文史论文等，几乎没有一篇没有使用四字语型，尤其是文学作品，使用得最多。有些四字语型构成的四字语，由于历时长久，已被认为是成语而收入词典。所以，四字语型在现代汉语中有着强大的生命力，是现代汉语中的一个十分重要的内容，值得我们认真地研究、分析、掌握。"①"四字语型"即我们所说的待嵌格式。实践证明，掌握并恰当运用待嵌格式，是提高语言表达效果的一种有效手段。

三、研究概况

从新中国成立初期到现在，很多学者从不同的角度、采用不同的方法研究过此类格式。为了方便说明，我们把待嵌格式的研究历史大致分为三个阶段：第一阶段，从新中国成立初到20世纪80年代中期为初步探索阶段；第二阶段，从80年代中期到90年代中期为深入发展阶段；第三阶段，从90年代中期至今为多元研究阶段。

（一）初步探索阶段

新中国成立后，陆志韦②在讨论汉语的并立四字格和汉语的构词法时涉及了待嵌格式。他主要采用"扩展法"来讨论"千……万……"、"东……西……"、"有……无……"、"连……带……"等格式是词还是词组的问题，这一论述角度显然受当时研究氛围的影

① 张卫国：《四字语型及其应用》，中国物资出版社1989年版，第13页。
② 陆志韦：《汉语的并立四字格》，《语言研究》1956年第1期。

响。20 世纪 50 年代汉语词汇学还处于起步阶段,对于什么是词、词组以及词与词组如何区分等理论问题尚未形成明晰的认识。

20 世纪 80 年代初期,马国凡在研究汉语成语时阐述了一些成语“格式化”的过程。他指出:“成语的灵活运用会产生一种脱胎于某一成语但又超出该成语的格式,而这种新格式比原成语具有更大的适应性。”[①]这一论述能让我们明确待嵌格式产生的一条重要途径,即从成语的灵活运用中发展而来。同时,作者还指出类化格式的两个特点:第一,多数是暂时性的,即所谓临时性的灵活运用,是自由短语;第二,有的自由短语会发展为具有定型性特点的固定短语。虽然我们对以上观点并不完全认同,但以上阐发能让我们认识到:由待嵌格式构成的四字格处于词和语的交界线上,它们最初都是以非词汇单位的形式出现,随着使用频率的提高,有些四字格可能会凝固为固定短语(即成语),成为词汇单位。现在一些学者如钱韵、余戈[②]等撰文讨论成语的词汇化等级问题,其实马国凡对此早有论述,只不过没有提高到应有的理论高度。

此外,吕叔湘[③]也注意了此类格式,并把 14 个常用格式收到《现代汉语八百词》中,如“半……半……”、“不……不……”、“大……大……”、“非……非……”等。这一时期还出现了探讨数词待嵌格式的比较有价值的论文,如黄岳洲[④]就成语中数词所表示的抽象义进行了探讨,武柏索[⑤]分析了“一…一…”格式的结构类型。而

① 马国凡:《成语》,内蒙古人民出版社 1983 年版,第 20 页。

② 钱韵、余戈:《现代汉语四字格成语的词汇化研究》,《语言科学》2003 年第 6 期。

③ 吕叔湘:《现代汉语八百词》,商务印书馆 1980 年版。

④ 黄岳洲:《从一到万——熟语中数词的抽象义》,《辞书研究》1980 年第 4 期。

⑤ 武柏索:《浅释“一…一…”结构》,《语言教学与研究》1984 年第 4 期。

其他待嵌格式几无涉及。

总之,此阶段对待嵌格式的研究尚处于起步阶段。很多学者注意了这类格式,但大都是在讨论其他问题时附带提及,专题研究工作尚未展开。当然,以上从不同角度对待嵌格式展开的论述虽然零散、不成系统,但能够使我们认识到:作为一类特殊的词汇单位——待嵌格式不仅仅是词汇学研究的对象,它与其他的语言学分支学科——语音学、语法学、修辞学等有着不可分割的关系。

(二)深入发展阶段

20 世纪 80 年代中期到 90 年代中期,学者们对待嵌格式研究的重要性有了更为深刻的认识,不仅出现了更多有真知灼见的研究文章,还出现了研究待嵌格式的专著以及专门性的收释格式的词典。

从理论的角度对"格式"进行探讨的有两篇重要文章。一篇是张拱贵为朱林清主编的书所写的序言——《语法格式和语汇格式——〈现代汉语"格式"初探〉序》,其重要价值在于:第一,针对《现代汉语"格式"初探》只收释语法格式(如"不仅是……而是……"、"因……而……"、"之所以……是因为/是由于"、"是为了……"等,共 32 个)而未收一个词汇格式的情形,他明确指出汉语中的格式可分为两类,即语法格式和语汇(词汇)格式。并特别强调:"'格式'不仅语法里有,语汇里(成语、惯用语、谚语等)更多。比如从'有头有尾'、'无头无尾'、'有头无尾'、'连头带尾'、'从头到尾'、'掐头去尾'、'摇头摆尾'、'藏头露尾'、'彻头彻尾'、'虎头蛇尾'、'街头巷尾'这些词语中,可以归纳出一个共同的'格式''……头……尾'。"①其他再如"有……有……"、"无……无……"、

① 张拱贵:《语法格式和语汇格式——〈现代汉语"格式"初探〉序》,《汉语学习》1985 年第 5 期。

“有……无……”、“连……带……”等都是语汇(词汇)格式。以上论述能使我们对“格式”有更为全面的认识。第二,张拱贵特别强调指出进行格式研究不仅具有重要的理论意义,而且具有较强的实用价值。另一篇文章是莫彭龄[1]的《“格式”研究刍议》,此文是对张拱贵观点的继承和进一步发展。作者在文中另辟蹊径,集中阐明了“格式”研究的方法和内容。首先,从研究方法来看,“格式”研究可以从微观和宏观、历时和共时等方面进行。从微观入手,分析每一种“格式”的结构、意义和变体等;从宏观着眼,着重研究“格式”的种类和层次。而历时和共时两方面的比较研究,则有助于我们了解“格式”演变发展中的继承性和民族性。其次,从研究内容来看,“格式”不仅有语法的,还有语汇的和修辞的,因此,还应重视对语法、语汇和修辞“格式”的区别和联系的研究,这一认识比张拱贵的更为全面。总起来说,这篇文章对后来的格式研究具有重要的方法论意义。

认识的深化促使更多的学者开始关注这一课题。因此,在20世纪80年代末90年代初出现了一批较为丰硕的研究成果。比如出现了新中国成立以后第一部专门的格式(既包括语法格式也包括词汇格式)词典,即由武柏索等合编的《现代汉语常用格式例释》[2],此书收释汉语常用格式513个,其中语法格式476个,词汇格式37个。

在这一时期,还出现了专门研究待嵌格式的第一部专著,即张卫国的《四字语型及其应用》[3]。这一著作共7章,前四章重点进行理论研究,系统阐发了四字语型的基本特点、构成要素及其性

① 莫彭龄:《“格式”研究刍议》,《常工院报学术论文集》1986年第2期。

② 武柏索等:《现代汉语常用格式例释》,商务印书馆1988年版。

③ 张卫国:《四字语型及其应用》,中国物资出版社1989年版。

质等；第五、六章从实践的层面探讨了四字语型的功能及其在应用中要注意的问题；第七章举例说明较为常见的四字语型的意义及嵌入部分的特点。考察发现，该著作研究的对象都是词汇格式，共有102个，其中81个是"A……B/A……"型的，如"爱……不……"、"紧……慢……"、"大……大……"等；18个是"……A……B"型的，如"……嘴……舌"、"……思……想"、"……心……意"等；还有"……而不……"、"……而又……"、"照……不误"的格式。从形式上看，此书所谈的四字语型与我们所说的待嵌格式内涵基本是一致的。这一著作虽然篇幅不长，仅6万多字，却是第一部对待嵌格式进行系统研究的专著，因而具有开创之功。其后张卫国又出版了《现代汉语实用语型——准确理解、自由表达的新途径》①，对269个格式逐一进行意义阐释和举例说明。书中所谈的"语型"包括一些词汇格式(84个)，而更多的是语法格式(185个)。张卫国的这两本书前后相继，一本侧重理论探讨，一本侧重实践应用，堪称姊妹篇。

此外，在这一时期出现了一些较有分量的单篇研究文章。如对"连……带……"格式展开的争鸣，李芳杰②认为这一格式是动词性的，王维成③则针对李芳杰的动词说和《现代汉语八百词》的介词说，从格式的语法意义和句法功能的角度进行分析，认为这一格式是连词性的，这一观点有一定道理。另外，傅希孟④、张清常⑤等对

① 张卫国：《现代汉语实用语型——准确理解、自由表达的新途径》，中国人民大学出版社1992年版。

② 李芳杰：《"连……带……"初探》，《武汉大学学报》1985年第4期。

③ 王维成：《试谈"连…带…"的词性——兼与有关同志商榷》，《汉语学习》1986年第3期。

④ 傅希孟：《〈红楼梦〉中含双项数词的四字语》，《语言教学与研究》1988年第3期。

⑤ 张清常：《汉语的15个数词》，《语言教学与研究》1990年第4期。

由数词对举构成的四字格进行的探讨，对以后的研究有着深刻的启迪意义。

综上所述，我们认为，待嵌格式研究在这一时期有了较大的飞跃。由对待嵌格式的附带研究变为专题性研究，由最初的零散描写上升到对其进行系统的描写和分析。但是，囿于当时以结构主义为主的研究方法，故研究仅仅局限于描写，对相关问题尚缺乏深层次的解释。

(三)多元研究阶段

20 世纪 90 年代中期以后，待嵌格式研究呈现出欣欣向荣的局面。其促因有二：第一，随着对外汉语教学的推进，人们更加充分地认识到“格式教学”的重要性；第二，在此阶段，西方新的语言学理论如韵律构词学、认知语言学等陆续传入中国，使得国内学者开始运用新的理论来解释待嵌格式，从而出现了一些新的研究方法和研究视角。总之，这一时期的研究呈现出更为鲜明的特色。

1. 研究内容相对集中

这一时期，研究待嵌格式的单篇文章数量明显增多，研究对象比较集中，出现了两个研究焦点：一是“不……不……”格式，二是数词待嵌格式，每种格式的研究论文都在 20 篇以上。其他的格式虽有涉及，但数量不多。

对“不……不……”格式的研究主要集中在分类方面。周小兵[①]重点探讨了格式的语义组合类型；寿永明[②]把格式分为平列关系和条件关系两类；王树瑛[③]从结构上把格式分成两类，即并列结

① 周小兵：《析“不 A 不 B”》，《语言教学与研究》1996 年第 4 期。

② 寿永明：《“不……不……”格式的语法意义》，《杭州大学学报》1997 年第 2 期。

③ 王树瑛：《汉语“不 A 不 B”格式的结构关系及语义研究》，《华中师范大学学报》1999 年第 5 期。

构和偏正结构；傅远碧[①]重点分析了格式之间的语义关系，将其分为完全否定、不完全否定、否定后有蕴含、表假设关系四类；罗耀华[②]则运用认知语言学理论，提出了四种认知模式，即双核线性离散式、单核聚焦式、双核聚焦式及单核凝结整合式；而邓英树、黄谷[③]的研究比前人前进了一步，将格式所表达的否定意义分成五种类型，进而指出否定意义的主要制约因素是嵌入部分的语义性质。

研究数词待嵌格式的文章可以分为三类：一是就某一个数词待嵌格式进行研究。其中探讨"一……一……"格式的较多，还有探讨"千……万……"和"七……八……"格式的。如骆小菊[④]以"一X一Y"中X、Y所描述的个体为基础，依次探讨了X和Y进入格式后所产生的指示性语义变化、关联性语义变化以及修辞性语义变化。此文角度新颖，论述集中。二是综合研究。如丁秀菊[⑤]在对由不同数词对举构成的成语进行语义分析的基础上，深入挖掘了数词成语的文化渊源。三是专书研究。如孙艳[⑥]以《红楼梦》为对象进行封闭式研究，对其中的数字镶嵌式俗白四字格的构词特点进行了分析，并探讨了数字镶嵌四字格在近代、现代汉语中大量产生的原因。

① 傅远碧：《谈谈不A不B》，《绵阳师范高等专科学校学报》2002年第3期。

② 罗耀华：《连锁型"不A不B"格式的认知模式》，《南都学坛》2002年1期。

③ 邓英树、黄谷：《论"不A不B"的否定意义及其制约因素》，《四川师范学院学报》2002年第4期。

④ 骆小菊：《试说"一X一Y"式成语中的X和Y》，《湖北师范学院学报》2002年第4期。

⑤ 丁秀菊：《数词成语的文化阐释》，《齐鲁学刊》2003年第5期。

⑥ 孙艳：《〈红楼梦〉数字镶嵌式俗白四字格分析》，《语文研究》2005年第3期。

此外,“又……又……”、“有……有……”、“爱……不……”、“……来……去”、“连……带……”等格式被人关注较多,至少有3篇以上研究论文。其他如“大……特……”、“不……而……”、“……声……气”等,仅有少量文章论及。

2. 研究角度更为新颖

冯胜利从韵律构词学的角度来研究。在《汉语的韵律、词法与句法》一书中,作者根据当代韵律构词法的理论探讨汉语的“四字格与复合韵律词”,他把“七上八下”、“横七竖八”等称为“音缀四字格”,认为其中的“上、下”和“七、八”都“具有某种‘音缀’或‘填充’的性质”①,并指出这类四字格主要有三种形式,即[(__A)(__B)]、[(A__)(B__)]和[A(AB)B](其中“A、B”表示实词,“__”表示“衬字”或者“音缀”的位置)。在这三种形式中,由于[(__A)(__B)]形式在构词法中具有绝对的优势,致使有些[(__A)(__B)]形式一用再用,以至“格套”化②。首先,“AB”可以格套化,如把“头脑”一分为二,构成“昏头昏脑、狗头狗脑、土头土脑、愣头愣脑”等四字格,久而久之便用成一种[A头A脑]型的“格套”形式;其次,两个填充词用久了也可以“格套化”,如把“奔跑”拆开嵌入“东”、“西”,就成了“东奔西跑”,“当‘东奔西跑’用久用熟以后,‘东西’的‘修饰-填充’的作用就开始固化甚至于公式化,形成:‘东V西V’。于是一系列的[东__西__]形式便应运而生”③。作者还指出,第二种形式[(A__)(B__)]在汉语中不是没有,但数量

---

① 冯胜利:《汉语的韵律、词法与句法》,北京大学出版社2009年版,第63页。

② 冯胜利:《汉语的韵律、词法与句法》,北京大学出版社2009年版,第64页。

③ 冯胜利:《汉语的韵律、词法与句法》,北京大学出版社2009年版,第64页。

较少，其原因在于：第一种形式很能产，第二种形式能产性较弱。以上论述可以比较充分地解释：为什么在有关待嵌格式的词典或著作中所收的“A……B/A……”型的格式总是远远多于“……A……B”型的格式。

有一些学者从认知语言学的角度来研究。20 世纪 90 年代以来，随着认知语言学理论的引进，学者们开始运用这一理论来解释待嵌格式。比如，郭风岚[①]具体探讨了“又……又……”格式的构成顺序、语义关系及这一格式的认知模式，即单核离散式、双核离散式和双核聚焦式；罗耀华[②]则运用认知心理语言学的“可及性”理论，对“不……不……”、“又……又……”、“有……有……”这三个待嵌格式的排序规则进行了归纳，阐释得比较到位；潘先军[③]在考察方位词时指出，方位词对举可以表达动作、行为反复的语法意义，其深层理据在于：方位词由表示空间范畴转到表示“动作反复”的量范畴，在认知语言学上属于隐喻。这一论述是颇有解释力的。

此外，周荐、李传军、王吉辉等还从词典学的角度来研究待嵌格式。关于这一点，我们在本书第五章《待嵌格式应用研究》会具体论及。

3. 出现了第一部专门收释词汇格式的词典

以往收释格式的词典没有把语法格式和词汇格式区分开来，不仅两类格式兼收，而且一般侧重于收语法格式，或者即使收了词汇格式，数量也不多。而在这一时期，出现了新中国成立以来第一

---

① 郭风岚：《“又 A 又 B”格式的认知模式》，《世界汉语教学》2000 年第 3 期。

② 罗耀华：《三组待嵌格式语序的可及性解释》，《华中师范大学研究生学报》2006 年第 2 期。

③ 潘先军：《方位词表反复刍议》，《内蒙古师范大学学报》2007 年第 3 期。

部专门收释词汇格式的词典,即姜德梧编著的《汉语四字格词典》。这部词典的主要内容是描写四字格的搭配关系和使用方法,其作用在于:"可以作为大中学生和一般语文工作者掌握和丰富四字格的参考读物,也是外国人学习汉语的良师益友。"①这部词典共收词汇格式275个,用例达3000余条。从数量上看,该词典所收的词汇格式是最多的。从类型上看,"A……B/A……"型的格式有157个,"……A……B"型的格式有73个,两者(即我们所研究的待嵌格式)相加为230个,占总数的近84%,其他类型的只有45个,如"百般……"、"不胜……"、"不以为……"、"……可掬"、"……交加"等。这部词典所收的待嵌格式有的构造四字格的能力比较强,如"不……不……"、"连……带……"、"有……有……"、"大……大……"、"东……西……"等;而有的相对较弱,像"兵……将……"、"改……换……"、"残……剩……"、"惟……是……"等。应该说,这部词典对汉语学习和研究有着重要的参考价值。

4.有关"待嵌格式"的内容首次被编入现代汉语教材

待嵌格式是汉语中比较重要而又较为特殊的一类语言现象,学者们对其看法不一,争议较大,又兼及其他种种原因,以往的《现代汉语》教材都没有涉及。新世纪之初,由张斌主编的《新编现代汉语》第一次将待嵌格式放在第三章《词汇》的第八节《固定词语》中②,在最后部分进行了专门论述,概括出这些格式在形式和意义上的特点,并列举出52个"A……B/A……"型的格式和16个"……A……B"型的格式。把对待嵌格式的最新研究成果编入现代汉语教材中,作为一类普及性的语言知识让学生学习和

① 姜德梧:《汉语四字格词典·说明》,北京语言文化大学出版社2000年版,第3页。

② 此部分内容由张谊生编写,他称此类格式为"类固定词语"。

掌握,是很有必要的。一方面,对其他现代汉语教材和对外汉语教材的编写有很大的借鉴价值;另一方面,学生尤其是外国留学生在进行语言学习时掌握此类格式,能够提高学习效率,增强语言表达效果。

应该说,这一时期待嵌格式研究取得了长足的进步,但也存在着一些不足之处,主要表现在以下几个方面:第一,多个例阐释,少共性描写。目前对待嵌格式的研究还处于一种原子式的状态,多对某一个格式进行研究,多就嵌入格式中的成分的词性、语义关系以及格式生成的四字格的句法功能进行描写,而较少对这类格式的共性特点、产生机制等进行深入探讨。而这些格式之所以能成为类,必有其结构上、意义上的共性。对待嵌格式进行研究应做到微观和宏观结合,既需对每一格式的个性进行深入探讨,还需把研究上升到更高的层面,揭示其共性,展示其规律,提高研究的理论价值。第二,多共时考察,少历时追溯。以往的研究多对某一格式在现代汉语平面上的使用情况进行描写,而少有文章从历时的角度进行追溯,这在一定程度上降低了研究的学理性。任何一种语言现象都不是凭空产生的,都有其产生、发展的历时演变过程,因此,对语言进行共时分析不能脱离历时考察。对"待嵌格式"来说,非常有必要做一些追根溯源的工作,对其进行历时考察,进而揭示其发展的基本脉络。第三,多定性描写,少定量考察。在搜集到的相关论著及论文中,只有极少数采用了定量考察和定性描写相结合的方法,其他多是采用定性描写的方法,鲜有进行定量研究的。近年来,随着语料库语言学的发展和统计分析方法的不断完善,定量研究越来越受到重视,学者们逐渐认识到:加强定量考察和定性描写的结合,将更有利于提高研究的科学性和说服力。

张拱贵在20世纪80年代中期就指出:"'格式'研究是大有可

为的。只不过目前这项工作做得还很不够。”①20多年后，对待嵌格式的研究依然不够深入，还存在一些空白点。而且到目前为止，此阶段没有出现一部对此课题进行深入研究的专门性著作。因此，进一步加强对待嵌格式的理论探讨和应用研究显得尤为必要。

四、研究方法

方法是解决问题的路径或程序。在汉语研究中，采用什么样的研究方法和思路，将直接决定研究的深度和创新度。在继承前人研究成果的基础上，本书拟采用以下研究方法：

第一，描写和解释相结合。一般认为，语言研究走过了三个阶段，即规范阶段、描写阶段和解释阶段。描写指的是从微观上对语言现象作细致而客观的反映，从纷纭复杂的语言现象中寻找出有规律的东西；解释则是对已找出的规律作出合理的阐明，使人不仅知其然，而且知其所以然。在实际研究工作中，“描写”和“解释”是很难截然分开的，二者相互依赖，交互促进。以往待嵌格式研究注重描写的充分，但仅有描写是远远不够的，还需作出必要的解释。本书在继承前哲时贤观点的基础上，追求描写和解释的有机结合，在对待嵌格式的性质、特点及产生动因等进行描写的基础上，尝试运用语言文化学理论、认知语言学中的范畴化理论、词汇化理论、语法化理论以及构式语法理论等对相关问题作出解释，力图揭示待嵌格式的本质及内在的发展规律。

第二，定量考察和定性描写相结合。定量考察主要是通过统计语料库、词典等方式得到一些数字、图表等，并对数据进行量化处理和分析，从而获得有价值的结论；定性描写则侧重于运用相关

---

① 张拱贵：《语法格式和语汇格式——〈现代汉语“格式”初探〉序》，《汉语学习》1985年第5期。

理论对语言现象进行分析推理，从而对其特点、规律等作出一般性说明。鉴于以往待嵌格式研究多定性描写而少定量考察的情况，我们拟采用定量考察和定性描写相结合的方法，通过对具体语料的统计分析，用数字、图表等形式化的手段来描述一些语言事实，力求在定量分析的基础上为语言现象定性，以提高论证的可信度和可靠性。

第三，比较。比较是语言研究中常常采用的方法，没有比较，则无所谓共性和差异。诚如吕叔湘所言："一种事物的特点，要跟别的事物比较才显出来……语言也是这样。要认识汉语的特点，就要跟非汉语比较；要认识现代汉语的特点，就要跟古代汉语比较；要认识普通话的特点，就要跟方言比较。无论语音、语汇、语法，都可以通过对比来研究。"①在现有的研究中，已有学者对同类格式进行过比较分析，但数量不多。我们按照词性的不同把待嵌格式分成五大类，尝试对其中的典型待嵌格式进行比较分析。如方位名词待嵌格式，从构造四字格的能力来看，"东……西……" > "左……右……" > "前……后……"（" > "表示"大于"），其背后的原因是什么？以上格式的固定部分虽都是方位名词，但嵌入部分是否存在差异？它们的构式义有何异同？这些都需要采用比较的方法加以深入探讨。

五、使用语料

本书使用的语料主要包括三部分：

1. 语料库

北京大学中国语言学研究中心（CCL）语料库（以下简称语料库）。

① 吕叔湘：《通过对比研究语法》，《语言教学与研究》1992 年第 2 期。

2. 词典类

(1)中国社会科学院语言研究所词典编辑室编《现代汉语词典》,商务印书馆,1978 年初版,1983 年修订本,1996 年修订本,2002 年增补本,2005 年第 5 版,2012 年第 6 版。

(2)商务印书馆辞书研究中心编《应用汉语词典》,商务印书馆 2000 年出版。

(3)姜德梧主编《汉语四字格词典》,北京语言文化大学出版社 2000 年出版。

(4)北京语言学院语言教学研究所编《现代汉语频率词典》,北京语言学院出版社 1986 年出版。

(5)高增良主编《〈红楼梦〉四字格词典》,北京语言文化大学出版社 1996 年出版。

3. 调查问卷

调查问卷是语料的辅助来源,作者设计了留学生掌握待嵌格式情况的调查问卷。

需要进一步说明的是:第一,书中的例句主要来自北京大学中国语言学研究中心(CCL)语料库以及平时所阅读的小说、报纸、理论专著及相关论文;第二,如果没有特别说明,书中的数据均是通过统计语料库而得来。

第二章　待嵌格式的整体描写

本章着眼于整体，重点探讨以下几个方面的问题：待嵌格式的含义、待嵌格式的性质和特点、待嵌格式的固定部分、待嵌格式的嵌入部分以及待嵌格式生成的四字格。

第一节　待嵌格式的含义

首先，本节介绍“A……B/A……”型和“……A……B”型格式的其他相关名称，在此基础上说明我们使用“待嵌格式”这一术语的理由；其次，根据构式语法理论阐明我们对“待嵌格式”的认识并对其加以具体界定；最后，为了更好地把握“待嵌格式”这一概念，我们把它与其他的相关格式如“语法格式”、“词语模”等进行比较，以明确其异同。

一、什么是待嵌格式

（一）其他相关名称

新中国成立以来，对于“A……B/A……”型和“……A……B”型格式，不同的学者对其有不同的命名，如“四字语型、模式词语、类固定短语”等。为了深化对“待嵌格式”这一术语的理解，避免术语使用混乱带来的麻烦，我们首先对此类格式的其他名称加以介绍分析。

1. 四字语型

张卫国称其为“四字语型”：“现代汉语词汇中，有一种框架结构，如：‘半……半……’、‘大……大……’、‘……东……西’、‘七……八……’，这种框架结构由固定部分和可变部分组成，每个框架结构都有自己固有的意义。应用时按一定的要求嵌入一定的成分而构成一个新的单位，作为造句的材料，表达确定的意义。”①张卫国把这类具有一定的框架、可以嵌入一定成分构成四字格的结构叫做四字语型。

2. 模式词语

袁宾在谈到“近代汉语词汇的一些构成特点”时提出“模式词语”这一概念，指的是“有一定的字数、有部分固定不变的字（词素或语素）……具有比较稳定、比较明显的结构类型和意义类型”②的词语。构成这些模式词语的主要有两种类型的固定模式：一是“A……B/A……”型，如“若……若……”、“天……地……”、“百……百……”、“东……西……”等；二是“……A……B”型，如“……天……地”、“……三……四”等。徐时仪③在谈到古白话词汇的构词法时，也谈到“模式词语”，对其释义与袁宾大致相同，他主要列举了“A……B/A……”型的格式，如“若……若……”、“不……不……”、“七……八……”、“三……六……”等。通过以上可以说明，有些待嵌格式在近代汉语中是较为常见的语言现象。

---

① 张卫国：《四字语型及其应用》，中国物资出版社 1989 年版，第 1 页。

② 袁宾：《近代汉语概论》，上海教育出版社 1992 年版，第 113 页。

③ 徐时仪：《古白话词汇研究论稿》，上海教育出版社 2000 年版，第 207 页。

3. 类固定短语

这一概念是由文炼(即张斌)[①]最早提出的,不过他所说的"类固定短语"皆为"××A×"型(如"××之×"、"××而×"),与本书的研究对象关系不大。齐沪扬也使用了"类固定短语"这一术语:"汉语中经常有一些四字短语,从形式上看,很象成语,可是它们是根据交际需要临时创造出来的。这类仿造的成语,其含义可以根据字面来理解,这与一般短语无异;但是它们又有特定的格式和功能,跟某些成语近似。这一类短语,可以称之为'类固定短语'。"[②]如保留成语中的数词替换其他的成分而构成的类固定短语,如"一知半解"型:一时半晌、一天半晌、一时半刻、一言半语、一男半女、一星半点。

4. 类固定词语

张谊生称这类格式为"类固定词语"。所谓"类固定词语主要是指一些准凝固性的四字格短语,当然也可以包括一些非四字格的固定格式"[③],并列举了诸如"一……半……"、"明……暗……"、"……眉……眼"、"……来……去"等68个格式。从总体上看,格式分为两类:一是"A……B/A……"式,二是"……A……B"式。从所占比例来看,以"A……B/A……"式居多,有52个,占76%强。

5. 有所依托式成对词

曹炜在谈到"现代汉语词汇类聚"的"成对词"时,称其为"有所依托式成对词",它"指的是需借助某种固定格式而形成的成对词。其基本结构模式是'A1……A2……',其中的'A1'、'A2'不是反义词,就是邻近的数词"[④]。曹著列举了常见的8个格式,如"左

① 文炼:《固定短语和类固定短语》,《世界汉语教学》1988年第2期。

② 齐沪扬:《有关类固定短语的问题》,《修辞学习》2001年第1期。

③ 张斌:《新编现代汉语》,复旦大学出版社2002年版,第271页。

④ 曹炜:《现代汉语词汇研究》,北京大学出版社2003年版,第121页。

……右……"、"东……西……"、"好……歹……"、"三……五……"和"七……八……"等。

6. 复式联系项

联系项是将两个有并列或从属关系的成分连接成一个更大单位的语素或词。刘贤俊①指出词联系项有单式和复式之分,汉语的复式联系项指的是《现代汉语词典》中所收的"A……A……"型和"A……B……"型的格式(如"一……一……"、"有……无……"等),与单式联系项(主要指的是单用"和、或、但、与、同、又、甚至"等)相对。

以上名称的侧重点和阐述视角各不相同。"四字语型"概括地揭示出此类格式的结构特点和语用特点,由于此类格式生成的多是四字格,称其为"四字语型"有一定的道理,然统称为"语型"概括性虽强,却失之过宽。袁宾、徐时仪是从古白话词汇和近代汉语的角度来研究"模式词语"的,如果做一些追根溯源的工作,我们会发现,在近代汉语中出现的格式多被现代汉语继承和发展。因此,称现代汉语中的此类格式为"模式词语",能显示出格式的框架化结构特点以及可类推的语用特点。"类固定短语"和"类固定词语"这两个名称能够揭示出这类格式生成的四字格的性质,显示出它们与固定短语和非固定短语之间的关系。但是,"类固定短语"和"类固定词语"这两个名称的不足之处在于:此类格式是由固定部分和嵌入部分共同构成的框架式结构,很显然,统称为"短语"或"词语"都不太适宜。"有所依托式成对词"这一名称揭示了格式最基本的形式特点——"有所依托"、"成对",但是称其为"词",从理论上讲是行不通的。如果格式空缺处嵌入的成分都是"同义词"、"类义

① 刘贤俊:《现代汉语连词联系项的多能性》,《世界汉语教学》2005 年第 4 期。

词”或“同一词”的话，那么词与词组合构成的应该是比词高一级的语言单位——短语。而且从词长来看，格式所构成的多为四字格的语言单位，如“东借西凑、上吐下泻、好说歹说”等，称为词显然是不合适的。“复式联系项”是着眼于格式中固定部分的连接作用而言的，这一名称指出了固定部分所体现出的连词化倾向，观察视角是比较独特的。

在第一章“研究对象”部分，我们采用了周荐的说法对“待嵌格式”进行了初步界定。在诸多名称中，我们之所以采用“待嵌格式”这一名称，是因为：“待嵌格式”是定中结构的短语，其中心成分是“格式”。《现代汉语词典》(第6版)对“格式”的释义是“一定的规格式样”，我们把“A……B/A……”型和“……A……B”型格式看成是一类词汇性的框架结构，这类框架结构为我们构造词语提供了可资利用的模板，称其为“格式”能够突出其形式上的规定性、语用上的类推性特点，而称其为“类固定词语、类固定短语”等名称，这些特点就难以凸显出来。“待嵌”是其修饰成分，我们可以形象地把它理解为“等待人们在使用中去镶嵌”。这说明此类格式如同召唤结构，其必有固定部分；同时，也表明此类格式还有等待人们在语用中去填充的可变部分，能够显示出此类格式在形式上的既固定又灵活的特点。

此外，“待嵌格式”这一名称与陈望道从修辞角度提出的“镶嵌”辞格多有相似之处，取“待嵌格式”的名称可与之暗合。陈望道在《修辞学发凡》一书中阐述的“镶嵌”辞格，与待嵌格式有着紧密的联系。所谓“镶嵌”是指“有时为要话说得舒缓些或者郑重些，故意用几个无关紧要的字来拖长紧要的字的，我们可以称为镶字。镶字以镶加虚字和数字为最常见”①。如把“干净”两字

① 陈望道:《修辞学发凡》，上海教育出版社2006年版，第160页。

镶上“一二”两字,作“一干二净”,作者指出这一辞格具有“延音加力的作用”①。此后,很多修辞学的著作或词典谈到“镶嵌”辞格时,基本上沿袭陈望道的说法。从修辞学的角度看,把某一成分嵌入待嵌格式生成四字格都可以看做“镶嵌”辞格。比如“东……西……”这一待嵌格式,我们可以把一个能与之组合的双音复合词拆开嵌入其中,如把“游荡”一词拆开嵌入格式中生成“东游西荡”,这一四字格较之“游荡”一词,同样具有鲜明的延音加力的作用。

(二)待嵌格式的内涵

要谈什么是“待嵌格式”,首先要对其上位概念“格式”的有关问题加以探讨。

1. 什么是格式

格式指的是有固定的词语作为标志的语言形式,如“不但……而且……”、“宁可……也不……”、“一边……一边……”、“大……大……”、“一……二……”、“在……上”等。由于有固定成分作为标记,这些格式比一些现成的表达式显得更为灵活,比一些抽象的结构显得更为具体,能够为使用者提供更多的运用线索。英国语言学家J·莱昂斯认为:“除了那些可以用完整的话语并且不能扩展和变化的‘现成’表达式之外,还有一些现成表达式。它们不成语法结构,或者只是部分地成结构,但可以通过一些能产的规则组合在句中。例如,What's the use of ~ing?(做……有什么用处?)Down with ~!(打倒……!)for ~'s sake(为了……缘故)。”②已有研究表明:格式是具有层级性的,句子有句子的格式,短语有短语

① 陈望道:《修辞学发凡》,上海教育出版社2006年版,第161页。

② 转引自莫彭龄:《“格式”研究刍议》,《常工院报学术论文集》1986年第2期。

的格式，词有词的格式。以上例子中，“Down with ~！（打倒……！）”是句子的格式，而“for ~ 's sake（为了……缘故）”是短语的格式。在汉语中亦是如此，在语言单位的不同层面存在着不同的格式。从句子层面来说，有一些句子格式，如“是……的（是我请小王来的。）”、“与其……，不如……（与其在这儿等，不如直接去找她。）”；从短语层面来说，有一些短语格式，如“有……有……（有模有样）”、“爱……不……（爱来不来）”、“从……到……（从上午到晚上）”、“在……上（在桌子上）”等。从以上分析来看，我们所考察的待嵌格式都属于短语层面的格式。

2. 待嵌格式是一类图式构式

当代的构式语法理论把构式分为实体构式和图式构式。我们认为，待嵌格式与图式构式的本质是吻合的。下面，我们就尝试对构式语法理论的基本观点以及待嵌格式作为图式构式的特点加以探讨。

（1）构式语法理论。构式语法理论（Construction Grammar，简称 CG，也有人译为“构建语法、架构语法、框架语法、构块式语法、句式语法”等，现在较为普遍地采用“构式语法”之译法）是由 Adele E. Goldberg 和 Paul. Kay 于 20 世纪 90 年代提出的，它是在批判转换生成语法理论的基础上产生、发展起来的，其理论源于 Fillmore 提出的框架语义学。目前中国学者对这一理论已有不少介绍，如张伯江、沈家煊、董燕萍、梁君英、纪云霞、林书武、陆俭明、应晨锦、严辰松等。构式语法理论给语言研究提供了一种新的视野和新的研究方法，使我们对语言结构有了更为深刻的认识。

Goldberg 把构式看做是语言中的基本单位，她对 Construction Grammar 的定义是：“C 是一个构式，当且仅当 C 是一个形式—意义的配对〈Fi，Si〉，且 C 的形式（Fi）或意义（Si）的某些方面不能从 C

的构成成分或其他先前已有的构式中得到完全预测。”①

下面引严辰松②文章中的表格(略有修改)对英汉语构式举例加以说明:

	汉语	英语
语素	亚、者、头、子	anti -、pre -、- ing
词	幽默、孟浪、浪漫、憧憬	Avocado、anaconda、and
复合词	哑铃、蓝领、木马	daredevil shoo - in
习语(全固定)	哪壶不开提哪壶	going great guns、let alone、by and large、all of a sudden
习语(半固定)	有____(经验/年头……)、谁知道____?	The more…the more…、V time away、V one's way、What's X dong Y?
句型	及物句型、双及物句型 动结结构、“把”字句	resultives、ditransitives、caused directed motion

通过以上表格可以看出,Goldberg 所说的构式涵盖面是比较广的,它把大小不一、抽象程度和内容复杂程度不同的各级语言单位都包容其中。Goldberg 认为语言中的各种规约化的“形式—意义”结合体都是构式,其中最有可能称为构式的是那些不按照语法常规组合并且具有独立意义的各种习语,如 let alone、by and large 等。当然,语言的其他单位如语素、词及抽象的句型等,也都属于构式的范畴。

① 〔美〕Adele E. Goldberg 著,吴海波译:《构式:论元结构的构式语法研究》,北京大学出版社 2007 年版,第 4 页。

② 严辰松:《构式语法论要》,《解放军外国语学院学报》2006 年第 4 期。

从总体来看,可以把语言中的构式分成两类,即实体构式和图式构式。“语素、词、复合词及全固定的习语叫做 substantive constructions(实体构式),这些构式在词汇上是固定(lexically fixed)的,即其组成分子不可替代,而半固定习语以下的构式都称为 schematic constructions(图式构式)。……可以看出,从实体构式到最抽象的图式构式构成了一个连续体。及物句型、双及物句型、动结结构等在词汇上是完全开放的,属于最抽象的图式构式,而更多的图式构式在词汇上处于部分开放、半开放等各种状态,有些是框架结构。”①我们所讨论的待嵌格式是一类框架结构,与上表中的半固定习语相对应,因此,它应属于图式构式的范畴。具体来说,是一种习语构式,这类构式具有半封闭和半开放的特点。它的半封闭性由固定部分体现出来,固定部分对举构成一种框架结构,其位置和语序不能更改;它的半开放性由嵌入部分体现出来。习语构式的语用价值在于:它提供一个似曾相识的框架,语用者可根据情境的需要选择合适的成分嵌入构式中,在模仿的基础上创造出新的四字格,显示出构式强大的类推生命力。

(2)待嵌格式作为图式构式的特点。之所以把待嵌格式看成是一类图式构式,主要原因在于:Goldberg 认为一个 C“是一个形式—意义的配对”,而任何一个待嵌格式都是形式与意义的结合体。

首先,每一个待嵌格式都有特定的形式。待嵌格式是一类框架结构,由固定部分和嵌入部分组成,固定部分是待嵌格式的显性标志,皆为单音节,或出现在一、三位,或出现在二、四位,固定部分的前后两个成分相互照应,相互依存,缺一不可,如果缺省就不合

① 严辰松:《构式语法论要》,《解放军外国语学院学报》2006 年第 4 期。

格。我们可以采用“删略法”来验证格式的存在与否，如果由待嵌格式生成的四字格删去其中的两个音节（前两个或后两个）后，失去了特定的结构关系意义或者成为不合格的表达形式，那么，意味着某一个格式是存在的。如：

①小鸟在晨光中飞来飞去。

小鸟在晨光中飞来。

②他们在一起总是有说有笑。

他们在一起总是有笑。

例①中，如果删去“飞来飞去”中的后两个音节“飞去”，原是描写性的“飞来飞去”就变成了陈述性的“飞来”，强调意味减弱，表示“动作反复”的构式义消失；例②中，如果删去“有说有笑”中的前两个音节“有说”，“有说有笑”变成了“有笑”，这种说法是不合格的，而且“有……有……”这一格式也就散架，不复存在了。

而且作为固定部分的前后两个成分词性多相同，意义有一定关联，具有形式上的对举性。如“大……大……”格式，“大”是形容词，前后相互照应，相互依托；“南……北……”格式，“南”与“北”都是名词，意义相对；“……三……四”格式，“三”与“四”都是数词，意义相类。关于语言中存在着的对举现象，学者们对其有不同的命名——“对举格式、对举短语、对称格式、对举结构”等。在此，我们采用张国宪的说法——对举格式，指的是“两个字数相等或相近、结构相同、语义相反相成的语句”①。就待嵌格式而言，它们与张国宪所定义的“对举格式”并不完全相同。张氏所说的“对举格式”，其构成成分全部是显性的，是实实在在存在着的，而待嵌格式的构成成分既有显性的，也有隐性的，是一类内部存在空白点的对

① 张国宪：《论对举格式的句法、语义和语用功能》，《淮北煤炭师范学院学报》1993 年第 1 期。

举格式。而由待嵌格式生成的四字格与张国宪对“对举格式”的界定完全吻合，这些四字格都属内部对举①，如“千缝万补”、“前思后想”等，其中“千缝”与“万补”、“前思”与“后想”字数相同、结构相同，构成对举，这种对举是在短语内部实现的。

其次，任何一个待嵌格式都具有独立于其组成部分的意义，即构式义。构式语法理论“提醒我们不要把格式所具有的语法意义归到格式中的某个词语身上”②，这一点使得构式语法理论不同于传统的语言学。对于一个语言表达式的意义进行分析时，传统的语言学一般是从底层即直接构成成分开始，通过常规语法规则，将直接成分的意义加以组合即构成该表达式的意义。但是，语言中存在着大量“不规则”的结构表达式，无法用常规的语法规则和从构成成分的语义来推知其意义，这种构式具有独立的意义。

也就是说，构式的某些意义表现不能从其组成成分的意义及其他已有构式的意义中预测到。如“爱……不……”是一个构式，这一构式表达的意义既不是动词“爱”的意义，也不是否定副词“不”的意义，而是我们在“爱看不看”、“爱信不信”、“爱来不来”、“爱走不走”、“爱喝不喝”、“爱说不说”、“爱干不干”等大量的言语事实的基础上归纳概括出来的意义，表示“无论选择哪一种都随便，含不满情绪”。同样，“大……特……”表达的意义既不是形容词“大”的意义，也不是副词“特”的意义，而是在“大吃特吃”、“大玩特玩”、“大书特书”、“大干特干”、“大错特错”、“大唱特唱”、“大讲特讲”等四字格的基础上概括出来的意义，表示“规模大，程度深”，有强调意味。也就是说，每一个待嵌格式的意义无法从构成

---

① 内部对举与外部对举相对。外部对举是短语与短语之间的对举，如“小王写钢笔，小李写毛笔”，其中“小王写钢笔”与“小李写毛笔”构成对举。

② 〔美〕Adele E. Goldberg 著，吴海波译：《构式：论元结构的构式语法研究·（中文版）序二》，北京大学出版社 2007 年版，第 2 页。

成分那里直接推知，它们在使用上常常带有习惯性，一般不能用常规的语法规则来解释。

最后，每一个待嵌格式都是特定形式和特定意义的配对，什么样的形式表达什么样的构式义，两者之间是具有对应关系的。我们认为，待嵌格式的形式和它所表达的构式义是相互渗透、相互依存、相互制约的关系。如"……来……去"这一格式，其形式表现是：反义词"来"、"去"对举，处于格式的二、四位。这一格式的构式义不是由"来"决定，也不是由"去"决定，而是具有独立的意义，表示"动作的反复或持续"。这一意义是我们从"飞来飞去"、"跑来跑去"、"挑来挑去"、"说来说去"、"颠来倒去"、"翻来覆去"等大量语言材料的基础上归纳概括出来的。趋向动词"来"、"去"在四字格中是补语成分，应轻读，核心动词"飞"、"跑"、"挑"等以重叠的形式表示动作的往复进行。这一形式是不可能像"似……非……"那样，表示"又像又不像"的意思，也不可能像"一……半……"那样，表示"不多或不久"的意义。

3. 对研究对象的进一步说明

从形式上看，我们以"A……B/A……"和"……A……B"两种类型的格式为考察对象，其他一些格式不在我们的考察范围之内。原因在于：与其他一些词语格式如"AB……"（如"自相……"、"不可……"、"毫不……"等）或"……AB"（如"……交加"、"……工程"、"……不堪"等）相比，待嵌格式所占的比重是比较大的，如姜德梧的《汉语四字格词典》中收词汇格式 275 个，其中待嵌格式有 230 个，占总数的近 84%，而其他格式只占 16%。因此，用"待嵌格式"这一术语来专指"A……B/A……"和"……A……B"这两类格式，可以把它们与其他一些数量比较少、系统性不太强的词汇格式区别开来；同时，也能够与现代汉语中新出现的一些构造词语的格式如"词语模"等相区分。

我们把待嵌格式生成的语言单位限定在四字格范围内。原因是:第一,通过对大量语料的统计分析,我们认为,待嵌格式生成的语言单位以四字格为主。当然,我们也不否认,不同的待嵌格式所生成的语言单位是存在个体差异的。第二,四字格是汉语中一类特殊而重要的语言单位,加强对它们的研究,对于揭示汉语的特点有重要价值。早在 1979 年,郭绍虞就倡导从汉语实际出发,重视对在语法修辞中占有特殊地位的词组的研究,尤其是四字格的研究。他强调指出,四音节的词“是构词法音节上的终点”,而四言词组“又是组成词组形式的起点”①。也就是说,四字格跨越词和语两大类,是连接词法和句法的一座桥梁。第三,四字格与四音节以上的短语相比,其习语化程度相对要高,规律性相对较强,可以使考察对象较为单纯和明晰。

书主要以现代汉语这一共时层面以及普通话范围内的待嵌格式为考察对象。从历时角度来看,有些格式在古代汉语中就已经初见雏形,如由“载”、“载”对举构成的四字格在《诗经》中就有表现:

载脂载辖、载驰载驱、载笑载言、载寝载兴、载玄载黄、载饥载渴、载渴载饥、载飞载止、载沉载浮、载飞载扬、载起载行、载飞载鸣、载清载浊、载骖载驷、载震载夙、载生载育、载谋载惟、载谋载烈、载色载笑

由这一格式构成的成语如“载歌载舞”、“载沉载浮”、“载驰载驱”、“载笑载言”等一直保留到现在,被一些成语词典所收释。但在现代汉语这一层面上,这一格式构造四字格的能力非常弱。因此,此类格式不是我们的研究重点。

---

① 郭绍虞:《汉语语法修辞新探》(下册),商务印书馆 1979 年版,第 670 页。

此外,在现代汉语方言中也存在着一些待嵌格式,如忻州方言中的"少……没……"(少本没事、少铺没盖、少滋没味、少说没道)和"没……倒……"(没廉倒耻、没出倒息、没精倒神、没情倒由)①等格式。由于时间和精力有限,对于方言中的此类格式,我们只在必要时提及,不作重点论述。

在以上说明的基础上,我们对"待嵌格式"作出进一步界定:待嵌格式指的是两个字间隔显现、两个字间隔隐含而形成的具有特定构式义的框架结构,运用时语言主体根据表情达意的需要将隐含的成分镶嵌进去从而构成一些新的四字格。

二、待嵌格式与其他相关格式的异同

为了避免术语的混淆,我们把"待嵌格式"与其他格式进行比较,以发现其异同,把握其本质。

(一)待嵌格式与语法格式的异同

"在构式语法中,词库和句法之间没有严格的分界线。词汇构式和句法构式的内部复杂性有所不同,在语音形式的表述上也有所不同,然而词汇构式和句法构式实质上是同一类明确表达的数据结构:二者都是形式和意义的配对。"②Goldberg 的话概括指出了词汇构式与句法构式的异同。作为词汇构式的重要组成部分,待嵌格式与语法格式的相同之处在于:它们都是构造词语或句子的一些规格样式,都有固定部分和嵌入部分,都需要语言主体根据表情达意的需要嵌入某些成分,都体现出变与不变、固定与灵活的统一。它们的区别主要表现在:

---

① 温端政、张光明:《忻州方言词典》,江苏教育出版社 1995 年版,第 134、314 页。

② 〔美〕Adele E. Goldberg 著,吴海波译:《构式:论元结构的构式语法研究》,北京大学出版社 2007 年版,第 6 页。

第一,待嵌格式的固定部分都是单音节的,从词性的角度来说,多是名词、动词、形容词、数词、副词等实词,它们多是对举使用,形式整齐;而语法格式中的固定部分有单音节词也有双音节词甚或多音节短语,多是连词、副词等,通常称其为"关联词语",它们中有少数是对举使用的,而多数是不对举的,所以形式上不是很整齐。试比较:

待嵌格式	语法格式
东……西……	不管……,都……
大……大……	因为……,所以……
……天……地	要不然……,就……
……三……四	并不是……,而是……

第二,待嵌格式的两个部分——固定部分与嵌入部分构成的四字格都是属于短语这一层级的语言单位,如把动词"说"嵌入"左……右……"这一格式,生成的四字格"左说右说"是一个短语;把形容词"红"和"绿"嵌入"大……大……"这一格式,生成的四字格"大红大绿"也是一个短语。而语法格式中的关联词语连接的是短语,它们共同构成的是句子——这一更高级别的语言单位。如用"不管……,都……"可以造出下面的句子:

①不管刮风下雨,我都会按时出席会议。

②不管你怎样强词夺理,我都不会和你一般见识。

所以,待嵌格式具有构造短语的功能,而语法格式多具造句的功能,二者是不同级的语言单位。

第三,由待嵌格式生成的四字格结构较为紧凑,中间一般不能插入其他成分,具有一定的习语性。如:

他怯生生地站起来,想躲开又没地方可躲,想打招呼又没勇气,头半低半扬,心且慌且跳,手指头不自觉地摸蹭着方桌棱角。(李英儒《野火春风斗古城》)

在这个句子中有两个四字格，即“半低半扬”和“且慌且跳”，其中的构式是“半……半……”和“且……且……”。在这两个四字格中，我们不能在“半低”和“半扬”之间插入其他的成分，不能说“半低或半扬”、“半低和半扬”或者“半低着半扬”，后一个四字格亦如此。同时，待嵌格式的固定部分是缺一不可的，“半低半扬”，前后两个“半”必须同时对举出现，不能缺省，假若把它说成“半低扬”或“低半扬”都是不合格的。而由语法格式构成的句子结构相对松散，固定部分的某一个成分可以省略掉，而句子的意义基本不变。如用“如果……，那么……就……”可以造出下面的句子：

如果你去，那么我就去。

这个表假设关系的复句还可以改成以下形式：

如果你去，我就去。

你去，那么我就去。

你去，我就去。

所以说，待嵌格式的词汇性是比较强的，因此，可视其为词汇格式，而语法格式是用来造句的一类格式，二者是不同级的。当然，词汇格式和语法格式并不是泾渭分明的，有时很难将其截然分开。当面对一个格式时，我们不可能贸然就断定，它是一个词汇格式还是一个语法格式，这需要具体情况具体分析。以“有……有……”格式为例，如果嵌入部分都是单音节的，生成的都是四字格，如“有声有色”、“有模有样”、“有棱有角”、“有说有笑”、“有吃有喝”等，那么，这一格式的词汇性相对较强；如果嵌入部分是多音节的，生成的是四音节以上的短语，如“有吃的有喝的”、“有哭的有笑的”、“有打羽毛球的有踢毽子的”等，那么，这一格式的语法性比较强。

（二）待嵌格式与词语模的异同

近年来，随着新词语的大量涌现，李宇明提出的“词语模”这一概念越来越受到人们的关注。“词语模是具有新造词语功能的各式各样的框架。这种框架由‘模标’和‘模槽’两部分构成。模标指词语模中不变的词语，模槽指词语模中的空位。”①例如“×盲”这个词语模，“盲”是模标，“×”是模槽，利用“×盲”这一词语模可以造出一大批新词语，如“歌盲”、“科盲”、“球盲”、“股票盲”、“音乐盲”、“营养盲”、“电脑盲”等。

从形式上看，词语模与待嵌格式一样，既有固定部分又有嵌入部分，同样需要人们根据需要去填充。从理论上讲，待嵌格式与词语模都属于构词法的范畴，但它们与一般的构词法有所不同。汉语的构词法一般是分为复合式和派生式两种，待嵌格式和词语模比一般教科书所讲的构词法更为具体，都有特定的语素或词作为标识。同时，构词法是构词的，待嵌格式和词语模构成的多是短语，如待嵌格式“如……如……”构成的是“如梦如幻”、“如烟如雾”、“如火如荼”、“如胶如漆”等短语，而词语模“情感×”构成的是“情感储蓄、情感促销、情感行业、情感投资”等短语。二者的不同之处主要表现在：

第一，从形式上看，待嵌格式是间隔式的，显隐显隐（时……时……、有……无……、左……右……、不……不……）或隐显隐显（……天……地、……头……脑、……七……八、……来……去）。词语模可分为前空型，如×病（城市病、奖金病、空调病、卡拉OK病）、××小姐（导购小姐、公关小姐、礼仪小姐、空中小姐）、××专业户（软件专业户、信息专业户、种子专业户、获奖专业户）；后空型，如大×（大墙、大处方、大出血、大甩卖）、导×（导学、导医、导购、导读）、文化×（文化衫、文化大院、文化走私、文化大篷车）；中空型，吃×饭（吃关系饭、吃紧俏饭、吃青春饭、吃文化饭）。以前空

① 李宇明：《语法研究录·词语模》，商务印书馆2002年版，第2页。

型和后空型为主。

第二,从产生的时间来看,待嵌格式作为一类特殊的词汇单位,具有历史传承性,很多待嵌格式在近代汉语中就已经成型,为现代汉语所继承和进一步发展。袁宾和徐时仪在研究近代汉语词汇时所提到的"模式词语"可证明这一点。而词语模是在现代汉语中新出现的一类构造词语的模式,产生的时间不长。李宇明认为:"大部分词语模都与社会关注的热点和发展较快的社会领域有关。比如,电脑是现代化的一种标志,发展十分迅速,用途越来越广泛,'电脑×'就是适应这一发展而产生的一个新的词语模。"[①]如"电脑卡"、"电脑族"、"电脑彩扩"、"电脑大夫"、"电脑犯罪"、"电脑配餐"、"电脑帐簿"等。

第三,从所构成的词语看,待嵌格式构成的短语以四字格为主,当然也有四音节以上的,但总体来说数量较少。而词语模构成的既有双音节词,也有三字格、四字格或更多音节的词语,形式上参差不齐。

第二节　待嵌格式的性质和特点

一、待嵌格式的性质

在明确"待嵌格式"含义的基础上,再进一步探讨待嵌格式的性质。为待嵌格式定性存在着一些显而易见的困难,这是因为:从结构角度讲,它应属于语法范畴;但就汉语中成语或四字格较丰富这一特点看,又应属于词汇范畴。同时,待嵌格式生成的四字格又与修辞有着千丝万缕的联系。在本书中,我们把待嵌格式视为一

① 李宇明:《语法研究录·词语模》,商务印书馆 2002 年版,第 4 页。

类特殊的词汇单位，为汉语所特有。

（一）待嵌格式是一类特殊的词汇单位

什么是词汇单位？词汇单位包含哪些成员？新中国成立以来学术界在进行广泛的讨论和争鸣后，一般把词和固定短语（或固定词组）视为词汇单位的主要成员，它们都是用来造句的材料。其中，“词是基本的词汇单位，它数量多，代表着一种语言词汇的基本面貌。固定词组是较特殊的词汇单位，它的单位性质大于词，又以其结构的定型性、意义的完整性和存储的备用性区别于临时组织的自由词组”①。我们认为，与固定短语（或固定词组）相比，待嵌格式则是更为特殊的一类词汇单位。现代范畴理论认为，“大多数范畴是围绕原型建构的、具有家族相似性的边界模糊的辐射状结构”②。对于“词汇单位”这一范畴来说，我们认为：首先，它的成员之间也具有家族相似性，即范畴成员之间总是享有某些共同特性；其次，它的内部成员地位是不平等的，具有典型成员和非典型成员的不同。其中，词是词汇单位的原型，即最典型的成员，而待嵌格式属于非典型成员，固定短语界于典型与非典型之间。

1. 待嵌格式与其他词汇单位的相同点

（1）在汉语发展的过程中，每一个待嵌格式都逐渐形成了自己固定的框架意义或构式义。只不过词和固定短语的意义相对来说具体一些，而待嵌格式的意义较为概括和抽象。

（2）由于待嵌格式是一类具有现成性的框架结构，是人们用来构造新的四字格的备用材料，因此，同词和固定短语一样，它也具有备用性特点。张卫国曾打了这样一个生动的比方：“四字语型作

① 刘中富：《实用汉语词汇》，安徽教育出版社 2003 年版，第 42 页。

② 赵艳芳：《认知语言学概论》，上海外语教育出版社 2001 年版，第 36 页。

为一个整体,由两部分构成:固定部分和可变部分。固定部分构成一个框架。这就如同建造现代化的大楼一样,运到工地的建筑材料不仅仅是砖、瓦、灰、砂、石,而且还有预制板、预制框架等。砖、瓦、灰、砂、石是最基本的建筑材料,可以打地基砌墙壁,预制板、预制框架是比较现成的建筑材料,组装上门、窗等部件也可以拼装成墙壁,而且来得更快、更简便。四字语型与此相仿佛,使用时,在可变部分嵌上一定的成分,就可以作为造句材料。"①

(3)从待嵌格式生成的词语来看,多为四字格。众所周知,四字格是汉语成语的典型形式,尽管待嵌格式生成的四字格不全然是成语,但这些四字格与汉语中的一类固定短语——成语有着紧密的、不可分割的联系。关于四字格,不同的学者对其有不同的看法。

第一,四字格大多数是词,也包括部分词组,陆志韦持此观点。陆志韦是最早对"四字格"问题进行专题研究的学者,在他的《汉语的并立四字格》一文中首次将四字格这一语言现象作为构词法问题进行研究,提出"并立四字格是汉语的构词格"②的观点。在这篇论文以及随后出版的《汉语的构词法》一书中,陆志韦着重论述了验证四字格是汉语怎样的一种构词格问题,并提出了区分并立四字格是词还是词组的操作标准,即采用"同形替代法"和"扩展法"。他认为并立四字格中大多数是汉语中的词,但不肯定全部都是词。可见,陆氏所说的"四字格"包括构词和造句两种不同的格式,也就是说,汉语的四字格既是构词格,也是造句格。

第二,四字格主要指固定语,刘叔新等持此观点。"四音节的音流,是汉语固定语最多见的语音形式,甚至可以说是固定语典型

① 张卫国:《四字语型及其应用》,中国物资出版社 1989 年版,第 9 页。
② 陆志韦:《汉语的并立四字格》,《语言研究》1956 年第 1 期。

的、有代表性的语音形式。传统上把它称为‘四字格’。”①从这段论述来看，刘叔新所说的“四字格”主要指固定语，而且着重指固定语中的成语。对四字格的这种认识在学术界和社会上都带有普遍性。在汉语中，四字格是成语的典型形式，这与汉语成语产生和发展的特殊性以及汉语与汉字的关系等有关。由于汉语有极其丰富的成语，而成语又以四音节为主要形式，使得人们自然而然地将四字格与成语联系在一起。

第三，四字格等同于各种形式的四字组合，周荐持此观点。“四字组合无论是在现代汉语中还是在古代汉语中都是极为重要的一类词汇单位……古代汉语的四字组合主要是俗词、俗语和成语，而现代汉语的四字组合则既有俗词、俗语和成语，又有专名词语。”②周荐强调指出，汉语中的四字组合是一个“异质复杂的词汇类集”③，即四字格内部的性质并不全然相同的，而是存在着异质性。

考察待嵌格式生成的四字格，我们认同周荐的观点，即四字格内部具有异质性。举例如下：“不……不……”格式生成的四字格，有的结构相对比较稳固，如“不卑不亢”、“不即不离”、“不伦不类”、“不屈不挠”、“不偏不倚”等，可以归入成语；有的属于这种格式的“活用”，如“不大不小”、“不早不晚”、“不前不后”、“不左不右”、“不上不下”、“不快不慢”、“不高不低”、“不哭不笑”、“不摇不摆”等，这类四字格无法被看成是成语，可以把它们归入类固定短语的范畴，如果看成是成语的话，成语的范围就显得有些宽泛。若从历时的角度来考察，待嵌格式生成的四字格在最初都是类固定

① 刘叔新：《汉语描写词汇学》，商务印书馆 2005 年版，第 186 页。

② 周荐：《汉语词汇结构论》，上海辞书出版社 2004 年版，第 211 页。

③ 周荐：《汉语词汇结构论》，上海辞书出版社 2004 年版，第 224 页。

短语,有些类固定短语可能会随着使用频率的提高而词汇化为成语。当然,由于汉语缺少发达的形态,许多语言现象都是渐变而不是突变的,因此,有些四字格是类固定短语还是成语,有时难以断定,这与汉语词汇的模糊性特点相关。

2. 待嵌格式与其他词汇单位的不同之处

(1)待嵌格式不像词那样,具备音义结合的定型性,而是具有特定的框架结构,由固定部分和嵌入部分组成,形式上多具有对举性,固定部分对嵌入部分的词性、语义有制约和限制作用。我们只能说它们具有半定型性特点,这种半定型性的优势在于:人们可以根据表情达意的需要把特定的成分嵌入其中创造出新的四字格,显示出待嵌格式在使用上的灵活性特点。

(2)与固定短语之一的成语相比,成语的熟语化程度相对较高,而待嵌格式生成的四字格熟语性要弱一些。从固化程度来看,短语可分为自由短语、类固定短语和固定短语三个等级。由于有特定的框架结构的限制,待嵌格式生成的四字格最初都是类固定短语,有少部分类固定短语可能会随着使用频率的提高而固化为成语,可以说,类固定短语是成语的后备军。众所周知,成语是熟语的一种重要类型,而类固定短语较之成语,其熟语化程度要弱一些。

张卫国在《四字语型及其应用》一书中系统阐发了四字语型及所构成的四字语的性质和特点,并据此断定:"从这些性质和特点看,四字语型应该是词汇这个系统中加以研究的对象,也是词典应该予以描写的内容。"①邢福义也指出:"半……不……"、"连……带……"、"七……八……"、"说……道……"等待嵌格式"是词汇性特殊单位,而非词汇性的待嵌格式(如'因为……所以……''即

① 张卫国:《四字语型及其应用》,中国物资出版社 1989 年版,第 53 页。

使……也……’‘不但……而且……’‘或者……或者……’），不宜与词汇性待嵌格式混淆起来”①。我们认同以上两位学者的观点。而从语言实践的角度来看，《现代汉语词典》、《应用汉语词典》、《现代汉语八百词》、《现代汉语频率词典》等都收录了一些待嵌格式，由此可以看出，一些词典编纂者同样把待嵌格式看成是一类特殊的词汇单位。

（二）待嵌格式是汉语特有的

可能有人会说，从跨语言的角度来看，在其他一些语言中也存在着一些格式，如英语中的“like…like…”（like father, like son）、“no…no…”（no pains, no gains）、“nothing …nothing…”（nothing venture, nothing gain）、“neither…nor…”（neither fish nor fowl）等。但细致比较我们会发现，其他语言中的这些格式与汉语中的待嵌格式相比有着很大的不同。陆志韦早在 1956 年就指出：“‘不……不’、‘又……又’……外国语并非没有类似的现象。例如俄语的 и……и，или……или，либо……либо，像是扩展了的超级‘词素’。这在俄语不大会引起问题，因为两个‘词’之间能插进好些别的词。汉语就不同，中间往往只插进一个能单说或是不能单说的音节，后面又补上一个，成为四字格。”②这是由汉语单音节语的特点以及汉语结构重对称的特点决定的。一般来说，一个汉字代表一个音节，待嵌格式中嵌入的多是单音节成分，因此，生成的四字格形式整齐，音韵和谐，具有一种对称之美；而西方语言是多音节的，嵌入某一格式后音节上似乎就缺少了一种音乐之美、简洁之风。也就是说，这类格式体现出汉语自身的个性特征，符合中国人尚简洁、求

① 转引自周荐：《汉语词汇结构论 · 序》，上海辞书出版社 2004 年版，第 2 页。

② 陆志韦：《汉语的并立四字格》，《语言研究》1956 年第 1 期。

对称的民族文化心理，有其深厚的根基。而且待嵌格式凝聚了许多习惯性用法，从某种意义上来说，待嵌格式能够更为集中地反映出我们汉语的某些民族性特征。

我们仅对“半……不……”和“七……八……”两个待嵌格式生成的一些四字格和与之对译的英语短语进行一番比较，前者形式整齐、后者形式参差的特点就一目了然。

待嵌格式生成的四字格	与之对译的英语短语
半死不活	half - dead
半懂不懂	only understand half
半新不旧	no longer new
半生不熟	only half cooked
七上八下	undecided；restless
七零八落	throw into disorder
七手八脚	in a flurry；all get busy
七拼八凑	piece together；rig up
七扭八歪	crooked；uneven；disorderly
七嘴八舌	all talking in conclusion；all talking at once
七折八扣	various deductions

试举一例加以简要分析。如把两个绝对反义词“死”、“活”嵌入“半……不……”格式而生成“半死不活”，这一四字格的前后两部分结构对称，意义相近，它们相互补足，相互映衬，具有鲜明的主观性，表达出说话者贬斥的、不满的感情、态度。一般而言，由“半……不……”格式生成的四字格多具有这种贬义色彩。而与“半死不活”对译的英语短语“half - dead”，直译就是“半死”的意思，不但音节结构不对称，而且贬义的意味表达不出。

由待嵌格式生成四字格这种构词方式与王力提出的“骈语法构词”的理念是一致的。王力指出，拟声法和绘景法是利用修辞手段构词的两种方法，而骈语法是绘景法的重要手段之一，"这里所谓骈语法和骈体文里的骈偶句不同。骈体文里最忌上联和下联意义相同，然而绘景法里的骈语却正要上联和下联的意义相同，或实际上同指一事"①。例如：

七手八脚，都忙着拿出来。

他娘倒欢天喜地。

我们姑娘年轻的媳妇儿，也难卖头卖脚的。

只是我愁宝玉还是那么傻头傻脑的。

以上句子中的"七手八脚"、"欢天喜地"、"卖头卖脚"、"傻头傻脑"即属于骈语法构词，因为"七手"与"八脚"、"欢天"与"喜地"等的意义是相同的。王力从跨语言的角度总结道："西洋语言对于拟声法，有些颇似中国语的结构。……然而它们对于绘景法，就和中国语相差很远了。在英语里，虽偶然也有副词重述的例子'long long shall I rue thee'(Byron)，然而只有极少数的字(如果不是唯一的)能如此重叠，并不是常轨的说法。而且这只是加重语气，而不是描绘情景。大量地运用联绵字乃是西洋语言所没有的。至于绘景法里的骈语更非西洋语所能有；这是单音语的特性，复音语是很难办得到的。"②以上虽短短数言，然高屋建瓴，一语中的，指出了骈语是为汉语所特有而为西方语言所无的现象，并揭示出其中的原因，给人启发颇深。

二、待嵌格式的特点

到目前为止，对待嵌格式特点进行探讨的有张卫国、张谊生、

① 王力：《王力文集·中国语法理论》(第1卷)，山东教育出版社1984年版，第391页。

② 王力：《王力文集·中国语法理论》(第1卷)，山东教育出版社1984年版，第392页。

曹炜等学者。在继承前人时贤观点的基础上，我们从以下几个方面对待嵌格式的特点加以阐释。

（一）理据性

这是从待嵌格式产生的角度来说的，我们认为，待嵌格式的产生是有其鲜明理据的。众所周知，作为一对相对的范畴，任意性和理据性之争绵延已久。在20世纪80年代末形成的认知语言学对瑞士语言学家索绪尔的“任意性”学说提出了反对意见，他们从大量的语言现象中证明了语言的理据性：“提出语法不是任意的、自主的形式系统，它原本是观念化的现实的符号表达，想以此扭转语法理论中当前的主导思想。他们用不同的方式证明，只有把语言看成按特定社会的文化规约结构起来的观念内容，才能对语言结构，特别是句法结构，作出重要的概括和自然的说明……只有考察汉语语法因反映汉族人如何从观念上看待现实而呈现的独有特点，才能对这种语法里的巨大说明力作出重要的概括。”[①]因此，语法规律的理据和动因成为认知语言学的中心议题之一。随着对汉语研究的深入，学者们已逐渐认同这样一种观点：汉语是一种理据程度比较高的语言。同汉语中很多语言现象一样，待嵌格式之所以能在汉语中产生并大量存在，有其鲜明的理据，这里的理据指的就是待嵌格式产生、发展的根本动因。我们认为，待嵌格式的理据性主要表现在：

第一，待嵌格式的形式和内容的联系是可论证的，我们称之为内部理据。待嵌格式是一类框架式结构，它们的形式表现为：固定部分和嵌入部分间隔出现，且从语序的角度来说，固定部分的语序一般是不容变换的；它们的内容指的是每一个待嵌格式都有特定

① 戴浩一：《以认知为基础的汉语功能语法刍议》（上），《国外语言学》1990年第4期。

的框架义或构式义,这一意义是抽象的,是从众多具体鲜活的语言事实中归纳概括出来的。尽管我们通常认为一个语言符号的意义也具有概括性特点,但待嵌格式的构式义更为抽象。而且,什么样的形式表达什么样的构式义,两者之间是具有一一对应关系的。比如"七……八……"这一格式,它的形式表现是:具有相邻关系的两个数词"七"和"八"对举居于第一位和第三位,"七"和"八"的顺序不能置换,只能是升序式,不能是降序式,不能是"八……七……"这种形式。"七……八……"这一特定的形式具有特定的构式义——表示多或多而杂乱。这一构式义不是孤立地由"七"决定或者由"八"决定,"七"和"八"在这里不再是确数,它们之间相互影响、相互补充,共同表达一个整体的意义,即表示模糊的数量义"多"和情态义"杂乱",以上构式义是"七……八……"这一形式所特有的,其他的待嵌格式表达不出同样的意义。由此可印证构式语法理论的基本观点:任何构式都是特定形式和特定意义的配对。

第二,待嵌格式的产生还受到汉民族的文化传统、特有的认知心理等外部理据的影响。"'理据'体现了一个民族在自己的文化环境中对客观事物现象独特的认识角度和命名方式,具有鲜明的民族特点。"[①]待嵌格式之所以能在汉语中存在并广为人们青睐,与我们汉民族特有的文化传统和民族心理密切相关。汉民族特有的思维方式如讲求对立统一的辨证思维方式、以形象思维为主的思维特点等是待嵌格式得以产生的土壤;自古至今的文学作品,如先秦的四言诗、汉魏晋南北朝时期的佛教传播、佛经翻译以及近代的白话文学作品等都深刻地影响了待嵌格式的产生和发展。而汉民族自古就有崇尚对称和谐、喜欢类推仿造、说话讲求言约意丰等文化心理,都大大推动了待嵌格式的产生和发展。

① 刘哲:《谈"理据"》,《解放军外国语学院学报》2000 年第 4 期。

（二）固定性

这是就每一个待嵌格式的形式和意义而言的，待嵌格式的固定性表现在：

第一，每一个待嵌格式在形式上都有固定部分作为其标志，而且固定部分的语序一般是不能随便更动的。如“连……带……”格式，“连”在第一位，“带”在第三位，绝不会出现“……连……带”这样的形式。从整体来看，待嵌格式语序的固定性一方面受到汉民族文化心理的影响，另一方面受到人类所共有的认知特点的影响。如《汉语四字格词典》中收有“龙……凤……”这一格式，“龙”在前，“凤”在后，这和我们汉民族的传统文化心理密切相关。“龙”和“凤”最早见于甲骨刻辞中，在上古时代是我们祖先崇拜的图腾，具有“尊贵”、“庄严”、“美好”、“吉祥”等象征义，因此，它们常常对举出现。同时，在几千年的封建社会中，“龙”是至高无上的皇帝的象征，许多与皇帝有关的事物都带有“龙”字，如“龙颜”、“龙体”、“龙座”、“龙袍”、“龙被”、“龙辇”、“龙印”等；而“凤”则是帝后的象征，一些与帝后有关的事物都冠之以“凤”字，如“凤衣”、“凤冠”、“凤阁”、“凤辇”等。“龙”的地位自然比“凤”尊贵，这种观念表现在语言上即“龙”在前“凤”在后。在由方位名词“上……下……”和“前……后……”构成的待嵌格式中，之所以“上”、“前”在前，“下”、“后”在后，与人类共同的认知特点密切相关。“在涉及人体构造的别的感知领域，例如上下、前后，人类是偏爱上和前，不偏爱下和后。因为人体是向上直立的，双目长在前额而不在脑后，走路是向前而不是朝后。这些普遍的感知约束在人类的一切语言里面都有表现。”①

第二，构式义是固定的，每一个格式都有固定的一个或多个构

① 戴浩一：《以认知为基础的汉语功能语法刍议》（下），《国外语言学》1991 年第 1 期。

式义。如"随……随……"有一个构式义,即表示"后一个动作紧接着前一动作发生",如"随叫随到"、"随打随印"、"随说随忘"等。而"千……万……"有两个构式义,一是"形容非常多",如"千山万水"、"千军万马"、"千秋万岁"、"千头万绪"、"千言万语"、"千呼万唤"、"千变万化"、"千辛万苦"、"千差万别"等;二是表示"强调",如"千真万确"、"千难万难"等。而"一……一……"格式,《现代汉语词典》(第6版)列出了它的五个构式义:

> ①分别用在两个同类的名词前面。a)表示整个:~心~意|~生~世(人的一生)。b)表示数量极少:~针~线|~草~木|~砖~瓦。②分别用在不同类的名词前面。a)用相对的名词表明前后事物的对比:~薰~莸(比如好的和坏的有区别)。b)用相关的名词表示事物的关系:~本~利(指本钱和利息相等)。③分别用在同类动词的前面,表示动作是连续的:~瘸~拐|~歪~扭。④分别用在相对的动词前面,表示两方面的行动协调配合或两种动作交替进行:~问~答|~唱~和|~起~落|~张~弛。⑤分别用在相反的方位词、形容词等的前面,表示相反的方位或情况:~上~下|~东~西|~长~短。

第三,嵌入部分的词性、语义是固定的。王珏等认为:"认知语法特别强调构式本身具有独立的形式和意义,并影响整个句子的形式和意义。这无疑具有重要的理论意义,尤其可以避免过分夸大动词的意义对构式的作用。"但是,"构式与其成分之间的其余两种关系也不应因此受到慢待:一是作为整体的构式对作为其局部的构成成分的由上而下的制约作用;二是作为其局部的构成成分对于作为整体的构式的由下而上的制约作用"①。待嵌格式是一类

① 王珏、谭静、陈丽丽:《构式等级降低与辞格生成》,《修辞学习》2008年第1期。

词汇性框架，每一个格式中能够嵌入的成分是有词性和语义上的要求的，这种要求是固定的。也就是说，待嵌格式能与什么样的成分组合，不能与什么样的成分组合，不是任意的，而是由双方的选择性决定的。邵敬敏指出："句法语义的选择性原则至少应该由三个子原则构成：一是语义的一致性原则，即两个词语如果能够组合成为一个语言结构，那么，它们必定具有某个或某些相同的语义特征。否则两者是无法组合起来的……二是语义的自足性原则，即在一个句法结构中，词语的组合必须在语义上得到自足，否则，即使形式上两者是可以组合的，但是实际上却是不合法的。三是语义的决定性原则，即区别一个句法结构属于什么性质，决定性因素是语义，而不是形式。"[①]值得注意的是，待嵌格式的框架不仅仅是其形式上的标志，而且它还潜在地规定了嵌入部分的性质。如"爱……不……"这个格式，嵌入其中的绝大多数是相同的单音节动词，只能说"爱看不看"、"爱喝不喝"，而一般不说"爱看电视不看电视"、"爱吃饭不吃饭"或者"爱看不喝"、"爱喝不看"。可以说，这个格式的嵌入部分是动词性的，嵌入部分的性质是受框架制约的，整个格式表示"爱怎么就怎么"，有"听凭、听任"的意思。这种框架对嵌入部分的规定，常常带有很强的习惯性，这也是格式的特点之一。

（三）能产性

从语用的角度来看，待嵌格式还具有相对灵活的特点。说话者可以根据表情达意的需要自主地选择某个格式，只要往空缺处嵌入恰当的成分就可以生成四字格，比起临时组合的短语结构具有某种特殊的优势。这体现出待嵌格式是动与静的结合，是变与

① 邵敬敏：《汉语语义语法论集》，上海教育出版社2007年版，第5－6页。

不变的辩证统一体。很多待嵌格式生成四字格的能力是比较强的。我们认为,待嵌格式的能产性主要是由以下因素决定的:

第一,待嵌格式具有一定的现成性。待嵌格式是人们在词语使用和创造的过程中逐步约定而成的,人们可以根据需要在嵌入部分填上一定的成分,构成一个新的四字格,这一新造的四字格总会给人似曾相识的感觉,这与框架理论的观点是一致的。框架理论是美国语言学家Fillmore在《框架语义学》一书中提出来的,他把框架看成是一种认知结构方式,是与某种经常重复发生的情境相关的观念。“如果一个人想谈论某事,但或者还没有合适的认知框架,或者他想引入新的图式化表达,他就有可能靠借用框架来达到目的。而借用的是否成功则要看解释者对借用框架与当前情境之间的适合性的评价。词语的某些新义可以通过这种方式得到很好地理解。”①也就是说,待嵌格式并不仅仅是一种创造词语的模式,它还反映了人们的一种思维惯性,是一种思维模式。如当我们看到很多类似的四字格“低声下气”、“尖声尖气”、“唉声叹气”、“柔声细气”、“大声大气”、“嗲声嗲气”等时,可能就会产生这样一个反应,它们都包含有“声”和“气”两个词,而且这两个词的位置是固定的,它们的意义多是表示说话时的声音、语气。经过一番归纳概括,我们可能会总结出“……声……气”这样一个格式,这就由言语的层面进入到语言的层面。在把握这个格式的形式特点和意义特点后,我们在其他类似的交际语境中就会采用类推仿造的方法创造出一些新的四字格,如“粗声粗气”、“娇声娇气”、“娇声媚气”、“悄声细气”、“虎声虎气”等,这又由语言的层面进入到言语的层面。

① Charles J. Fillmore著,詹卫东译:《框架语义学》,北京大学汉语语言学研究中心《语言学论丛》编委会:《语言学论丛》(第27辑),商务印书馆2003年版,第398页。

第二，待嵌格式生成的四字格多为并列结构，而并列构词方式的能产性是比较强的。相关统计表明，在春秋时期，最早也是最能产的构词法是并列式和偏正式，其时并列式略低于偏正式。“到战国时代，并列式双音词的增长速度比偏正式明显加快；至东汉，并列式在语法造词法中占有绝对优势，没有任何一种造词法堪与匹敌。”①据张博统计，先秦时期同义并列占并列式总词数的53.71%，类义并列占37.05%，反义并列占9.24%，同义并列在数量上具有明显的优势。而在中古汉语中，同义或近义的两个单音词经常连用，从而构成一个新的复合词，这是一种最能产的构词方式，在双音词中占有较大比例。在现代汉语中，虽然最能产的双音复合词为偏正式，但并列式仍占重要地位，数量非常可观。我们考察了《汉语四字格词典》中的部分待嵌格式，并统计了编者所举由其生成的四字格的数量，其能产性特点可见一斑。详见下表：

待嵌格式	四字格的数量	示例
不……不……	85	不卑不亢、不藏不掖、不吵不闹、不痴不聋
……天……地	67	哀天怨地、顶天立地、扯天扯地、吹天吹地
有……有……	55	有产有业、有成有毁、有吃有喝、有名有目
千……万……	54	千哀万求、千变万化、千拨万弄、千波万折
一……一……	54	一板一眼、一长一短、一颦一笑、一涨一落
自……自……	48	自爱自重、自卑自贱、自编自导、自画自赞
……头……脑	47	冲头冲脑、蠢头呆脑、鬼头鬼脑、红头涨脑
……言……语	47	插言插语、粗言暴语、街言巷语、闲言恶语
无……无……	45	无边无沿、无波无澜、无德无能、无根无基
大……大……	44	大包大揽、大悲大喜、大波大澜、大操大办

① 张博：《组合同化：词义衍生的一种途径》，《中国语文》1999 年第 2 期。

（续表）

待嵌格式	四字格的数量	示　例
……眉……眼	42	愁眉苦眼、攒眉挤眼、低眉敛眼、秀眉俊眼
七……八……	42	七猜八猜、七歪八扭、七长八短、七大八小
……风……雨	41	暴风骤雨、呼风唤雨、凄风冷雨、腥风血雨
……山……水	39	跋山涉水、傍山依水、背山面水、残山剩水
东……西……	33	东奔西跑、东冲西突、东凑西借、东邻西舍
半……半……	33	半褒半贬、半抄半写、半痴半疯、半蹲半跪
……声……气	33	唉声叹气、屏声静气、粗声粗气、嗲声嗲气
天……地……	33	天崩地裂、天边地角、天凑地合、天昏地暗
没……没……	30	没白没黑、没边没沿、没病没灾、没产没业
……三……四	30	不三不四、吆三喝四、颠三倒四、说三道四
左……右……	27	左奔右突、左等右等、左挂右连、左回右转

其实，《汉语四字格词典》中的四字格也仅仅是列举性的。我们在语料库中搜集到的此类四字格的数量很多，关于这一点，在本书第三章，我们将以定量考察的方式加以说明。此外，考察《现代汉语频率词典》，在“使用度最高的前 8000 个词词表”中，有 10 个待嵌格式：

待嵌格式	位　次	累计频率（%）
一……一……	2004 位	82.2447
边……边……	2220 位	83.4423
不……不……	2860 位	86.2975
连……带……	3759 位	89.0795
千……万……	4072 位	89.8309
……来……去	4412 位	90.5653
东……西……	4798 位	91.2918
七……八……	6962 位	94.1929

（续表）

待嵌格式	位　次	累计频率(%)
大……大……	8349 位	95.3968
忽……忽……	8486 位	95.4914

第三节　待嵌格式的固定部分

本节主要考察待嵌格式的固定部分，对固定部分的分类、特点以及语法化等问题进行探讨。

一、固定部分的分类

我们从词性、同形与否、所处位置以及意义关系等角度对待嵌格式的固定部分进行分类。

（一）词性

从词性来看，构成待嵌格式的词多是实词，如名词、动词、形容词、数词、副词等。

1. A、B 都是实词，且词性相同

(1)名词待嵌格式。

①方位名词待嵌格式。如：东……西……、左……右……、前……后……、上……下……。

②人体名词待嵌格式。如：……眉……眼、……手……脚、……头……脑、……嘴……舌、……心……肺。

③自然现象名词待嵌格式。如：天……地……、冰……雪……、风……雨……、风……浪……、山……水……。

④指人名词待嵌格式。如：兵……将……、……朋……友、……儿……女。

⑤动物名词待嵌格式。如:龙……凤……、……龙……凤、龙……虎……。

⑥时间名词待嵌格式。如:……古……今、……年……月、朝……暮……。

⑦其他名词待嵌格式。如:鬼……神……、情……意……、……街……巷、……针……线。

(2)代词待嵌格式[①]。

如:本……本……、此……彼……、各……各……、自……自……。

(3)动词待嵌格式。

①比类动词待嵌格式。如:如……如……、如……似……、似……似……、若……若……。

②能愿动词待嵌格式。如:可……可……、敢……敢……、能……能……、能……善……。

③存在动词待嵌格式。如:有……有……、有……无……、无……无……。

④趋向动词待嵌格式。如:……来……去。

⑤实义动词待嵌格式。如:缺……少……、说……道……、招

① 对于代词待嵌格式,我们在下文不作重点论述。原因是:第一,其数量少,仅有"本……本……"、"此……彼……"、"各……各……"、"自……自……"这四个;第二,除了"自……自……"外,其他的能产性都较差。"自……自……"格式构造四字格的能力比较强,通过语料库得到由其生成的四字格有360个。其构式义为:"表示自己怎样,有时表示某动作由自身发出并及于自身,有强调意味。"嵌入其中的多是意义相近或相反的动词或形容词。如"自言自语"、"自吹自擂"、"自夸自大"、"自称自赞"、"自问自答"、"自轻自贱"、"自怜自伤"等。其他三个生成四字格的能力较弱,如"此……彼……"格式构成的四字格有38个,如"此起彼伏"、"此消彼长"、"此唱彼和"、"此呼彼应"、"此来彼去"等;"各……各……"格式构成的四字格只有15个,如"各式各样"、"各行各业"、"各家各户"、"各门各派"等。

……惹……、装……作……。

⑥其他动词待嵌格式。如:有……可……、是……是……。

(4)形容词待嵌格式。

如:大……大……、小……小……、大……小……、快……慢……、精……细……。

(5)区别词待嵌格式。①

如:男……女……、……男……女。

(6)数词待嵌格式。

如:半……半……、一……一……、千……万……、……七……八、……三……四。

(7)副词待嵌格式。

①否定副词待嵌格式。如:不……不……、没……没……、非……非……。

②时间副词待嵌格式。如:忽……忽……、随……随……、现……现……、时……时……。

③其他副词待嵌格式。如:又……又……、越……越……、愈……愈……。

2. A、B 都是实词,但两者词性不同

如:爱……不……、一……无……、半……不……、似……非……。

3. A、B 为一实一虚

如:惟……是……、一……而……、一……就……、以……为……。

4. A、B 均为虚词

如:或……或……、连……带……、由……而……。

我们对 240 个待嵌格式进行了细致分类,具体列表如下:

---

① 由于区别词待嵌格式数量少,且生成四字格能力较弱,故下文不作重点论述。

A、B	词性		待嵌格式
词性相同的实词	名词	人体名词	背……腰……、眉……目……、眉……眼……、……眉……眼、……头……脸、……头……面、头……脑……、……头……脑、……皮……脸、……心……胆、……心……肺、心……气……、心……神……、……手……脚、心……手……、心……意……、……心……意、……牙……齿、……肠……肚、……嘴……舌、耳……目……、口……舌……、……嘴……舌
		自然现象名词	……风……雨、冰……雪……、……风……浪、风……浪……、风……日……、风……雨……、春……秋……、日……月……、山……海……、……山……海、山……水……、……山……水、天……地……、……天……地、……天……日、云……雾……、……云……雾
		指人名词	兵……将……、……兵……将、……儿……女、……朋……友
		动物名词	龙……凤……、……龙……凤、龙……虎……、……龙……虎、鸡……狗……
		时间名词	……古……今、……年……月、朝……暮……
		其他名词	……根……底、……公……私、鬼……神……、国……民……、……国……民、……魂……魄、……家……户、街……巷……、……街……巷、……金……银、金……玉……、……模……样、……门……户、……腔……调、……情……理、情……意……、……情……义、人……马……、神……鬼……、……神……鬼、……声……气、……始……终、……是……非、……头……尾、文……武……、……衣……食、……灾……祸、……针……线、……枝……叶、车……马……、……仇……恨、……子……孙
	代词		本……本……、此……彼……、各……各……、自……自……
		比类动词	如……如……、如……似……、似……似……、若……若……
		能愿动词	敢……敢……、可……可……、能……能……、能……善……

（续表）

A、B	词性		待嵌格式
		存在动词	有……有……、有……无……、无……无……
		趋向动词	……来……去
		实义动词	挨……受……、避……就……、称……道……、成……成……、出……入……、翻……倒……、反……为……、飞……走……、改……换……、……歌……舞、……来……往、披……戴……、缺……少……、招……惹……、争……夺……、转……为……、装……作……、含……带……、化……为……、……入……出、……生……死、说……道……、……思……想、死……活……、……死……活、……言……语
		其他动词	有……可……、是……是……
	形容词		残……剩……、……长……短、粗……大……、大……大……、大……小……、小……小……、独……独……、断……残……、多……多……、多……少……、高……大……、孤……寡……、好……好……、红……绿……、……红……绿、旧……重……、……旧……新、明……暗……、奇……异……、真……实……、精……细……、胡……乱……、紧……慢……、乱……乱……、多……善……
	区别词		男……女……、……男……女
	数词		百……百……、百……千……、半……半……、……七……八、……七……八、千……百……、千……万……、三……两……、三……六……、三……四……、……三……四、三……五……、四……八……、万……千……、五……六……、一……百……、一……半……、一……二……、一……千……、一……三……、一……一……
	副词	否定副词	不……不……、没……没……、非……非……
		时间副词	忽……忽……、边……边……、现……现……、时……时……、随……随……、且……且……
		其他副词	互……互……、既……又……、相……相……、又……又……、愈……愈……、越……越……、屡……屡……、先……后……

（续表）

A、B	词性		待嵌格式
词性不同的实词			爱……不……、百……不……、半……不……、不……其……、不……一……、不……之……、不……自……、大……不……、大……特……、大……其……、大……一……、待……不……、得……且……、各……其……、非……即……、屡……不……、似……不……、似……非……、说……就……、无……不……、无……可……、无……之……、一……无……、一……再……、一……之……、一……不……、有……必……
一实一虚			不……而……、惟……是……、一……而……、一……就……、以……代……、以……为……、以……相……、……而……之
均为虚词			或……或……、连……带……、由……而……

（二）同形与否

1. 固定部分同形，即同一个词

如：有……有……、大……大……、可……可……、一……一……、不……不……、忽……忽……。

2. 固定部分不同形，即不同的词

如：前……后……、有……无……、千……万……、半……不……、胡……乱……、……手……脚、……来……去。

（三）所处位置

1. 固定部分处于一、三位的

如：天……地……、东……西……、似……非……、半……半……、且……且……。

2. 固定部分处于二、四位的

如：……眉……眼、……腔……调、……声……气、……来……去、……死……活、……三……四。

（四）意义关系

1. 意义完全相同的，即固定部分同形的情况

如：自……自……、有……有……、大……大……、如……如……、一……一……、无……无……、没……没……、随……随……、时……时……。

2. 意义相近的

如：……灾……祸、……街……巷、……朋……友、招……惹……、争……夺……、挨……受……、说……道……、……思……想、残……剩……、精……细……、孤……寡……。

3. 意义相对、相反的

如：东……西……、左……右……、……头……尾、有……无……、……来……去、生……死……、大……小……、明……暗……。

4. 意义相类的，即同属于某一个意义范畴

如：……牙……齿、……眉……眼、山……水……、……风……雨、龙……虎……、……歌……舞、飞……走……、多……善……、高……大……、红……绿……、一……半……、三……四……、千……万……。

5. 意义不相关的

如：一……就……、不……而……、无……之……、不……之……、一……无……、惟……是……。

（五）小结

统计表明，从词性来看，固定部分皆为实词且词性相同的情况占的比重较大，有 208 个，占总数的 86% 强。从是否同形来看，固定部分同形的有 37 个，占总数的不到 16%，固定部分不同形的有 203 个，占总数的 84% 强，以不同形者居多。从固定部分所处的位置看，居于一、三位的有 171 个，占总数的 71%；居于二、四位的有

69 个，占总数的 29%，可见固定部分以居于一、三位为常见。从意义关系来看，意义完全相同、意义相近、相对或相反、意义相类的情况所占比重较大，有 203 个，占总数的 84% 强，而意义不相关的有 37 个，不到总数的 16%。

二、固定部分的特点

据我们考察，并不是所有的词都能够出现在固定部分的位置上，能够构成待嵌格式框架结构的词在词性、意义等方面有其鲜明特点。一般来说，具有以下特点的词才具有作为固定部分的资格。

第一，就整体而言，它们多属于基本词汇范畴。一种语言中的词汇可分为基本词汇和一般词汇两大类，构成待嵌格式框架的词多属于汉语基本词汇的范畴。这些词所表达的都是与人们世世代代的日常生活关系非常密切的事物，它们以单音节为主，产生的时间较早，其中有很多在殷商甲骨卜辞中就出现了。如：

自然现象名词：天、地、日、月、风、雨、山、水

方位名词：东、西、南、北、左、右、上、下

人体名词：头、手、足、心

动词：有、如、似、若

形容词：大、小、多、少、新、旧

数词：一、二、三、四、五、六、七、八、九、十、百、千、万

一般认为，基本词汇具有全民常用性、稳固性和能产性三大特点。在张斌的《新编现代汉语》中，为了说明基本词汇的“能产性”特点，作者举了形容词“大”的例子。“大”早在甲骨文中就出现了，在现代汉语中，仅“大×”构成的词就有 100 多个，另加“大××”、“大×××”、“×大”、“××大”、“×大××”、“×××大”等构成的词达 350 多个。“甚至还有‘大×大×’的固定语型，如：大吹大擂、大模大样、大是大非、大慈大悲、大摇大摆。由此可见，基本词

的能产性是多么的强。"①

第二,能够作为固定部分的名词、形容词、数词,它们多属于基本等级范畴,具有认知上的显著性;从附加意义上来看,它们多具有丰厚的文化蕴涵。现代范畴理论提出了"基本等级范畴"这一概念,在认知上有一个最基本的范畴,向上看,它有一个更为概括的上位概念;向下看,它有更为细化、更为具体的下位概念。属于基本等级范畴的词多具有如下特征:"基本范畴词汇多是词形简单、音节较少的不可分析的本族语词,其组成上有更大的任意性……使用频率也最高。""基本范畴词是事物最早获得的名称,有较大任意性;它们的生命力也极强,具有很强的构词能力。""在基本词语从基本意义(一般为原型意义)向外扩展过程中,基本等级范畴词汇发展了更多的隐喻和转喻意义。"②如单音节方位名词"东"、"西"、"南"、"北"、"上"、"下"、"左"、"右"等,它们的上位概念是方位,它们的下位概念是"东南"、"东北"、"西南"、"西北"等更为细化的方位名词,而居中位置的就是"东"、"西"、"南"、"北"、"上"、"下"、"左"、"右"等,它们在人类认知中居于基本地位,具有显著性特征。

"显著"本是知觉心理学的一个基本概念,显著的事物比较容易被人识别、处理和记忆,容易引起人们的注意。比如人体名词之所以能够构成待嵌格式,原因就是它们所对应的人体概念是我们人类最基本的概念之一,人体及其器官是人类认知的基础和出发点之一。古希腊哲学家普罗塔哥拉就认为"人是万物的尺度",而"近取诸身,远取诸物"则是我们汉民族体认世界的一种方式。可

① 张斌:《新编现代汉语》,复旦大学出版社 2002 年版,第 237 页。

② 赵艳芳:《认知语言学概论》,上海外语教育出版社 2001 年版,第 85－86 页。

以说，把“人”作为衡量周围世界的标准是中西方共同的思维倾向之一。“人类中心说”一直是认知语言学坚持的观点，“我们完全可以想像，我们的祖先是从认识空间和自己开始认识世界的，因此空间概念和身体部位是我们形成若干抽象概念的两个主要基础，它们成为人类原始思维的出发点，是人类最重要的隐喻源”①。因此，以人体作为最基本的参照点，借助于具有可视性的人体部位或具有可感性的人体器官来认识、描述世界上的其他事物，乃至一些无形的、难以定义的事物，如时间、状态、性质等抽象概念，这是符合人类由近及远、由具体到抽象、由自我到非自我的认知规律的。可以说，人体概念是其他认知概念赖以建立的基础。

此外，综合考察，具有丰厚文化蕴涵的词更容易出现在固定部分的位置上。如由数词构成的待嵌格式在汉语中的数量较多，在我们的考察对象中就有21个，而韩陈其曾列出由数词构成的98种组配格式②（其中包括只用一个数词的格式）。数词的组配能力如此之强，和我们汉民族源远流长、博大精深的数词文化是分不开的。我们仅举“三”为例加以说明：“三”是一个具有神秘色彩的玄数，《周易》六十四卦，每卦六爻，阴爻称六，阳爻称九，六、九都是三的倍数。而老子“三生万物”的观念则使“三”自古就具有表示生发、吉祥的意义。“汉族的先哲认为：宇宙乾坤是由‘三维’构成的，所谓‘三维’，有的说是‘天地人’三才；也有的人认为由‘三辰’（日、月、星）衍化而来，因为自然环境无论发生什么变化，但天上的日月星辰总是伴随着人们，这容易引起人们对‘三’产生崇拜心理……所以自古代以来的事物多以三命名，天文、历法、律吕、度器以

① 王寅：《语义理论与语言教学》，上海外语教育出版社2001年版，第181页。

② 详见韩陈其：《汉语词汇论稿》，江苏古籍出版社2002年版，第317－330页。

及宫殿建筑、王朝设官等,无一不以‘三’为法度。例如古代象征国家社稷的鼎有三足,汉族的始祖称‘三皇’(伏羲氏、燧人氏、神农氏),最早的朝代称‘三代’(夏、商、周),官位有‘三公’(太师、太保、太宰),军有‘三军’(古为中、上、下军),教有‘三教’(儒、道、佛三教),祭祀有‘三牲’(牛、羊、猪),节日有‘三节’(端午节、中秋节、年节),礼教有‘三纲’(君为臣纲、父为子纲、夫为妻纲)等。”① 其他含“三”的词语还有:“三才”、“三宝”、“三味”、“三思”、“三通”、“三史”、“三迁”、“三礼”、“三光”、“三阳开泰”、“三生有幸”、“三叩九拜”、“三教九流”、“三心二意”、“三言两语”、“三长两短”、“三番五次”、“三年五载”、“三头六臂”、“三茶六饭”、“三灾六难”、“挑三拣四”、“说三道四”、“朝三暮四”、“不三不四”。在我们的考察对象中,仅由“三”构成的待嵌格式就有“一……三……”、“三……两/二……”、“三……四……”、“……三……四”、“三……五……”、“三……六……”6 个。其他的能够构成待嵌格式的诸如方位名词、人体名词、空间维度形容词等的文化蕴涵都是极为丰厚的。

第三,就动词而言,非典型性动词多具有作为固定部分的资格。按照现代范畴理论来审视汉语中的词类,词类也是一个原型范畴,这就是说:“属于同一词类的各个词在语法性质上有程度不同的相似性,其中有些词在分布上有较多的相似性,它们成为这一类词的典型成员,而有些词跟其他词在分布上相似性较少,它们成为这一类词的非典型成员。”②典型成员是一类词的原型,是非典型成员归类时的参照标准。根据以上论述,我们来分析汉语中的一

① 常敬宇:《汉语词汇与文化》,北京大学出版社 1995 年版,第 155 页。
② 袁毓林:《词类范畴的家族相似性》,《中国社会科学》1995 年第 1 期。

个重要词类——动词。在动词范畴中，同样存在典型成员和非典型成员之分。典型动词是指一些具体可见的、由参与者产生影响的动作动词或行为动词，如“走”、“跑”、“吃”、“喝”、“看”、“听”、“写”、“跳跃”、“拥抱”、“哭泣”、“学习”等。非典型动词指的是一些静态动词，如表示事物存在、变化或消失的存在动词（有、无），表示人或事物之间具有相似关系的比类动词（如、似、若），表示客观的可能性、必要性和人的主观意愿的能愿动词（可、敢、能），表示移动的、趋向的趋向动词（来、去）等等。

我们认为，典型动词一般不能作为固定部分构成待嵌格式的框架，因为它们表示的都是具体的动作或行为，意义比较实在，在四字格中充当核心成分，因此，它们不可能弱化或虚化而成为具有一定连接作用的框架结构。反倒不如一些非典型动词，如存在动词、比类动词、能愿动词、趋向动词等更具有作为固定部分的资格。因为这些非典型动词不仅在意义上表现出对典型动词的偏离，这种偏离还集中表现在句法功能上，如能愿动词常作状语，趋向动词常作补语。

总之，能够出现在固定部分位置上从而构成待嵌格式框架结构的词多具有以下特点：从整体上看，它们多属于基本词汇范畴；就名词、形容词、数词而言，它们多属于基本等级范畴，具有认知上的显著性，多具有文化附加义；就动词而言，非典型性动词多具有作为固定部分的资格。

三、固定部分的语法化

自 20 世纪初法国语言学家梅耶（Meillet）提出“语法化”这一概念以来，语法化理论得到了很大的丰富和发展，中外学者利用语法化理论分析语言现象取得了较为丰硕的成果。20 世纪 90 年代以来，中国学者引进西方当代语法化理论，沈家煊、孙朝奋等学者对国外的语法化研究情况进行了详细的介绍，而刘坚、曹广顺、吴福祥首次从理论高度对诱发汉语词汇语法化的机制进行了概括归纳，此后还出现了很多值得重视的研究成果，如江蓝生、刘丹青等学者的文章对汉语的语法化研究产生了极大的推动作用。在此，我们试用语法化理论对待嵌格式固定部分的语法化表现及语法化等级进行探讨。一般认为，语法化（grammaticalization）指的是“语言中意义实在的词转化为无实在意义、表语法功能的成分这样一种过程或现象，中国传统的语言学称之为‘实词虚化’”[①]。在待嵌格式中，固定部分的意义发生了不同程度的语法化，而固定部分的语法化与其意义变化及其在四字格中的句法位置密切相关。

（一）固定部分的意义变化

一般认为，词义的变化可分为三种情况，即词义扩大、词义缩小和词义转移。在待嵌格式生成的四字格中，固定部分的意义变化主要有以下三种情形：

第一种，固定部分的意义不再是其本义，而是发生了泛化或虚化，这种情形我们统称为 A。

意义泛化。意义泛化是指“体现了概念的词或固定语的 A 义在演进到 B 义过程中发生的概念内涵上的部分消失现象”[②]。吴登堂认为：“所谓泛化就是把本适用于甲事物的词义推演到乙事物或其它多种事物上；或把本适用于个别事物的词义演进到用于一般事物。”[③]如方位名词“东”和“西”的基本义分别是：

东：四个主要方向之一，太阳升起的一边。

西：四个主要方向之一，太阳落下去的一边。

---

① 沈家煊：《“语法化”研究综观》，《外语教学与研究》1994 年第 4 期。

② 王吉辉：《意义泛化的性质和方式》，《汉语学习》1995 年第 3 期。

③ 吴登堂：《词义的泛化》，《辽宁师专学报》2004 年第 2 期。

而由"东……西……"格式生成的四字格如"东奔西跑"、"东看西看"、"东凑西借"、"东征西讨"、"东说西说"中,"东"的释义中"太阳升起的一边"的意义消失,"西"的释义中"太阳落下去的一边"的意义消失,只保留了其核心意义"方向",泛指各个不同的方向,表示"到处、处处"的意思,其意义发生了泛化。

意义虚化。关于"泛化"和"虚化",王吉辉、吴登堂都指出:现在很多人混淆了这两个概念,把二者等同起来,认为"泛化"就是"虚化"。我们比较认同王吉辉的观点,即"'虚化'不同于'泛化',它是指体现在词或固定语意义中的概念全部消失的一种现象,意义上表现很空灵,对这些意义,人们难以确切把握。'虚化'与'泛化'之间的本质区别即在于各自概念内涵的消失状况不同"①。我们认为,词义发生"泛化"后,其意义与原来的基本义还存在一定的联系,还较为实在,而词义"虚化"后,其意义与原来的基本义基本看不出什么联系,意义显得较为空灵。如在一些数词待嵌格式中,数词的意义多发生了虚化。如由"一……二……"格式构成的四字格"一干二净"、"一清二楚"、"一清二白"等,"一"和"二"不再表示具体的数目义,而是表"非常、很"的程度义。

第二种,固定部分的意义发生了转移,或发生了隐喻变化或发生了转喻变化,这种情形我们统称为B。

隐喻变化。隐喻是指从一个认知域向另一个认知域的投射,即用一个具体概念来理解抽象概念的方式,事物和事物之间具有某种相似性。如由"天……地……"生成的四字格"天崩地裂",这一四字格可看做是主谓结构,意思是"天崩了、地裂了",这是它的表层意义;也可以把它看成是状中结构,意思是"像天一样崩、像地一样裂",其深层意义是"形容声音巨大或比喻重大的变故"。而在

① 王吉辉:《意义泛化的性质和方式》,《汉语学习》1995年第3期。

实际的语用中,"天"、"地"多不是其本义,更多的是一种隐喻用法。如:

①一阵机关枪响之后,紧接着就是天塌地陷似的几阵大声,门窗震动。(冰心《我的邻居》)

②他们是弟兄,所见的又是同一的东西,想到的用法却有这么天差地远。(鲁迅《准风月谈·题记》)

例①中的"天塌地陷"就是"像天一样塌、像地一样陷",形容声响巨大;例②中的"天差地远"是"像天与地的差别一样远",比喻相差悬殊。其他的由"天……地……"生成的四字格也多是这种隐喻用法,如"天长地久",是"像天一样长、像地一样久",形容时间长久或永不改变;"天高地厚",是"像天一样高、像地一样厚",比喻恩情深厚;"天迥地远"是"像天一样迥、像地一样远",形容极其高远。

转喻变化。"转喻"是利用相关认知域的接近和关联性,从显著度高的认知域过渡到显著度相对较低的认知域。比如由"……头……脑"生成的四字格,固定部分多以转喻的方式指人的智力状态或行为方式,如"傻头傻脑"、"呆头呆脑"、"缩头缩脑"、"窥头探脑"等,以有形代指无形,以具体代抽象。再如"……红……绿",固定部分"红"、"绿"多不再指颜色,而是转指颜色艳丽的衣服或浓艳的妆容,如"穿红戴绿"、"披红挂绿"、"着红描绿"等。

第三种,固定部分的意义基本未变,固定部分在四字格中的意义即是它的本义,这种情形称为C。

比如:有些意义较为实在的名词构成的四字格,在格式中的意义和它们孤立存在时的意义相同。如"……子……孙"格式生成的四字格"断子绝孙"、"孝子贤孙"、"凤子龙孙"等,其中的"子"和"孙"就是其本义"子孙后代"的意思。

再如:有些意义较为实在的动词构成的四字格,其意义基本上没有发生变化。如"缺……少……"、"挨……受……"构成的四字格,“缺衣少食”、“缺吃少喝”中的“缺”和“少”即“缺少”的意思,“挨打受气”、“挨饿受冻”中的“挨”和“受”即“遭遇、经受”的意思。

根据固定部分意义发生变化的具体情形,我们可以列出其语法化的不同等级,即 A > B > C。一般来说,固定部分的语法化程度越高,由其构成的待嵌格式的能产性就越强。

(二)固定部分在四字格中的句法位置

固定部分是否发生语法化与它们在四字格中所处的位置密切相关。学界普遍认为:“汉语的主、谓、宾、定、状、补六个句法成分,先秦即已具备,且语序相当固定。这些句法成分在句子结构中的地位是不相同的。其中主、谓、宾为核心成分,是主要由实词承担的句法位置。定、状、补为非核心成分,词汇意义实在或不太实在的词都有进入的可能。因此,词汇在这些句法位置上发生语法化的可能性也不相同。一般说来,状语和补语的位置较容易引发语法化,这是因为表示范围、程度、时间、工具、方式、原因、对象、结果等语法范畴的词汇一般都出现在这两个位置上。”①

1. 固定部分如果在四字格中作定语、状语或补语等成分,那么,其语法化程度相对要高

(1)作定语。如:(一)针(一)线、(七)嘴(八)舌、(前)因(后)果、(大)风(大)浪、(小)模(小)样、(三)言(两)语。

(2)作状语。如:[半]明[不]暗、[忽]上[忽]下、[时]隐[时]现、[大]起[大]落、[东]奔[西]走、[左]顾[右]看、[又]快[又]好、[三]令[五]申。

(3)作补语。如:跳〈来〉跳〈去〉、叫〈来〉叫〈去〉。

其实,以上四字格的构件即“一……一……”、“七……八

① 刘坚、曹广顺、吴福祥:《论诱发汉语词汇语法化的若干因素》,《中国语文》1995 年第 3 期。

……”、“忽……忽……”、“时……时……”、“大……大……”、“东……西……”、“……来……去”等格式，它们的能产性都是比较强的，这与以上四字格固定部分承担的句法成分属于非核心成分密切相关。

2. 如果固定部分在四字格中作主语、谓语这些核心成分，其语法化的程度相对较低

如在由“风……雨……”构成的四字格中，“风剥雨蚀”、“风吹雨打”、“风调雨顺”、“风停雨驻”等的“风”和“雨”都是充当主语，因此，整个格式的能产性相对较弱。《汉语四字格词典》只举了12个例子，在语料库中只检索到36个由其构成的四字格。

再如由“争……夺……”构成的四字格中，“争分夺秒”、“争名夺利”、“争权夺势”、“争金夺银”等的“争”和“夺”都是充当谓语，因此，它的能产性也是比较弱的。《汉语四字格词典》只举了5例，在语料库中只检索到20个由其构成的四字格。

以上分析了影响待嵌格式固定部分语法化的两个方面的动因，这两个动因是互相影响、共同作用的。关于这一点，刘坚、曹广顺、吴福祥强调指出：“句法位置改变和词义变化是词汇语法化过程中两个基本而又互为依存的条件。一个实词由于句法位置的改变而进入某种结构关系，会导致词义变化；同样，一个实词词义发生某种变化，也会影响其功能，改变其所处结构的关系和性质。”①

通过上面的分析，我们可以得出以下结论：在不同的待嵌格式中，固定部分有着不同的语法化等级。一般来说，固定部分的意义发生泛化或虚化的，语法化程度最高，整个格式的能产性相对比较强，如“大……大……”格式；固定部分发生隐喻变化或转喻变化

① 刘坚、曹广顺、吴福祥：《论诱发汉语词汇语法化的若干因素》，《中国语文》1995年第3期。

的，但意义相对来说又较为实在，其语法化程度稍低，整个格式虽具有一定的能产性，但比之前者较弱，如“……头……脑”格式；如果固定部分的意义基本没有变化，它们的语法化程度最低，由它们构成的待嵌格式的能产性是最弱的，如“装……作……”格式。

第四节　待嵌格式的嵌入部分

在对固定部分进行描写的基础上，我们再进一步探讨待嵌格式嵌入部分的词性、语义关系及排序原则等相关问题。构式语法理论认为，任何一个构式都有一个准入条件，不符合该条件的词一般无法进入这一构式。同样，凡是能够进入某一个待嵌格式从而形成合格的四字格的成分，在语音、语义、语法等方面都存在着层层的限制，只不过有的格式受限制多一些，有的格式受限制少一些。也就是说，待嵌格式的固定部分对嵌入部分的诸多方面具有不同程度的规约和限制作用。

一、嵌入部分的词性

（一）名词

半人半神	一草一木	千山万水	没日没夜	非牛非马
有血有肉	如梦如幻	东鳞西爪	南腔北调	前因后果
左邻右舍	千秋万代	说东道西	似马非马	虎头虎脑
四村八舍	无风无浪	大鱼大肉	七手八脚	不年不节
连本带利	小模小样	三朋四友	大事小情	三年五载

（二）动词

爱看不看	半吞半吐	不吵不闹	且说且笑	能屈能伸
飞来飞去	挤眉弄眼	七拼八凑	千变万化	丢三落四
时沉时浮	天旋地转	改天换地	无牵无挂	大包大揽

似笑非笑　随到随吃　缩头缩脑　一摇一晃　左涂右抹
边干边学　现学现卖　小打小闹　东奔西跑　大干特干

（三）形容词

半新不旧　不冷不热　如痴如呆　笨手笨脚　天昏地暗
呆头呆脑　快言快语　有惊无险　大红大绿　大错特错
忽高忽低　没轻没重　千娇百媚　七零八落　若明若暗
四平八稳　俊眉俏眼　没大没小　时紧时松　柔声细气
三长两短　昏天黑地　一清二白　千辛万苦　百依百顺

以上是就整体倾向而言。在实际语用中，除以上三大实词外，还可嵌入其他一些词，如“不男不女”嵌入的是区别词，“不三不四”嵌入的是数词，“说这道那”嵌入的是代词等。当然，能够嵌入待嵌格式中的主要还是一些典型的实词，即名词、动词和形容词。其主要原因在于：在一个四字格中，固定部分的意义如果发生了语法化，那么，嵌入部分就须是语义的主要承担者，其意义应较为实在。如数词待嵌格式生成的四字格“一干二净”、“挑三拣四”、“七长八短”等，其嵌入部分“干净”、“挑拣”、“长短”等表达出了整个四字格的理性意义，而作为固定部分的数词本身并没有实际的数字意义，起强调、陪衬、渲染、增添语言情味的作用。固定部分以虚化的形式配合嵌入格式中的实词，实词达意，虚词传神，虚实配合，才能达到良好的语言表达效果。

当然，就每一个具体的待嵌格式而言，可以嵌入哪一类成分，不可以嵌入哪一类成分，是存在个体差异的。有的只能嵌入名词，如“残……剩……”格式，“残茶剩饭”、“残山剩水”、“残羹剩汤”等；有的只能嵌入动词，如“边……边……”格式，“边干边学”、“边吃边喝”、“边学边卖”、“边走边聊”等；有的可以分别嵌入不同性质的成分，如“不……不……”格式，既可以嵌入名词，如“不僧不俗”、“不上不下”、“不声不响”等，也可以嵌入动词，如“不言不语”、“不管不顾”、“不闻不问”、“不见不散”等，还可以嵌入形容词，如“不卑不亢”、“不慌不忙”、“不紧不慢”、“不咸不淡”、“不大不小”等。一个待嵌格式可以嵌入什么性质的成分，与固定部分的词性和词义密切相关。

二、嵌入部分的语义关系

一个待嵌格式不仅要求嵌入的成分具有特定的语法性质，而且还要求嵌入的成分之间具有一定的意义关系。从整体上看，嵌入部分的语义关系主要分为两大类，在第二大类中又包含着若干小类。

把一个双音词拆开嵌入格式中。我们知道，现代汉语以双音词为主，有时为了表情达意的需要或凑音节的需要，可以把一个并列式双音词拆开嵌入待嵌格式之中。如：

①三姊妹各有所长，分工负责。大裁大剪，单夹皮棉——秦老吉冬天穿一件山羊皮的背心，是大姐的；锅前灶后，热水烧汤，是二姐的……（汪曾祺《三姊妹出嫁》）

②他连推带搡，愣把我推进去，“咔哒”锁上了木板门。（刘心武《如意》）

③一下子见到这么多雕着花、千奇百怪的烟斗，他看呆了。（冯骥才《雕花烟斗》）

④当着一展厅的人，憨包六子从容不迫，说得有根有据，使正陶醉在赞誉中的画家无地自容。（陈世旭《将军镇》）

以上例子中，“裁剪”、“推搡”、“奇怪”、“根据”是现代汉语中固化的双音词，可以把它们拆开分别嵌入“大……大……”、“连……带……”、“千……百……”、“有……有……”格式而生成“大裁大剪”、“连推带搡”、“千奇百怪”、“有根有据”四字格，这些四字格文字间错组合，整齐中富于变化，具有一种形式美和音韵美。

嵌入的成分是单音节的，这些成分之间具有相同、相近、相反或相对、相类或相关等关系。

(1)嵌入的是同一个成分。如：

①我一个惊醒，从似睡非睡的糊涂梦中清楚过来。(陈染《私人生活》)

②父女们在平日自然也常拌嘴，但是现在的情形不同了，不能那么三说两说就一天云雾散，因为她已经不算刘家的人。(老舍《骆驼祥子》)

③少剑波向这对虎头虎脑的娃娃兵点头微笑着，“再把你们的一切检查一遍！”(曲波《林海雪原》)

④警卫人员在警惕地东看西看，其他大部分随员还未起床。(沈永兴、朱贵生《二战全景纪实》)

以上例子中，把“睡”嵌入“似……非……”，把“说”嵌入“三……两……”，把“虎”嵌入“……头……脑”，把“看”嵌入“东……西……”而构成“似睡非睡、三说两说、虎头虎脑、东看西看”四字格，表义细腻，形象感强。

(2)嵌入的是意义相近的成分。如：

①她早就觉得这间客厅不中不西，不伦不类，最好是统一一下。(谌容《梦中的河》)

②1957 年，党号召全党全国大鸣大放，帮助党整风，给党提意见。(白桦《淡出》)

③后来又想，总疑神疑鬼，瞻前顾后，也成不了什么大事。(刘震云《故乡天下黄花》)

④他又不能不承认事实，太太作官是千真万确的，而凡是官就有官的气派，太太也非例外。(老舍《四世同堂》)

例①“不伦不类”中的“伦”即“类”的意思；例②“大鸣大放”中的“鸣”和“放”都是“说出来、讲出来”的意思；例③“瞻前顾后”中的"瞻"与"顾"都是"看"的意思;例④"千真万确"中的"真"和"确"都是"真实"的意思。嵌入意义相近的成分构成的四字格整体上具有一种强调意味。

(3)嵌入的是意义相对或相反的成分。如:

①在这半真半假,半实半虚的话里,有几分是埋怨,又有几分是无奈?(张平《十面埋伏》)

②可是在这种时候有时她们也会兴奋起来,两人紧挨在一起说古道今。(杨沫《青春之歌》)

③大丈夫能屈能伸,能方能圆,倘若不是对朝廷虚与委蛇,如何能息马谷城,养精蓄锐?(姚雪垠《李自成》)

④许多来自世界各国的最优秀的科学家在这里废寝忘食,没日没夜地辛勤耕耘,稍一不慎,就会被别人淘汰和淹没。(白帆《那方方的博士帽》)

例①中"半真半假"的"真"与"假","半实半虚"中的"实"与"虚";例②中"说古道今"中的"古"与"今";例③中"能屈能伸"中的"屈"与"伸","能方能圆"中的"方"与"圆";例④中"没日没夜"中的"日"与"夜"。它们都是成对的反义词,嵌入相应格式后生成的四字格,形式简洁,表义丰富。

(4)嵌入的是意义相类的成分,即嵌入的成分是同属于某一个意义范畴的。如:

①参加的多义务取乐性质,照例不必需金钱报酬,只大吃大喝几顿了事,这家法事完了又转到另外一家去。(沈从文《泸溪·浦市·箱子岩》)

②她的乳名叫果,因为长得又白又胖,人们都跟她叫大苹果。(刘流《烈火金钢》)

③连年的大灾和战乱,老百姓逃的逃,死的死,留下来的稀稀拉拉,无衣无食,苟延时日。(姚雪垠《李自成》)

④我祖父不是一个憨乎乎的乡巴佬，越窗而逃证明了他是有勇有谋的。（余华《在细雨中呼喊》）

例①中的“大吃大喝”，“吃”与“喝”都是由嘴部发出的动作；例②中的“又白又胖”，“白”指人的肤色，“胖”指人体含脂肪多，都是用来描写人的外貌的形容词；例③中的“无衣无食”，“衣”和“食”都是人日常生活所需的必备品；例④中的“有勇有谋”，“勇”是勇气，“谋”是谋略，这两者都是描写人的品质、智力等的抽象名词。

（5）嵌入的是意义相关的成分，即嵌入的两个成分之间具有连贯或因果等关系。如：

①“自己村里的事，就由你们几个大干部解决了吧。我先保她回去，随传随到行不行？”（孙犁《风云初记》）

②陆小凤好像直到现在才看见他们，微笑道：“上一次三位不战而退，这次还想来试试？”（古龙《陆小凤传奇》）

③自从两年前大病了一场以后，兴致就此倒下来，象病马一般，一蹶不振了。（方令孺《琅琊山游记》）

④你们女同志想问题就是简单。什么事儿都得有备无患，尤其是这种天灾人祸，更不能掉以轻心啊。（《编辑部的故事：飞来的星星》）

例①中的“随传随到”，“传”了以后就“到”，“到”是“传”的结果，虽然“传”这一动作和“到”这一动作是两个不同的主体发出的，但它们是前后相继的；例②中的“不战而退”，“退”是“不战”的结果；例③中的“一蹶不振”，“蹶”是“跌倒、栽跟头”，“振”是“振作”，因为“一蹶”所以就“不振”了，前为原因，后为结果；例④中的“有备无患”，“备”是“准备、防备”，“患”是“灾祸”，因为“有备”所以就“无患”了，前后是一种因果关系。

三、嵌入部分的排序原则

汉语缺少形态变化，语序是汉语表达语法意义的主要手段之一，这已成为人们的共识。目前，对待嵌格式的语序问题进行集中探讨的相关文章甚少，只见到罗耀华《三组待嵌格式语序的可及性解释》一文。此文运用可及性理论重点分析了三组待嵌格式——“不A不B”、“又A又B”和“有A有B”，总结出以上三组待嵌格式的语序主要遵循了信息一致原则、重要性原则、显著性原则、熟悉度原则、从好原则以及韵律和谐原则六个方面。此文给我们很大的启发。

本书运用认知语言学理论对待嵌格式中嵌入部分的排序问题加以探讨，认为：语言结构与人的经验结构或概念结构有相似性，不仅语言单位的意义有概念基础，语法结构的形式也有概念基础，语法结构中成分的次序对应于它所表达的概念的次序。安玉霞指出，研究汉语语序问题的一个重要视角就是从认知角度进行研究，具体分为以下四个原则：“（一）图像序列原则：语言成分的排列顺序与事件范畴序列之间的相似关系，包括线性序列语义原则（时间、因果、条件结果句）、线性序列语用原则（信息的重要性或可及性）。（二）与说话人接近原则：指不受其他因素干扰的情况下，与说话人最接近的就最先提及，具体分为三种：（1）时空接近，如 here and there。（2）与典型说话人接近，人与自然‘自我中心原则’。（3）具体到抽象，从时间到空间。（三）邻近拟象性原则：是一种概念语义关系，从隐喻意义上来讲的。具体地说就是词语之间的语言成分距离反映概念距离……（四）文化规约拟象原则：英语是 right and left，以右为尊；中文则是‘左右’，以左为尊。”[①]在借鉴以

① 安玉霞：《汉语语序问题研究综述》，《汉语学习》2006年第6期。

上观点的基础上,综合考察嵌入待嵌格式中的成分,其顺序体现出较强的理据性,一般来说,遵循以下原则:

一致性原则。前文已经提到,利用待嵌格式生成四字格有一种重要的方法,就是把某一个并列式双音词AB拆开嵌入相应的格式之中。按照信息理论,信息包括新旧信息和焦点信息,根据表情达意的需要,在进行信息结构的安排时,很多AB原本就是一个合成词或单纯词,在作离析处理进入待嵌格式时,同原来的信息新旧保持一致,正向迁移,AB进入格式后,依然遵循A在前、B在后的序列。一般来说,嵌入格式中是某一双音词的分解形式的,多采用此原则。如:

①据说全世界惟有中国人骂起人来是有条有理、合逻辑的。(张爱玲《洋人看京戏及其他》)

②他一遍一遍地听着,一句一句地品评着,一赞三叹,被那雄伟磅礴气势、富丽清新的格调,深深打动了。(草石、萧帆《特殊决战中的叶帅》)

③亲戚们都说这孩子的命运一定大吉大利。(钱钟书《灵感》)

④哭爹叫娘的也有,呼天喊地的也有,虎子也呜呜地哭。(邓友梅《别了,濑户内海!》)

⑤我在场的理由纯是为了凯洛琳,她与我正好对面而坐,我便毫不客气地饱览她的一举一动。(朱邦复《巴西狂欢节》)

以上5个例句中画横线的四字格,都是把一个双音词拆开嵌入某一个待嵌格式而生成的,其中的"条理"、"赞叹"、"吉利"、"呼喊"、"举动"等双音词,其构成语素之间是意义相近的关系,这些词原本都是固化的复合词,存在于词典之中。当它们被拆开嵌入待嵌格式时,一般都是遵循其原有的顺序,即遵循一致性原则。因此,在实际的语言运用中,我们一般很少看到"有理有条"、"一叹三赞”、“大利大吉”、“一动一举”等四字格。类似的四字格还有：

千变万化	半遮半掩	无依无靠	不理不睬	大操大办
大呼小叫	东拉西扯	多才多艺	呼风唤雨	各行各业
颠来倒去	没根没基	七零八落	千挑万选	前思后想
如痴如呆	三灾六难	三朋四友	低三下四	上传下达
左拥右抱	说东道西	四通八达	天差地别	感天动地
摇头晃脑	无拘无束	五颜六色	小吵小闹	一清二楚
一波三折	一笔一画	有始无终	有根有据	笨嘴拙舌

显著性原则。从认知的角度来看，显著性指的是某一事物或其某一方面具有典型性，也就是它属于某一认知范畴中的基本层次范畴。人类的大部分思维是在基本层次范畴上进行的，尤其是基本层次范畴中的典型性成员，最容易把握，最容易进行信息的加工和提取。人们倾向于把认识上显著的成分、引起注意的成分先说出来，这是象似原则中的“顺序象似”在构词法中的体现。沈家煊曾将事物的显著度的规律归纳如下：“事物显著度的差异有一些基本规律，例如，一般情形下，整体比部分显著（因为大比小显著），容器比内容显著（因为可见的比不可见的显著），有生命的比无生命的显著（因为能动的比不能动的显著），近的比远的显著，具体的比抽象的显著。”①如：

①他决不能再像父亲和哥哥那样去作永不见天日的地下“老鼠”，若要有头有脸地活在世上，就得干一番轰轰烈烈的大事情。（张平《十面埋伏》）

②潘妈叫唤起来，祥云等人都奔了来，七手八脚按住了她，七嘴八舌求告着。（张爱玲《金锁记》）

③有个比教师更好的工作让他干，他还能再对咱说一长

① 沈家煊：《转指和转喻》，《当代语言学》1999 年第 1 期。

二短吗?(路遥《人生》)

④他就是这样一个半新半旧、半中半西、有时跋扈、有时柔软的人!(琼瑶《水云间》)

⑤“请你给我一杯又黄又甜的咖啡,黄得像我的脸,甜的像你的脸。”(周腓力《洋饭二吃》)

以上几个例子分别体现了以下规律:

整体比部分显著:例①中的“有头有脸”这一四字格中,嵌入部分的顺序是先“头”而后“脸”。因为就人体部位而言,“脸”在“头”的前部,“脸”是部分,“头”是整体,按照一般的认知心理,整体总比部分显著。

容器比内容显著:例②中的“七嘴八舌”,“嘴”是容器,而“舌”在嘴内,是内容。而容器比内容显著,故先“嘴”后“舌”。

大的比小的显著:例③中的“一长二短”是先“长”后“短”,因为从视觉上来看,“长”的比“短”的大,以此类推,“高”的比“低”的或“矮”的大,“厚”的比“薄”的大。而大的比小的显著,因此才会有“一长二短”及“一高一低”、“不厚不薄”这样的词序。

近的比远的显著:例④中的“半新半旧”,从心理上看,人们多喜新而厌旧,“新”的就是好的,“旧”的就是不好的;而在“半中半西”中,“中”离我们近,为我们所熟知,而“西”离我们远,是我们不太熟悉的,因此,“中”比“西”更为显著。

有形的比无形的显著:例⑤的“又黄又甜”,“黄”诉诸人的视觉,“甜”诉诸人的味觉,而有形的比无形的更易感知。视觉的比味觉的更易感知。对于咖啡,通常情况下是先观其色,后品其味。

文化规约原则。中国封建社会是伦理型的社会,以道德宗法为政治的核心,强调社会关系的层级性、有序性。儒家文化标榜“孝悌”,推崇“父子有亲,君民有义,夫妇有别,长幼有序”,强调尊卑等级观念。这一观念形成了汉民族传统的文化心理,在汉语构词上表现为:表示尊者、长者、主要的词在前,而表示卑者、幼者、次要的词在后。另外,中国文化是以"求善"为目标的伦理型文化,崇尚真、善、美,贬斥假、恶、丑,因此,汉民族有趋吉避凶、一心向善的心理,且喜欢报喜不报忧,体现在语序上就是先说好的,后说不好的。如:

①作者定睛细瞧,有男有女,有老有少,富的贫的,各色人都全。(钱钟书《灵感》)

②至于左宗棠将李勉林留了下来,是要谈半公半私的事。(高阳《红顶商人胡雪岩》)

③这世上之事,全真的好对付,全假的也不难对付,作难的是半真半假。(莫怀戚《透支时代》)

④或许,生活就是这样的吧!时晴时雨,时好时坏……(谌容《人到中年》)

例①中,"有男有女"是先"男"后"女",这是男尊女卑观念的体现;"有老有少"是先"老"后"少",这是"敬老孝悌"观念的传达。例②中,"半公半私"是先"公"而后"私",这是汉民族重"集体"轻"个体"的传统文化心理的体现。例③中,"半真半假"是"真"在前,"假"在后,因为在我们的认知心理中,"真"的好而"假"的不好。例④中,"时晴时雨"和"时好时坏"亦如此,一般情况下,人们喜"晴"不喜"雨",喜"好"不喜"坏"。

空间顺序原则。刘宁生认为:"人类在长期实践中形成了自己特有的看待空间的方式,其结果熔铸在自己所使用的语言中……语言再现的空间并不是真实世界的'传真照片',而是经过意识过滤的图解。"①人类对于空间事物及其概念有多种感知顺序,这种特

① 刘宁生:《汉语怎样表达物体的空间关系》,《中国语文》1994年第3期。

点又反映在语言表达的顺序上。张志毅、张庆云曾指出传统的认知和习用的空间序列[①]，常用的有：上下序，如“上蹿下跳”、“七上八下”；前后序，如“前仆后继”、“房前房后”；左右序，如“左思右想”、“左顾右盼”；方向序，如“东奔西跑”、“南征北战”、“走南闯北”；头尾序，如“街头巷尾”、“虎头蛇尾”、“摇头摆尾”；长短序，如“说长道短”、“三长两短”、“长吁短叹”。以上序列能说明一些待嵌格式尤其是方位名词待嵌格式的固定部分的排序规则。当然，以上序列对于嵌入部分的排序问题也有很好的解释力。如：

①黑夜，她灯也没开，一直躺在床上七上八下地想着，不知应当如何去认识这些问题。（杨沫《青春之歌》）

②越过千山万水，迷路的倦鸟如今无意中飞近了旧枝，她应当去重温一次故园风物！（柯灵《苏州拾梦记》）

③那面小白旗成了个什么神圣的标徽，大家紧紧的跟着它，忽前忽后，忽左忽右，没目的而有无限的热情，乱冲乱扑。（老舍《蜕》）

④各种传闻和推测渐渐归结成一个有头有尾的故事。（杨绛《洗澡》）

例①和例②均遵循上下序。人类作为能够直立行走的高等动物，常常以垂直性作为感知世界的基本维度，垂直维度的方向——“上”和“下”，通常是按照人体垂直维度的非对称性特点建立起来的。人类这种基本的感知映照在词序上，就是“七上八下”、“千山万水”。例③和例④中分别遵循的是前后序、左右序和头尾序。

时间顺序原则。自然现象和人类活动都具有时间顺序性，人类对时间顺序的经验与感知直接映照在语言描述的顺序之中，即

① 张志毅、张庆云：《词汇语义学》，商务印书馆2005年版，第191－192页。

词序与时序保持一致。戴浩一在考察汉语时指出了汉语语序的一条重要原则，即"时间顺序原则（The Principle of Temporal Sequence，缩写为 PTS）"，指的是"两个句法单位的相对次序决定于它们所表示的概念领域里的状态的时间顺序"①。一般来说，嵌入待嵌格式中的成分具有相关关系的多遵循此原则。事件发展的顺序，先发生的先说，后发生的后说；因果关系的四字格是先有原因，后有结果；条件关系的四字格是先有条件，后有行动。这与上面提到的图象序列原则是一致的，即句法结构的先后顺序等同于实际经验的顺序或人们认识世界的顺序。如：

①马林生见儿子总不答话，自己也觉得侃不开，有问有答你来我往才易于进入最佳状态。（王朔《我是你爸爸》）

②本剧借鉴韩剧的成功经验，采用了边写边拍的方式，根据导演、演员，以及现场观众的反馈，及时进行动态调整。（秦菁《〈武林外传〉续集年内开拍》，《燕赵都市报》2006 年 2 月 10 日）

③冬天跟着猎友出山打猎，学得一手好箭法，百发百中，箭箭不空。（曲波《林海雪原》）

④我还给大家讲了 19 世纪中叶欧洲的形势，现买现卖，说得有鼻子有眼。（白桦《淡出》）

⑤"我说田先生，今儿晚上，你一准到我家里吃饺子啊，我等着你，不见不散！"（孙犁《风云初记》）

例①中的"有问有答"，"问"了才能"答"，"答"了然后再"问"，两个动作具有时间上的先后，这里强调的是谈话的双向性；例②中的"边写边拍"，强调"写"了再"拍"，"拍"了然后再"写"，二者之间是一种互动关系，尽管"边……边……"格式表达的是"表示动作同时进

① 戴浩一：《时间顺序和汉语的语序》，《国外语言学》1988 年第 1 期。

行”的构式义，但嵌入其中的两个动词的语义关系不是单纯地表示“同时发生”，它们的同时性并不完全一致，而是具有时间上的先后承接关系；例③中的“百发百中”，“中”是“发”的结果，二者之间是动作和结果的关系，因此必须是先“发”而后“中”；例④中的“现买现卖”，“买”是为了“卖”，这一四字格除了强调动作的临时性，还强调动作的目的性；例⑤中的“不见不散”是一种假设关系，“如果不见的话就不散”，“见”是“散”的前提，从时间上来说“见”先于“散”。

需要指出的是，以上原则不是绝对的，它只是显示出嵌入部分词序的一般性倾向，而且此原则与彼原则之间并非界限分明，实际存在着部分交叉。同时，在实际的语言运用中，有一些嵌入部分是可以互换顺序的，而意义基本保持不变，我们以“左……右……”格式为例加以说明。从词性上看，嵌入这一格式的多是动词；从语义上看，这些动词具有相同、相近、相关的关系，这一格式对嵌入部分的词序要求不是太严格，这就使整个结构呈现出相对松散的状态，两个动词可以灵活地变换位置，它们所生成的四字格的意义，只是在动词原有词汇意义的基础上增加了“表示动作反复或持续发生”的意义，这种序列可被称为双向互逆型。如：

①我左劝右说，要她吃点东西，保重身体。（水静《毛泽东密召贺子珍》）

②大夫左说右劝，费了九牛二虎之力，才把药硬给他灌了下去。（老舍《四世同堂》）

③革命一受挫折，坐不稳钓鱼船了，他就害怕、动摇，于是左闪右躲，瞻前顾后，既怕得不到什么，又怕失掉什么。（雪克《战斗的青春》）

④那边的石头也砍了过来……需要人不停地左躲右闪，一群人像是在摸黑勤奋练习打网球。（王朔《看上去很美》）

⑤老孙打了个冷颤醒来了……嗨！连长这样严肃地瞅他

哩！他说："误了开饭时间？这……这……"他慌乱地左瞧右看。（杜鹏程《保卫延安》）

⑥达尔巴大奇，侧过头左看右瞧，心想你明明是小孩子，怎会是大和尚？（金庸《神雕侠侣》）

以上例子中，"左劝右说"也可说"左说右劝"，"左闪右躲"也可说"左躲右闪"，"左瞧右看"也可说"左看右瞧"，其基本意义保持不变。

那么，决定嵌入部分排序的因素主要是什么？郭风岚在考察"又A又B"格式时指出："一，交际者对语言自身的认识能力；二，交际者对言语交际环境、上下文语境的把握能力；三，交际者由对客观世界的感知觉而形成的知识经验。"①我们认为还应从意义的角度来加以考虑。综合考察，我们得出的规律是：如果某一待嵌格式生成的四字格，其基本意义与嵌入部分的理性意义大致相同，只是增加了一些语法意义或色彩意义的话，那么，它们的语序相对来说是较为自由的。如"不冷不热"，"冷"和"热"的本义都是指温度，如果这个四字格表示的仍然是"气温既不冷也不热"，只是增加了"恰好、正合适"等表示赞许的感情色彩的话，那么它们的语序就相对自由，可换说成"不热不冷"。如果这一四字格的基本义已与温度的"冷"、"热"无涉，而是引申指人的态度的冷淡或热情，那么，"冷"和"热"的语序就不能随便调换了。

第五节　待嵌格式生成的四字格

本节重点探讨由固定部分和嵌入部分构成的四字格（以下简

---

① 郭风岚：《"又A又B"格式的认知模式》，《世界汉语教学》2000年第3期。

称四字格)，主要研究四字格的词汇化、语义特点、句法功能及其语用效果。

一、四字格的词汇化

(一)词汇化理论

近年来，词汇化理论受到中外学者越来越多的关注，并取得了丰硕的研究成果，深化了人们对语言本质和规律的认识。就汉语研究来说，学者们多专注于对双音词的词汇化问题的研究，比较有代表性的是江蓝生、王灿龙、汪维辉、徐时仪、邵敬敏、罗思明、徐海、王文斌、张谊生等的文章；而在词汇化研究方面的集大成之作当属董秀芳于2002年出版的专著《词汇化：汉语双音词的衍生和发展》。该书采用共时和历时相结合的方法，重点考察了汉语中的双音词，指出“双音词有三个主要来源，一是从短语变来，这是双音词的最主要的来源；二是从由语法性成分参与组成的句法结构固化而来；三是由本不在同一句法层次上而只是在线性顺序上相邻接的成分变来”①。这一著作的主体部分重点探讨了上述三种衍生方式，建立起汉语词汇化的理论框架。

对于什么是“词汇化”以及“词汇化”的本质，不同学者有不同的看法。罗思明、徐海、王文斌对各家观点进行梳理归纳后，指出：“词汇化的本质是语言演变中语义成分整合成词的过程及结果，至少包括五层含义：一是词汇化是一种动态的语言演变过程，受制于语言演变基本规律和制约条件；二是词汇化研究的主要对象是语义成分整合成词的过程及结果，重点是过程，目的是探索语言演变的本质和规律；三是词汇化是造词过程，而不是用词过程，但它产

① 董秀芳：《词汇化：汉语双音词的衍生和发展》，四川民族出版社2002年版，第23页。

生、存在和发展于语言使用之中；四是词汇化前的语义成分组合结构较为松散；五是词汇化的主要结果是词，但不排斥其他词汇化语言单位，如成语、习语之类的词汇化短语结构。”①简而言之，我们可以这样界定：词汇化指的是从句法层面的自由组合到固定的词汇单位的演变过程和演变结果。

在继承前人研究成果的基础上，我们主要立足于共时层面，运用词汇化理论来探讨待嵌格式生成的四字格的词汇化程度或曰词汇化等级。当然，这里有一个必要的前提，就是要探讨四字格的词汇化，需要首先对其构件——待嵌格式的固化程度进行探讨，因为待嵌格式的固化程度与其生成的四字格的词汇化程度是密不可分的。待嵌格式的固化程度高，会促进四字格的词汇化；四字格词汇化为成语的数量越多，又会进一步推进待嵌格式的固化。

(二)待嵌格式的固化程度

在我们所考察的240个待嵌格式中，有的格式比较凝固，而有的格式相对松散，凝固化程度较低，显然，待嵌格式的固化程度存在着级的差别。影响待嵌格式固化程度的因素是多方面的，我们试从以下几个角度进行分析。

1. 从固定部分和嵌入部分的特点来看

(1)根据固定部分的意义变化，可分为三种情形：

第一，固定部分的意义不再是其本义，而是发生了泛化或虚化，由其构成的待嵌格式固化程度较高。如“东……西……”、“左……右……”、“大……大……”、“一……一……”、“千……万……”等。

第二，固定部分的意义发生了转移，或发生了隐喻变化或发生

① 罗思明、徐海、王文斌：《当代词汇化研究综合考察》，《现代外语》2007年第4期。

了转喻变化，由其构成的待嵌格式固化程度居中。如“……头……脑”、“……眉……眼”、“……手……脚”、“天……地……”等。

第三，固定部分的意义基本未变，由其生成的待嵌格式固化程度较低。如“国……民……”、“鸡……狗……”、“挨……受……”、“争……夺……”等。

(2)从嵌入部分的音节数量来看，可以分为两种情况：

第一，嵌入部分是单音节的。比如：半……半……：半明半暗、半文半白、半生半熟、半中半西。半……不……：半长不短、半大不小、半明不暗、半高不矮。似……非……：似真非真、似假非假、似笑非笑、似懂非懂。非……即……：非此即彼、非亲即友、非牛即马、非打即骂。大……大……：大鱼大肉、大手大脚、大吵大闹、大红大绿。

第二，嵌入部分既可是单音节的，又可是多音节的。比如：一……就……：一学就会、一看就懂、一起床就做饭、一看书就困、一看照片就想起妈妈。连……带……：连哭带叫、连打带骂、连说带笑、连老师带学生、连看电视带玩游戏、连打带闹腾。又……又……：又新又好、又喜又悲、又气愤又吃惊、又炒菜又看孩子、又吃雪糕又吃巧克力。

第一类嵌入的成分主要是单音节的，而第二类嵌入的成分可以是单音节的也可以是多音节的。因此，第一类生成的多是属于词汇层面的四字格，结构较为紧密；而第二类生成的单位有四字格也有四音节以上的短语，既有词汇层面的，也有属于句法层面的，结构较为灵活。显然，第一类的固化程度要高于第二类。

2. 从待嵌格式构式义的虚实程度上来看

如果某一待嵌格式的构式义表示的是一定的词汇意义，那么它的固化程度相对较高，其生成的四字格有相当一部分是成语；如果待嵌格式的构式义表示的是一定的语法意义，那么它的固化程度相对较低,其生成的四字格基本上都是类固定短语。如果待嵌格式的构式义既有一定的词汇意义也表示一定的语法意义,那么它的固化程度就可能居于上述两者之间。举例如下:

第一类:

大……大……:分别用在单音名词、动词或形容词的前面,表示规模大,程度深①:~手~脚|~鱼~肉|~吵~闹|~吃~喝|~摇~摆|~红~绿。

七……八……:嵌用名词或动词(包括词素),表示多或多而杂乱:~手~脚|~嘴~舌|~拼~凑|~颠~倒|~零~落|~上~下|~长~短|~扭~歪|~折~扣(折扣很大)。

第二类:

随……随……:分别用在两个动词或动词性词组前面,表示后一动作紧接着前一动作而发生:~叫~到|大家~到~吃,不用等|这几个文件~印~发。

一……就……:表示两事时间上前后紧接。a)同一主语的:~学~会|~开~谢|~吃~吐。b)不同主语的:~教~懂|~请~到|~说~成|~推~倒。

第三类:

爱……不……:分别用在同一个动词前面,表示无论选择哪一种都随便,含不满情绪:~管~管|~说~说|~来~来。

$不_2$……不……$_2$:用在同类而意思相对的词或词素的前面,表示"如果不……就不……":~见~散|~破~立|~塞~流|~止~行。

通过比较可以看出,第一类的意义还比较具体、实在,可以看

① 意义的解释来自中国社会科学院语言研究所词典编辑室:《现代汉语词典》(第6版),商务印书馆2012年版。

做是词汇性质的；第二类的意义已经虚化，可以看做是语法性质的；第三类的情况有些特殊，“整个格式体现出来的意义，当中既有词汇意义的成分，同时也多少含有一些语法意义的因素”①。因为“爱……不……”在表达语法意义的同时，还附带表达出“不满情绪”的词汇意义；“不……不……”在表达词汇意义的同时，还附带有表示假设的语法意义。可见，待嵌格式所具有的不同的构式义会直接影响到它们与固定短语的关联程度。就整体而言，表达词汇意义的第一类格式与固定短语的关联程度最高，只纯粹表达语法意义的第二类格式与固定短语的关联程度最弱，既表词汇意义又表语法意义的第三类格式与固定短语的关联程度居于两者之间。

3. 文言格式比口语格式固化程度高

在我们所考察的240个待嵌格式中，有一些书面性比较强的文言格式，如“不……而……”格式，它的构式义为“表示虽不具有条件或原因而产生某结果”。《现代汉语词典》（第6版）对其释义后举了“不寒而栗”、“不劳而获”、“不谋而合”、“不期而遇”、“不言而喻”、“不约而同”、“不翼而飞”、“不胫而走”8个四字格的例子；而在该词典中，以上四字格同时又全部被作为成语来单独加以收释。实际上，通过历时考察我们发现，这一格式在古代汉语中表现出一定的能产性，以上被《现代汉语词典》所收的四字格在古代汉语中就出现了，它们的书面性都比较强。在现代汉语中有时可以套用这一格式来创造出一些新的四字格，如“不问而知”、“不宣而战”、“不治而愈”、“不告而去”等，但其能产性明显减弱。这一格式“其实是古汉语用法在今天的遗存，对填入成分有着特殊的要求，不太适宜随意填入现代汉语中的成分”②。其他再如“有……无

① 王吉辉：《固定语研究》，南开大学出版社2009年版，第37页。

② 王吉辉：《固定语研究》，南开大学出版社2009年版，第39页。

……”和“无……无……”，它们的固化程度就高于与它们相对应的口语格式——“有……没……”和“没……没……”。俞扬在20世纪80年代中期探讨汉语并列四字组合成词的问题时指出：“‘有气无力、无拘无束’比‘有你没我、没脸没皮’紧凑，因为‘有×无×、无×无×’是文言格式，‘有×没×、没×没×’是口语格式。”①

（三）四字格的词汇化等级

在对待嵌格式固化程度进行探讨的基础上，我们进一步探讨由其生成的四字格的词汇化等级。由待嵌格式生成的四字格不是在同一个层面上的，而是存在着级的差异。关于这一点，前人从不同的角度来加以关注。比如马国凡在《成语》一书中，分析了成语灵活运用的特点后，指出了成语“格式化”的过程。从理论上来说，待嵌格式的固化程度高，那么，由其生成的四字格的词汇化程度相对就高。如在动词待嵌格式中，“有……有……”格式的固化程度要高于“装……作……”格式，那么，“有……有……”格式生成的四字格要比“装……作……”格式生成的四字格词汇化程度要高。

具体来说，我们认为由待嵌格式生成的四字格要么是类固定短语，要么是成语，而判断一个四字格是类固定短语还是成语可以从形式、意义、使用频率等角度来加以考察，为此我们确立了三个判断原则。

第一，形式是否凝固。形式凝固的、语序不能变换的多是成语；语序较为灵活、形式不太凝固的是类固定短语。温端政②就从结构的凝固与否来加以区别。如由“不……不……”和“七……八……”生成的部分四字格。

---

① 俞扬：《汉语并列四字组合成词问题初探》，《宁波师院学报》1986年第2期。

② 温端政：《汉语语汇学》，商务印书馆2005年版，第294页。

甲类		乙类	
不三不四	不卑不亢	不上不下	不今不古
不伦不类	不折不扣	不高不低	不快不慢
不知不觉	不屈不挠	不紧不松	不前不后
不闻不问	不骄不躁	不大不小	不早不晚
不偏不倚	不理不睬	不哭不笑	不摇不摆
不痛不痒	不即不离	不喊不叫	不长不短
七上八下	七手八脚	七朋八友	七滋八味
七嘴八舌	七拼八凑	七灾八难	七蒙八骗
七颠八倒	七零八落	七查八查	七劝八劝
七折八扣	七死八活	七老八少	七大八小

上面所列举的四字格，甲类的结构相对固定，可归入成语，很多成语词典把它们单独作为条目加以收录；而乙类的结构相对松散，可看做是甲类的“活用”，它们在形式上很像成语，意义可根据字面来理解，符合齐沪扬对“类固定短语”的界定。

第二，意义的融合度。意义融合度高，多具有比喻义或引申义的是成语；意义融合度低的，多是类固定短语。我们试运用概念整合的层级性理论对此加以讨论。

概念整合指的是对两个来自不同认知域的概念有选择地提取其部分意义整合起来进而形成一个复合概念结构。而“概念整合的层级性指的就是：如果两个概念在其基本义或本义基础上提取部分语义特征进行整合，那么这个整合是低层级整合；如果两个概念在其引申义（其中包括转喻义或隐喻义）基础上提取部分语义特征进行整合，那么，这种整合是高层级整合”①。概念整合的层级性

① 张云秋、王馥芳：《概念整合的层级性与动宾结构的熟语化》，《世界汉语教学》2003 年第 3 期。

理论最初是用来解释动宾短语的熟语化过程的，实际上，各种类型的非固定短语在熟语化过程中都出现了概念的整合现象。下面以“大……大……”格式生成的四字格为例加以说明。

		嵌入部分的意义	
		基本义	引申义
“大”的意义	基本义	大脚大手 大头大脸	大鱼大肉 大风大浪
	引申义	大喊大叫 大吉大利	大手大脚 大鸣大放

基本义+基本义　　基本义+引申义
引申义+基本义　　引申义+引申义

自由短语————类固定短语————成语

以上表格中所列的四字格，由于固定部分和嵌入部分的意义不同，从而使四字格属于不同的层面。如“大头大脸”的意义是“大”的基本义加“头”、“脸”的基本义，所以它是自由短语，与我们所谈的待嵌格式无涉。而“大喊大叫”，“大”作副词修饰后面的“喊”、“叫”，表程度，用的是其引申义，而“喊叫”的意义基本不变，这属于引申义和基本义的整合，属于较高层次的组合，因此我们把“大喊大叫”看成是类固定短语，它们与自由短语不同，与成语也有异。而考察“大手大脚”，如果其义实指“手”、“脚”之大，那么它就是自由短语。其检验的方法：一是可以由定中关系的“大手”和“大脚”变成主谓关系的“手大”和“脚大”，其意义基本不变，这属于“大”与“手”、“脚”在基本义层面的组合，也就是说，凡是由限定变为陈述而意义不变的是自由短语，不能的则大多是成语。二是“大手”与“大脚”之间可以添加其他成分，如“和”或顿号，变成“大手和大脚”或“大手、大脚”，意义基本不变。如果在具体的语境中“大手大脚”表达“花钱、用东西没有节制”，那么它们的语序既不能互换，中间也不能添加其他的成分，这是“大……大……”格式与“手”、“脚”在引申义层面的组合，“大”作状语修饰后面的动词，表程度义，“手”、“脚”不再是名词实指人的肢体，而是以转喻思维来指称人的动作或行为方式，这是在引申义和引申义层面的整合，属于高层级整合，这样的四字格就具有成语的性质——意义上具有整体性，结构上具有凝固性。我们具体考察了语料库的现代汉语部分，得到了171个含有“大手大脚”的句子，其中实指“手”、“脚”之大的只有8个。择取二例如下：

①到她看清楚那是一个大手大脚的高大男人，她就认出来他是从前在震南村给何家放牛的炳哥哥。（欧阳山《三家巷》）

②看着自己的大手大脚，明明是自己的，可是又象忽然由什么地方找到的。（老舍《骆驼祥子》）

其他的绝大多数都是转喻，指“花钱、用东西没有节制，十分浪费”。如：

①是呀，那人大手大脚，乱花钱……等等，我这里还有一个，挺艺术的，这人不上咖啡馆……（陆文夫《清高》）

②长期以来，生活在泡沫经济之中的日本人习惯了在消费方面大手大脚。他们经常光顾闹市区豪华的超级购物中心，特别钟情国际名牌，要买就买最好的，要买就买一流的……（艺菲《原来大手大脚如今精打细算 日本人消费观念转变》，《北京青年报》2001年3月1日）

第三，使用频率的高低。使用频率高的多是成语，使用频率低的是类固定短语。我们以《汉语四字格词典》中所举“大……大……”格式构成的44个四字格在语料库现代汉语部分中出现的次数与《现代汉语词典》（第6版）、《现代汉语规范词典》（2005年版）以及《成语大词典》（2005年版）中收的“大……大……”格式的成语进行比较。详见下表：

《汉语四字格词典》	出现次数	《现代汉语词典》	《现代汉语规范词典》	《成语大词典》
大起大落	688	+	+	
大江大河	397			
大吃大喝	389		+	
大喊大叫	358			+
大摇大摆	288	+	+	+
大模大样	225	+		+
大手大脚	179	+	+	+
大操大办	159		+	
大是大非	153	+	+	+
大红大紫	138	+	+	
大吵大闹	137		+	
大彻大悟	116	+	+	+
大智大勇	113			+
大风大浪	105	+	+	+
大叫大嚷	97			
大包大揽	91	+	+	+
大慈大悲	89	+	+	+
大吹大擂	70	+	+	+
大吉大利	70			
大鱼大肉	70			
大吼大叫	69			
大恩大德	59			
大红大绿	49		+	

（续表）

《汉语四字格词典》	出现次数	《现代汉语词典》	《现代汉语规范词典》	《成语大词典》
大仁大义	34			
大轰大嗡	33	+	+	
大鸣大放	30			
大风大雨	27			
大哭大闹	27			
大悲大喜	21			
大锣大鼓	19			
大灾大难	18			
大波大澜	8			
大嚼大咽	8			
大说大笑	5			
大破大立	4			
大惊大险	3			
大福大贵	2			
大波大浪	1			
大帮大伙	0			
大劫大难	0			
大输大赢	0			
大水大肥	0			
大油大荤	0			
大滋大补	0			

尽管收语的标准、编写体例不同，但上表中，自“大吹大擂”以

上的16个四字格被收录到上述三部不同的词典中，一个共同的原因就是：它们的使用频率相对较高，其中最高的达688次（大起大落），最低的是70次（大吹大擂）。当然，上表中的“大江大河”和“大叫大嚷”使用频率也不低，它们之所以没被词典收释，可从其他原则着眼来加以解释：“大江大河”意义的融合度不是太高，而“大叫大嚷”的形式不够稳固，变换其顺序成“大嚷大叫”其义也不变。

以上是从静态角度考察待嵌格式生成的四字格的性质。而如果从动态角度来看，待嵌格式生成的四字格到底是类固定短语还是成语，有时很难下定论。因为：有些四字格随着使用人数的增多，使用频率的增加，使用范围的扩大，随着固定部分和嵌入部分搭配经常化而渐趋定型，已经成了成语；而有的四字格可能正处于由类固定短语向固定短语过渡的过程之中。

二、四字格的语义特点

构式语法理论在进行语法分析时坚持“整体观”，认为“一个表达式的意义源于词项意义和构式意义的整合”①。以此观点来考察待嵌格式生成的四字格，我们认为四字格的意义不是其表层意义的简单相加，而是由固定部分和嵌入部分整合而成的，其深层语义具有主观增量的特点。在此，我们运用量范畴理论对四字格的增量义和主观性进行探讨。

（一）四字格的增量义

“从人们的认知经验来说，整体总是大于局部之和，汉语中的许多并列结构都有主观增量的特征。”②待嵌格式生成的四字格大

① 〔美〕Adele E. Goldberg著，吴海波译：《构式：论元结构的构式语法研究》，北京大学出版社2007年版，第15页。

② 张旺熹、朱文文：《“又A又B”格式的主观增量手段》，齐沪扬：《现代汉语虚词研究与对外汉语教学》，复旦大学出版社2005年版，第7页。

多数是内部对举形式，从结构上看多是并列关系，因此，很多四字格都具有主观增量的特点。

语言表达主观量这一观点最早由朱德熙提出，而目前国内研究量范畴取得较多成果的是李宇明，他深入挖掘汉语量特征的各种表现形式，并使之上升到理论高度，形成了一部研究量范畴的带有纲要性的著作《汉语量范畴研究》。该书对纷繁复杂的量现象进行了探讨，从纵、横两个维度构筑起量范畴的框架：纵向讨论量的表达内容，包括物量、空间量、时间量、动作量、级次量、语势六类次范畴；横向讨论量的表现形式分为四组对立的次范畴，即明量/暗量、实量/虚量、确量/约量、客观量/主观量。李宇明认为，“量”指的就是“人们认识世界、把握世界和表述世界的重要范畴。在人们的认知世界中，事物（包括人、动物）、事件、性状等无不含有‘量’的因素。例如，事物含有几何量和数量等因素，事件含有动作量和时间量等因素，性状含有量级等因素”①。在前人研究成果的基础上，我们探讨由待嵌格式生成的四字格所体现出的表增量的语义特点。

四字格的语义往往不是固定部分和嵌入部分表层语义的简单相加，而是通过两个部分的融合，于表层语义之外形成了新的深层语义。张谊生就固定部分和嵌入部分在生成的四字格中所承担的不同职责有深刻论述：“在意义上，固定部分规定了整个短语的格式义和关系义，可变部分表示了整个短语的具体义和实用义；两者配合互补，相辅相成。”②由待嵌格式生成的四字格除有表增量的语义特点外，还含有突出强调或夸张的意味。如：

---

① 李宇明：《汉语量范畴研究》，华中师范大学出版社 2000 年版，第 30 页。

② 转引自张斌：《新编现代汉语》，复旦大学出版社 2002 年版，第 270 页。

①他看看手表，离上班只有十分钟了，便皱起了眉头："厂部三令五申叫保卫处发通告，摊贩不许堵住厂门口，为什么就是不听？"（蒋子龙《赤橙黄绿青蓝紫》）

②我刚才跟了你半天，起初也有点不敢认你，左看右看，这块疤不能有错。（老舍《骆驼祥子》）

③活动时一定要有一群青年男女，大家又说又笑，热烈喧闹才好。（权延赤《走下神坛的毛泽东》）

④牛到了家……该给它取个名字，想来想去还是觉得叫它福贵好。（余华《活着》）

⑤我们背后叫他"寒暑表"，因为他脸色忽升忽降，表示出他跟女学生距离的远近，真好玩儿！（钱钟书《围城》）

⑥她幽幽地叹息了一声，重又倒下去。夯声隐隐传来，时断时续。（曹禺《日出》）

⑦柳生望见里面的百年翠柏亭亭如盖，砖铺的地上一尘不染，柱子房梁油滑光亮，也与十多年前一模一样。（余华《古典爱情》）

⑧数千年前的古代中国即用声来定度，用律管来校正度量衡，却是值得大书特书的一大成就。（阴法鲁、许树安《中国古代文化史》）

例① 中的"三令五申"不是"三次命令、五次告诫"的表层义，数词"三"、"五"的意义在格式中已经虚化，有"多次、反复"的意思；例②中的"左看右看"不是"向左看、向右看"的表层义，而是表示"反复地看"的意思；例③中的"又说又笑"表层义是大家说说笑笑，而实质上这属于一种典型列举，除"说、笑"的动作外，还可能包括"唱、跳、闹、玩"等，其深层语义是渲染一种状态或烘托一种热烈的气氛；例④中的"想来想去"，不是"想过来、想过去"的表层义，而是表示"反复地想"的意思；例⑤和例⑥中的"忽升忽降"、"时断时续”是一类表动作反复的特殊的四字格,表示的是动作的交替反复;例⑦中的“一尘不染”形容非常干净,有夸张意味;例⑧中的“大书特书”,在“大……特……”格式中,“大……”与“特……”之间不是并列关系,而是存在着潜在的递进关系,这个格式表示一种量度义。以上这些四字格所表达的深层意义与其表层意义相比,都具有增量的特点。

铃木庆夏指出:“研究中发现,对举形式皆具有‘典型例示’的结构特点和‘典型归纳’的结构意义。对举形式一般由两个代表结构意义的典型事例并列而成。”[①]我们通过下表举例加以说明。

左看右看	表层意义	深层意义
	左看+右看	反复看、到处看
又说又笑	表层意义	深层意义
	又说+又笑	渲染热烈气氛
想来想去	表层意义	深层意义
	想来+想去	反复想

通过以上分析,我们认为:待嵌格式生成的四字格在语义上有两个特点:

第一,具有概括性。也就是说,当说话者采用待嵌格式生成的四字格来表情达意时,它所要表达的侧重点并不在于四字格内部所有词的简单相加,而在于把两个典型事例概括为一个归纳性事件。如:

罗盘听见垮塌声,拖着周正连滚带爬地顺着钢溜子梭到了推小车的巷道。(彭荆风《绿月亮》)

① 铃木庆夏:《对举形式的句法语义特点及其教学》,中国语文杂志社:《语法研究和探索(十四)》,商务印书馆2008年版,第46页。

“连滚带爬”这一四字格表面上只描写了两种动作，实际并不是那么简单，它并不一定真的又滚又爬，作者重点是要突出强调人在逃跑时的急迫和狼狈。

第二，具有列举性，并不真的只是所列的两项。如：

宝庆对付着，总算是有吃有穿，安然度过了夏天。（老舍《鼓书艺人》）

“有吃有穿”并不是仅仅简单地表示“有吃的、有穿的”，还可能包括“有喝的、有住的……”等满足生活的必需的东西，即：有吃有穿＝有吃有穿有喝有住……＝拥有生活所需的东西。“有”这一动词，它的基本意义是表示存在和拥有，本身并不含有量的意义，而“有……有……”这一格式则是表达量义的一种非常有特点的形式。“有……有……”嵌入的是两个相关的事物，整个结构的语法意义是强调某种情况的程度或者事物的数量。

待嵌格式生成的四字格在表达深层意义的基础上，还可能具有不同的感情色彩意义。李宇明从量范畴的角度称这种感情色彩为“语势”，指的就是“说话人的情感在语言中的反映”，“是言语情感的‘量’”[①]。如：

①在徐光荣最终离开宣传队之前，洪艺兵有过一段大红大紫的日子。（陈世旭《将军镇》）

②前不久，我们进行了教育革命大辩论，知识分子要又红又专，红透专深，必须参加体力劳动，所以我们要求一年四个月下乡劳动。（戴厚英《流泪的淮河》）

③“打我参加工作，我就没给过吃饭的好脸子，爱吃不吃，不吃就滚，谁也没请你来。”（王朔《千万别把我当人》）

---

① 李宇明：《汉语量范畴研究》，华中师范大学出版社2000年版，第68页。

④我们要注意到，宝钗在大观园里是很得人心，她并不是靠小恩小惠得来的，宝钗很善于处理各方面的人际关系。（周思源《孰优孰劣话黛钗》）

例①中，“大红大紫”形容非常受宠或受欢迎，是个褒义成语；例②中，“又红又专”指既具有高度的政治觉悟，又有专业知识和技术，同样具有褒义的感情色彩；例③中，“爱吃不吃”含有说话人的不满情绪；例④中，“小恩小惠”指为了笼络别人而给的小利，具有贬义的感情色彩。

（二）表量的主观性

受到功能语言学、语用学、认知语言学的影响，近年来，“主观性”（subjectivity）和“主观化”（subjectivisation）成为语言学界关注的热点问题之一，这是对长期以来占主导地位的结构语言学和形式语言学所主张的科学主义的一种挑战。认知语言学认为：“主观性”是语言系统的一个基本属性，“是指语言的这样一种特性，即在话语中多多少少总是含有说话人‘自我’的表现成分。就是说，说话人在说出一段话的同时表明自己对这段话的立场、态度和感情，从而在话语中留下自我的印记”；而“主观化”指的是“语言为表现这种主观性而采用相应的结构形式或经历相应的演变过程”。[①] 应该说，待嵌格式是汉语中能够表现说话者主观性的一类非常适宜的结构形式。

待嵌格式生成的四字格都表现出一定程度的主观性，这源于人们日常交际中的基本需要和主观心理的需要。“人们在与外部世界的互动体验中形成了一些有关事物的特定概念。但是，在具体的某个交际场合，原有的这种有关事物的特定概念由于表达目

① 沈家煊：《语言的“主观性”和“主观化”》，《外语教学与研究》2001年第4期。

的的需要，可能显得过于简略、单一或力度不足等，以至于要进行一定的加工，于是就从大脑中搜寻与之相关的更具说服力的表达方式来与之匹配，或添加与之相类的内容，久之，即形成富有抽象性的'辨认意象图式'。"①如利用数字待嵌格式生成四字格，正是由于人们认为原有的单音词或双音词的表达力度不够，不足以表现出他们对某一动作或性状的主观感受，从而以嵌入数词待嵌格式的方式使之量化，提高了表达的强度和力度。如"千说万说"就比单音节动词"说"的强度大得多，是"说了很多很多遍"的意思；再如"一清二楚"就比"清楚"程度要高，表现力更强。

殷志平曾对四字格的主观性特点进行过整体探讨，他指出："对称格式对量的临摹带有主观色彩，包含了主观评价，带有较高的语言情感。如'七拐八弯'并不是简单地拐了七八个弯的意思，而是含有拐了好多弯的评价意味。'三说两说'则含有说得少的意思。对称格式这种非现实性，表达了一种超常的状态，带有小夸张的意味。……对称格式的夸张性形成了一些表示夸张意义的框架，如'千……百……'、'千……万……'、'成……上……'、'三……两……'、'只……片……'等。"②张旺熹、朱文文对此进行了专题性研究，他们专门考察了"又 A 又 B"这一格式的主观增量手段，根据嵌入部分的不同，把"又 A 又 B"格式分为同畴顺承、异畴协调和同畴逆转三大类③。所谓同畴顺承，指该格式中 A 和 B 描述的是同一对象的同一性状特征或同一部分发出的相关动作，如

① 齐红飞、罗菲：《镶嵌式成语造词及运用特色研究》，《衡水学院学报》2008 年第 6 期。

② 殷志平：《对称格式的认知解释》，《语言科学》2004 年第 3 期。

③ 具体可见张旺熹、朱文文：《"又 A 又 B"格式的主观增量手段》，齐沪扬：《现代汉语虚词研究与对外汉语教学》，复旦大学出版社 2005 年版，第 8－9 页。

“(眼睛)又干又涩”、“又搬又抬”;异畴协调指的是A和B描述的是同一对象的不同方面的性状特征或不同部位发出的具有相同目的的动作,如“又穷又瘸”、“又吹又折”;同畴逆转指的是对于某一性状的描写,A和B是完全相反的或者A和B描写的是两个或多个相反的、不可能同时发生的动作,如“又恨又爱”。他们认为,在“又A又B”格式内部,按主观性等级由低至高的顺序,三类格式可以排列为:同畴顺承 < 异畴协调 < 同畴逆转。

待嵌格式生成的四字格都含有一定程度的主观性,我们根据其感情色彩的不同,将其分为两个等级。

第一,具有中性色彩的四字格主观性较强。如:

①这位素来脱略形迹,不修边幅的武当长老,此刻居然也脱下了他那件千缝万补的破道袍,换上了件一尘不染的蓝布衫。(古龙《陆小凤传奇》)

②告诉你,不拿白不拿,你不还他,他又能咋的你? 没凭没据,谁能证明他借给你二十块钱?(张抗抗《白罂粟》)

在例①中,“缝补”是一个双音节动词,嵌入格式后所生成的“千缝万补”作定语修饰后面的名词,通过这一细节进一步凸显“道袍”之“破”,从感情色彩来看,这一四字格是中性的,带有夸张色彩,比采用“缝补了很多次”这一表达形式突出强调的意味更足;例②中,“没凭没据”也是一个中性短语,在句子中这一四字格换成三字格形式“没凭据”似乎也可以,但我们能明显感觉到,采用四字格形式更能突出说话者态度的强硬。

第二,具有明显的褒、贬感情色彩的四字格主观性最强。如:

①对于这种半死不活的所谓企业家,荪甫常常打算毫无怜悯地将他们打倒。(茅盾《子夜》)

②“妹妹,是乔家祖上有德,修来了你这样大仁大义大贤大德的媳妇!”(朱秀海《乔家大院》)

例①中的“半死不活”具有明显的鄙视、贬斥的感情色彩，表现出说话者对这种“企业家”极为鄙夷、瞧不起的主观态度；例②中的“大仁大义大贤大德”有强烈的欣赏、夸赞的感情色彩，体现出说话者对对方极度褒奖的主观态度，此处似可换成“又仁义又贤德”，但褒义的感情色彩明显不如前者强烈。

三、四字格的语用效果

在考察《现代汉语频率词典》的过程中我们发现，出现在“生活口语中前4000个高频词词表”和“文学作品中前4000个高频词词表”中的待嵌格式比“报刊政论语体中前4000个高频词词表”中的待嵌格式要多。具体来说，出现在“生活口语中前4000个高频词词表”中的格式有7个，它们是：越……越……、一……就……、一……一……、连……带……、边……边……、不……不……、大……大……；出现在“文学作品中前4000个高频词词表”中的格式有9个，它们是：越……越……、边……边……、一……一……、不……不……、连……带……、愈……愈……、……来……去、千……万……、东……西……；而出现在“报刊政论语体中前4000个高频词词表”中的格式只有3个，分别是：越……越……、愈……愈……、一……一……。从语体分布来看，待嵌格式生成的四字格广泛运用于日常生活以及文学作品之中，广受人们青睐，原因在于它们具有良好的表达效果，尤其在同一语境中不同的四字格或相继而出，前后配合，或间隔出现，彼此呼应，表达效果更为突出。从整体上看，四字格的语用效果主要表现在：

(1)运用四字格常常可以使行文整齐，读起来铿锵有力，和谐悦耳，加强了语言的节奏感和韵律感。如：

①吴胖子慌忙东拉西扯，七拼八凑，连编带造，讲了一通武藏自杀的道理。(李晓明《平原枪声》)

②要提倡节俭办事业，坚决反对社会上那种大吹大擂、大手大脚、大操大办、大吃大喝的不良风气。（李瑞环《在八届人大一次会议上参加天津代表团讨论时的发言》，《人民日报》1993年3月19日）

③常见闲散的少爷们，一只手指间夹着一支香烟，一只手握着一把瓜子，且吸且咬，且咬且吃，且吃且谈，且谈且笑。（丰子恺《吃瓜子》）

④……而颜回呢，他对孔子一言一语，一字一句，甚至一嗔一喜，一笑一颦，都诺诺称是，并一概当作千古不易的经典和奥妙无穷的大义微言。（梁长峨《破除颜回式的迷信》，《读书》1980年第10期）

例①中，是把三个双音词“拉扯”、“拼凑”、“编造”拆开分别嵌入“东……西……”、“七……八……”和“连……带……”这三个不同的待嵌格式之中，所构成的三个四字格并列使用，整齐中富于变化，极力突出吴胖子慌张的神态。例②中，由“大……大……”这一格式构成的“大吹大擂”、“大手大脚”、“大操大办”、“大吃大喝”这四个四字格共同作定语，它们意义相近，框架相同，并列使用让人感觉有气势有力度，有节奏感，表现出说话者“坚决反对”社会上不良风气的决心。例③中，由“且……且……”生成的四个四字格共同作谓语，细笔描绘出少爷们“闲散”的具体状态；而且“且吸且咬，且咬且吃，且吃且谈，且谈且笑”之间头尾蝉联，上递下接，流畅明快，运用了“顶真”的修辞格，显示出动作之间内在的逻辑关系。例④中，“一言一语”、“一字一句”和“一嗔一喜”、“一笑一颦”接连使用，语言精练，音韵和谐，前两个四字格重在写言语，后两个四字格重在写神情，侧重点各有不同。

（2）写景状物时，生动形象，表现力强。如：

①鼻子下有嘴，逢人便问路；但是三拐四弯，五盘六绕，七

出八进，九曲十环，我就像进入诸葛亮的八阵图，没有黄承彦指识迷津便找不到出路。（刘绍棠《大河小镇》）

②这声音（雨滴声）时慢时急，时高时低，时响时沉，时断时续；有时如金声玉振，有时如黄钟大吕……（季羡林《听雨》）

③一百几十张面孔相似得难以区分。个个似听非听，似看非看，似睡非睡，似醒非醒。这种麻木的状况，即使恐怖分子扔颗炸弹，也不会有所改变。（张洁《他有什么病》）

④你要我形容我可形容不出来，就是这么个不高不矮，不胖不瘦，不麻不黑，平平常常的人。（吕叔湘《中国文法要略》）

例①中，连续使用不同的数词待嵌格式“三……四……”、“五……六……”、“七……八……”、“九……十……”生成的四字格，是对后面“像进入诸葛亮的八阵图”的具体形象的描写，极言被弄得晕头转向的情景，描写细致；例②中，描写雨滴声的变化连续用了由同一个待嵌格式生成的四个四字格，分别从频率、声音高低、音响效果、连续性四个不同的侧面极尽描写之能事，整齐中富有变化，极为细腻生动；例③中，“似……非……”格式生成的四字格连用，形象刻画了这些人极度麻木的神态，用语不多，却入木三分；例④中，为了说明这个人“平平常常”的特点，作者用同一个格式“不……不……”生成的三个四字格具体描写了这个人身材适中、体重适中和面部“白白净净”的特点，采用“典型例示”的方式凸显出这个人的特点，描绘细腻，令人印象深刻。

（3）表情达意时，或有强调意味或褒贬色彩鲜明。如：

①这时，烹饪对母亲来说，已乐趣大增，她买了许多菜谱，兴味盎然地大煮特煮。（尤今《炊烟袅袅岁月长》）

②我们要了解汉人的思想作用，说话的条理，或是从语言学的观点来了解现代汉语，就得把那些单音词彻头彻尾的，彻里彻外的，翻来覆去的，颠来倒去的搞他一次。（陆志韦《陆志

韦语言学著作集》)

③(钱钟书)一律谢绝各种祝寿庆功、纪念会或学术讨论会等社会事务,对这类活动,他有言在先:“不必花些不明不白的钱,找些不三不四的人,说些不痛不痒的话。”(陈艳涛《斯人已逝,余香悠远》,《青年文摘》2005年第1期)

④理想的伴侣……不能如泥塑木雕,如死鱼之不张嘴,也不能终日喋喋不休,整夜鼾声不已,不能油头滑脑,也不能蠢头呆脑,要有说有笑,有动有静,静时能一声不响的陪着你看行云,听夜雨,动时能在草地上打滚像一条活鱼!(梁实秋《旅行》)

例①中,“大……特……”具有表示“规模大、程度深”的构式义,“大煮特煮”则把母亲对“烹饪”的喜爱之情凝练贴切地表现了出来。例②中,使用了由“……头……尾”、“……里……外”、“……来……去”三个格式生成的四个四字格,它们共同作状语修饰后面的动词“搞”,起到了突出强调的作用,表达出作者的坚定决心。例③中,“不明不白”不同于“不明白”,它是指钱“来路不明”;“不三不四”指人不正派;“不痛不痒”指说话不切中要害。这三个四字格间隔使用,节奏鲜明,言简意赅,表现出说话者极为反感、厌恶的主观态度。例④中,间隔使用了由三个待嵌格式“……头……脑”、“有……有……”、“一……不……”生成的五个四字格,由“……头……脑”生成的四字格“油头滑脑”和“蠢头呆脑”具有较强的贬义色彩,后面由“有……有……”生成的两个四字格“有说有笑”、“有动有静”则是褒义的,前后对比鲜明,强调理想的伴侣需活泼、有情趣、有智慧。

第三章 待嵌格式的分类描写

在本书第二章中，我们把考察的240个待嵌格式主要分为名词待嵌格式、动词待嵌格式、形容词待嵌格式、数词待嵌格式和副词待嵌格式五大类，每一大类又根据语义分为若干小类。本章即对这五大类待嵌格式进行分类描写。

第一节 名词待嵌格式

一、概述

通过整体考察和分析，我们认为，在名词待嵌格式中，方位名词待嵌格式、人体名词待嵌格式较为典型，本节将对以上两类待嵌格式进行重点研究。在此，先对其他名词待嵌格式加以简要说明。

自然现象名词待嵌格式。自然现象名词是表示自然界存在的事物、现象的名词，如“天”、“地”、“日”、“月”、“风”、“雨”、“山”、“水”、“春”、“夏”、“秋”、“冬”等。在征服自然和改造自然的进程中，人类接触最早、最多、印象也最为深刻的就是这些自然现象，因此，表征自然现象的词被我们的祖先较早创造出来，而且它们构造新词语的能力较强，属于汉语基本词汇范畴。在我们的考察对象中,有17个由自然现象名词构成的待嵌格式。

其中,“……天……地”这一格式的构词能力相对较强,在语料库中得到生成的四字格有158个。其固定部分“天”早在甲骨文中就多次出现,《说文解字·一部》对“天”释义是:“天,颠也。至高无上,从一大。”人至高无上的部分为天(头),由此又引申为自然界至高无上者也为“天”,天是最高的神,是宇宙的主宰者。“地”,《说文解字·土部》曰:“地,元气初分。轻清阳为天,重浊阴为地。万物所陈列也。”天在上,地在下,天为父,地为母。在“……天……地”格式中,固定部分“天”和“地”多不再实指,而是发生了虚化,这一格式最基本的构式义表示“规模大、程度深”,嵌入其中的多是意义相近或相类的名词、动词或形容词,如“花天酒地”、“喊天叫地”、“感天动地”、“开天辟地”、“昏天黑地”等。

其他格式的能产性相对来说弱一些。如“天……地……”生成的四字格有69个,也多表示“规模大、程度深”,嵌入其中的多是意义相近的名词、动词或形容词,如“天罗地网”、“天崩地裂”、“天凑地巧”、“天差地别”、“天高地远”等。“……风……雨”生成的四字格有98个,多表示“风雨的情况或对风雨如何”,形容天气情况或比喻某种形势、状态,嵌入其中的多是意义相近或相类的动词或形容词,如“避风挡雨”、“呼风唤雨”、“和风细雨”、“腥风秽雨”等。“风……雨……”生成的四字格有36个,多表示“风雨的情况”,嵌入其中的多是意义相类的动词或形容词,如“风吹雨打”、“风狂雨暴”、“风剥雨蚀”、“风调雨顺”等。“……山……水”生成的四字格有57个,此格式多表示“山水的情况如何或对山水怎样”,嵌入其中的多是意义相近的动词或形容词,如“跋山涉水”、“临山登水”、“游山逛水”、“灵山秀水”、“残山剩水”等。“山……水……”生成的四字格有53个,格式多表示“山水的情况怎样或与山水有关联的事物”,嵌入的是意义相近、相类的动词或形容词,如“山阻水隔”、“山环水抱”、“山穷水尽”等。

指人名词待嵌格式、动物名词待嵌格式、时间名词待嵌格式及其他的名词待嵌格式构造四字格的能力普遍较弱，属于非典型待嵌格式。

下表是指人名词待嵌格式及其生成的四字格的数量。

待嵌格式	四字格的数量	示　例
兵……将……	8	兵精将猛、兵多将广、兵强将勇、兵微将寡
……兵……将	33	损兵折将、挑兵选将、残兵败将、骄兵悍将
……儿……女	25	生儿育女、拖儿带女、孤儿寡女、幼儿稚女
……朋……友	57	亲朋好友、交朋结友、呼朋唤友、狐朋狗友

下表是动物名词待嵌格式及其生成的四字格的数量。

待嵌格式	四字格的数量	示　例
龙……凤……	14	龙飞凤舞、龙吟凤逸、龙肚凤髓、龙肝凤脯
……龙……凤	16	攀龙附凤、雕龙画凤、游龙走凤、飞龙走凤
龙……虎……	12	龙争虎斗、龙腾虎跃、龙盘虎踞、龙骧虎步
……龙……虎	9	藏龙卧虎、生龙活虎、缚龙困虎、如龙似虎
鸡……狗……	15	鸡飞狗跳、鸡鸣狗盗、鸡啼狗吠、鸡零狗碎

由于指人名词、时间名词、动物名词等在四字格中要么充当主语，要么充当宾语，都是四字格中的核心成分，而且它们的意义较为实在，语法化程度较低。因此，它们构造四字格的能力普遍较弱，属非典型格式。

在以上阐述的基础上，我们对最为典型的两类名词待嵌格式即方位名词待嵌格式和人体名词待嵌格式加以重点探讨。

二、方位名词待嵌格式

(一)概述

方位名词是表示方向和位置的一组词,其数量不多。现代汉语中的方位名词可以分为两类:一类是单纯方位名词,如“东”、“西”、“南”、“北”、“上”、“下”、“左”、“右”等;一类是合成方位名词,如“南边”、“北头”、“东北”、“西南”等。

作为基本词汇的成员,方位名词出现的比较早,大多数单纯方位名词可见于甲骨文中。从认知语言学的角度来看,方位名词所对应的空间域是人类语言中最基本的认知域之一。“空间和时间是一切实在与之相关联的构架。我们只有在空间和时间的条件下才能设想任何真实的事物。按照赫拉克利特的说法,在世界上没有任何东西能超越它的尺度——而这些尺度就是空间和时间的限制。”①人类的认知能力最早就是从对空间和时间的感知中获得的。而相对于时间来说,空间概念显然更为基本,抽象的时间概念在人类语言中都是以空间概念为基础建立起来的、以空间隐喻的形式来表达的。可以说,空间组织在人类的认知中占据着中心地位。此外,方位名词的文化内涵极为丰厚,“方位在人们心目中从来就不仅仅是单纯的空间概念,它跟人们的思想观念、宗教信仰、风俗习惯、日常生活等息息相关”②。杨琳在《汉语词汇与华夏文化》一书中细致考察了“东”、“西”、“南”、“北”、“中”、“左”、“右”等方位名词的文化蕴涵,给人颇多启发。在这些方位名词中有一对较为特殊,即“左”和“右”,它们的文化意义看似相悖:或右尊左卑或左

① 〔德〕恩斯特·卡西尔:《人论》,上海译文出版社1985年版,第54页。

② 杨琳:《汉语词汇与华夏文化》,语文出版社1996年版,第1页。

尊右卑。但其实，这两种观念有各自不同的适用范围："尊右"源于右手的方便有力，"尊左"源于中国坐北朝南的建房习俗。"左……右……"这一格式中"左"在前而"右"在后，显然受到人们尊左观念的影响。

基于以上原因，相对的单纯方位名词可以对举构成待嵌格式，如"东……西……"、"左……右……"、"前……后……"等。目前，研究方位名词待嵌格式的文章不多，较有代表性的是晁代金、潘先军等的研究成果。

（二）方位名词待嵌格式比较分析

1. 方位名词待嵌格式构词能力的不均衡性及成因

在我们的考察对象中，方位名词待嵌格式共有 10 个，检索语料库现代汉语部分，得到由它们构成的四字格的数量如下：

方位名词待嵌格式	四字格的数量	示　例
东……西……	403	东奔西走、东看西看、东征西战、东鳞西爪
左……右……	265	左观右望、左等右盼、左说右说、左邻右舍
前……后……	104	前仆后继、前仰后合、前呼后拥、前思后想
……东……西	74	声东击西、说东说西、买东买西、拉东扯西
南……北……	73	南来北往、南征北战、南腔北调、南下北上
内……外……	56	内忧外患、内查外调、内勾外联、内柔外刚
……前……后	52	瞻前顾后、忙前忙后、承前启后、鞍前马后
上……下……	28	上传下达、上蹿下跳、上呈下发、上行下效
……南……北	18	走南闯北、说南道北、天南海北、山南地北
……上……下	15	欺上瞒下、挟上压下、媚上虐下、谄上欺下

《现代汉语词典》自 1978 年初版到 2012 年第 6 版收释了其中的三个格式，即"东……西……"、"左……右……"、"前……后

……”。据我们综合考察,《现代汉语词典》在收释待嵌格式时采取了慎而又慎的态度,其中一个重要原则是:格式的能产性要相对较强。以上数据可以证明:上述三个格式的确有较强的能产性。但是细致比较我们发现,这三个格式虽然构造四字格的能力都较强,但在方位名词待嵌格式这一范畴中,它们的地位是不平等的,其构词能力呈现出不均衡的特点。我们可以列出这样一个公式,即从构词能力的强弱来看,“东……西……”>“左……右……”>“前……后……”(其中的“>”表示“大于”)。也就是说,“东……西……”的构词能力是最强的,“左……右……”次之,“前……后……”最弱。这一序列是否正确,我们参考了相关词典进一步加以验证。第一,《现代汉语频率词典》在“使用度最高的前 8000 个词词表”中,“东……西……”占第 4798 位,而其他两个格式均不在此列,由此可证明,“东……西……”的构词能力是最强的;第二,考察姜德梧主编的《汉语四字格词典》中由方位名词构成的待嵌格式,所举的由这三个格式生成的四字格的数量分别是:

待嵌格式	数 量	示 例
东……西……	41	东奔西走、东猜西疑、东抄西抄、东成西就
左……右……	27	左等右等、左挂右连、左盘右问、左兄右弟
前……后……	17	前俯后仰、前呼后拥、前勾后抹、前庭后院

《汉语四字格词典》所举的四字格,尽管其数量无法与我们通过语料库搜集到的数据相比,但以上统计结果所体现出的规律与我们通过考察语料库所总结出来的规律是完全吻合的。那么,同样都是由方位名词构成的待嵌格式,为什么它们的构词能力有着如此明显的差异呢?

对于方位名词,学界普遍认为,“东”、“西”是以太阳为参照点建立起来的,位置是固定的,可称为绝对方位名词;而“左”、“右”和

"前"、"后"是人类以自身的躯体为参照点作出的不同维度的切分,可称为相对方位名词。在方位名词范畴中,绝对方位名词和相对方位名词属于范畴中的不同等级。其中,表示客观、绝对方位意义的"东"、"西"是原型,是典型成员;表示相对方位意义的"左"、"右"和"前"、"后"则属于非典型成员。

(1)"东……西……"格式之所以构词能力最强,是由其固定部分"东"、"西"在方位词中的地位决定的。在方位词范畴中,"东"、"西"产生的时间最早,最具原型性,决定了它们在方位词中占有一种基础性的地位。在殷商甲骨文时代,"东"、"西"、"南"、"北"、"左"、"右"、"上"、"下"等方位词就出现了,而从产生的时间来看,"东"、"西"产生的时间是最早的。"根据汪宁生先生对少数民族语言方位词的考察可知,表方向的方位词最早产生了'东'、'西',这两个词构成了一个最小语义场,后来产生了'南'、'北',这个最小语义场发生了变化,由二元变为四元。随着人们对方向认识的深化,有了东北、西南等方向的概念,也就产生了指称他们的词语,这个语义场也随之发生变化,由四元变为八元。"①这就是说,方位语义场是随着人们认识的深化越来越系统化的。而在这些方位词中,"东"、"西"是基础方位词,其他的方位词都是在它们的基础上派生出来的。

(2)从地理环境和民族心理来看,中国地处东半球,且太阳是东升而西落,于是崇尚"天人合一"的中国人通过自己丰富的联想和想象,赋予"东"以光明、希望、尊贵等美好的象征意义和文化内涵,赋予"西"以黑暗、悲伤、不祥等联想意义,于是就产生了"东尊西卑"的文化伦理意义。对此,范庆华、张德鑫、杨琳等进行了细致

① 张静:《从先秦方位词看汉民族方位概念的发展》,《东岳论丛》2006年第6期。

阐释。我们可以肯定地说,在单音节方位名词中,“东”不仅语义功能最大,语义内涵最为丰富,而且在汉民族的认知中占有显著的地位,在汉语中具有一种引领性的作用。“东”、“西”的这种基础性地位决定了它们比其他方位名词要更灵活,组合能力更强。

2. 三个格式的比较分析

由于“东……西……”、“左……右……”和“前……后……”的构词能力相对较强,属于方位名词待嵌格式范畴中的典型成员,因此,我们对这三个格式重点加以探讨。

(1)嵌入部分的比较分析。考察发现,嵌入这三个格式的成分主要是单音节动词,如在 403 个“东……西……”类四字格中,有 387 个是动词,约占总数的 96%。由此可证明,与动词组合是三个方位名词待嵌格式最主要的语法特征。为了使表述更为清晰,我们把嵌入这三个格式的动词称之为 V1、V2(其中也包括 V1、V2 同形的情况)。

V1、V2 的语义特点。

从语义上来看,进入格式的动词多为自主动词,非自主性动词一般不能嵌入。所谓自主动词,“从语义上说是能表示有意识的或有心的动作行为的。所谓有意识的动作行为是指能由动作发出者做主,主观决定、自由支配的动作行为”①。这类动词的语义特征是[+自主]、[+动作]。马庆株以动词前后能否加上“来/去”作为鉴定自主动词和非自主动词的标准。根据此标准,“想”、“求”、“走”、“绕”、“找”、“逃”、“咬”、“写”、“哭”、“躲”、“跳”等可以进入格式,而像“懂”、“化”、“如”、“知”、“死”等不能进入格式。

从总体来看,嵌入格式中的动词不是呈一盘散沙的状态,而是

① 马庆株:《汉语动词和动词性结构》,北京大学出版社 2005 年版,第 20 页。

极具系统性。具体如下：

第一，V1、V2 均为眼部动词，这类词一般有[+眼]、[+方向]的语义特征。这类动词与“东……西……”和“左……右……”格式组合较多，而与“前……后……”格式组合较少。如：

①我努力分散并转移着自己的注意力，我东看西看，想发现点什么吸引我的事物。（陈染《私人生活》）

②韩秋云左瞄右瞄，越是往前面看，前面的景物就越是模糊。（徐贵祥《历史的天空》）

③娘站在儿子身边，前瞻后顾，左右打量一阵，又默过一会说：“这不行。”（阎连科《雪天里》）

其他再如“东瞧西看”、“东睃西睃”、“东瞻西顾”、“东张西望”、“东瞅西望”、“左看右看”、“左观右望”、“左看右察”、“前看后看”等。

第二，V1、V2 均为手部动词，这类词一般有[+手]、[+用力]、[+移动]或[-移动]的语义特征。这类动词与“东……西……”和“左……右……”格式组合较多，而与“前……后……”格式组合较少。如：

①谢队长又从几个口袋里东掏西摸地拿出一堆香烟，发给每个人两包，向每人收了一角六分钱。（张贤亮《绿化树》）

②奶奶整天拿着字典取名字，取了几十个名字，在那儿左挑右选。（琼瑶《烟锁重楼》）

③前后左右都有特务围着，休说是向外瞧看，转动身躯都遭受到前推后搡。（李英儒《野火春风斗古城》）

其他再如“东摇西掷”、“东挑西选”、“东捅西戳”、“东捕西捉”、“左推右挡”、“左拼右凑”、“左推右搡”、“前挡后拉”、“前推后拥”、“前拉后拽”等。

第三，V1、V2 均为腿部动词，这类词一般有[+腿]、[+用力]、[+离开所在地]的语义特征。这类动词与“东……西……”组合较多,而与“左……右……”和“前……后……”组合较少。如:

①近几年来,父亲和我都是东奔西走,家中光景是一日不如一日。(朱自清《背影》)

②……光凭这些也许能挑到一头不坏的,可未必能挑到一头真正的好牛。关键是得看脾气,拿根鞭子,一甩,“嗖”的一声,好牛就会瞪圆了眼睛,左蹦右跳。(史铁生《我的遥远的清平湾》)

其他再如“东走西走”、“东移西走”、“东追西跑”、“东追西逐”、“东奔西跑”、“东跳西跃”、“左踢右蹬”、“前拉后拉”等。

第四,V1、V2 均为嘴部动词,这类词一般有[+嘴]、[+发声]的语义特征。这类动词与“东……西……”组合较多,而与“左……右……”和“前……后……”组合较少。如:

①大家东谈西谈,不觉天色已晚,只好以睡来结束这惊心动魄的一天。(凡尔纳《格兰特船长的女儿》)

②沛沛小时候有什么不如意,哭了,左哄右哄还是没办法,我就干脆坐着,任她哭个够。(梁凤仪《风云变》)

③挑夫多是挑百斤或八十斤,一天走六七十里路……一路挑夫前唱后和,闹成一片。(李金发《国难旅行》)

其他再如“东说西说”、“东询西问”、“东求西求”、“东喊西叫”、“东言西语”、“东谈西扯”等。

第五,V1、V2 均为躯体动词,这类词一般有[+身体]、[+用力]、[+移动]的语义特征。这类动词与“东……西……”组合较多,而与“左……右……”和“前……后……”组合较少。如:

①自行车是见缝子就钻,而且东摇西摆,看着就眼晕。(老舍《骆驼祥子》)

②近公路处有个小酒吧,我想东尼可能在喝酒,赶去一

看，果然他左拥右抱，有三位美女陪着，乐不可支。（朱邦复《巴西狂欢节》）

③朱海鹏撑不住，笑将起来，前仰后合说不成话。（柳建伟《突出重围》）

其他再如“东躲西藏”、“东游西逛”、“东钻西钻”、“东摇西晃”、“东奔西藏”、“东倒西躺”、“东逃西游”、“东躺西卧”、“左摇右晃”、“左移右动”、“前倾后仰”等。

第六，V1、V2均是与借物、筹钱有关的动词，具有[＋借入]、[＋钱/物]的语义特征。这类动词只能与“东……西……”组合，基本不与“左……右……”和“前……后……”组合。如：

①从前每年腊月，小户人家都是债主围门，东挪西借过不了年，如今每年腊月，都能安心到冬学里上课，到剧团里排戏……（赵树理《李家庄的变迁》）

②最后兄弟俩决定冒一次险，用东借西贷的3万多块钱，把这个店面盘了下来。（张小平《首富真相：黄光裕家族的财富路径》）

其他再如“东凑西借”、“东凑西凑”、“东凑西挪”、“东拆西借”、“东措西借”、“东借西凑”、“东借西措”、“东借西找”、“东借西挪”、“东借西磨”、“东挪西凑”、“东挪西筹”等。

第七，V1、V2均是与战争有关的动词，这类词一般有[＋战争]、[＋动作]的语义特征。这类动词只能与“东……西……”组合，基本不与“左……右……”和“前……后……”组合。如：

①可见这些年来，东征西讨，实在盼望休息。（亦舒《异乡人》）

②此时，隆美尔由于东征西战，身体状况很差，一连几天总是感到头痛。（沈永兴、朱贵生《二战全景纪实》）

其他再如“东征西征”、“东征西出”、“东征西杀”、“东征西伐”、“东征西掠”、“东征西扫”、“东杀西砍”、“东伐西讨”、“东包西抄”、“东奔西杀”、“东刺西击”、“东扫西射”等。

通过以上分析，我们可以看出，嵌入三个格式中的动词以具体的动作动词居多。我们知道，动词最典型的特征是时间性，而具体的行为动词除了具有时间性以外，还会在一定的空间伸展，因此它们还具有一定的空间特征，其中方向就是动作在空间展现时的一个重要特征。而方位名词是表示方向和位置的一类名词，与有方向性的具体动词具有语义上的相似性。

三个格式表现出不同组合能力的原因。

首先，由于“东—西”、“左—右”和“前—后”三组方位词的参照点不同，导致这几个方位词词义所指的范围有别，因此，它们的组合能力也就不同。“东”、“西”是以太阳为参照点的，罗常培在《语言与文化》中指出：“汉字的‘东’字‘从日在木中’会意，‘西’字象‘鸟栖巢上’之形，英语的 orient 的本义也是‘日出’。”实际上全是“拿日头的出没作标准”。[①] 所以，“东”、“西”所涵盖的地域较广，它既能与一些表示近距离、具体行为动词组合，如“东走西看”、“东抓西扯”，又能和一些表示远距离或具有相对抽象意义的动词组合，如“东征西伐”、“东战西讨”等。

当代隐喻理论认为，人体及其器官是人类认知的基础和出发点之一。方位词“左”、“右”、“前”、“后”就是以人的躯体为参照点建立起来的。具体来说，“左”、“右”是以左手、右手为参照点的。在甲骨文中，“左”、“右”分别是左手、右手之形，表示的是实体的意义；在词义发展的过程中，逐渐从表示具体的意义引申出表示抽象的方位概念。而“前”、“后”是以人面对的方向为参照点的。《说文解字·止部》：“歬，不行而进谓之歬，从止在舟上。”《说文解字》

① 罗常培：《语言与文化》，北京出版社 2004 年版，第 15 页。

是通过分析字形来解释字义的，“不行而进”只是许慎针对“歬（止在舟上）”这个字形而给出的意义，其概括性的本义应该是“朝所面对的方向行进”，是动词，后引申出“前方、前面”的意思，其字形也由“歬”简化为“前”。《说文解字·彳部》：“後，迟也。”《说文解字·辵部》：“迟，徐行也。”“徐行”即“慢慢地走，走得慢”的意思，亦为动词，后引申出“后面、后边”的意思，其字形由“後”简化为“后”。统而言之，“左”、“右”、“前”、“后”是以人自身的躯体为出发点建立起来的，它们辐射的范围相对较小，因此，我们一般不说“左征右战”或“前征后讨”，它们只能和一些表示近距离的躯体动词组合，如“左转右转”、“左瞄右瞅”、“前仰后合”、“前拉后拽”等，“左”、“右”、“前”、“后”的这一词义特点导致了它们在与其他词组合时受到一些限制。

其次，我们认为，由于“左、右”是以人手为参照点的，它们的位置是不固定的，因此，“东、西”与“左、右”在语义上存在着部分重合，我们的古人习惯于以东为左，以西为右，东、西与左、右互为替代。比如，把“江东”称为“江左”，“江西”称为“江右”。因此，在表示近距离的事物或行为时，两者可以互相替换。如表示眼部动作，可说“东瞧西看”，也可说“左瞧右看”；表示腿部动作，可说“东跑西跑”，也可说“左跑右跑”。但由于“东、西”的原型性特点以及它们在汉民族认知上的显著性特点，所以即使与表示近距离的动作、事物组合，“东……西……”格式的使用频率还是要高一些。

最后，相比于“东……西……”和“左……右……”格式，“前……后……”格式与其他词的组合能力相对较弱。比如与视觉动词的组合只出现了两例，即“前看后看”和“前瞻后顾”，而“东……西……”、“左……右……”与视觉动词的组合能力比较强。其原因主要在于：一方面，作为方位词，“前、后”出现的时间是比较晚的。储泽祥指出：“在上古汉语里，常见的只有‘上、下、东、西、南、北、中、内、外、左、右'11个。'前、后、里'是后来才用作方位词的。"①因此,"前、后"属于方位词中的非典型成员,这就决定了它们在人们认知中的显著度较低。另一方面,按照认知语言学的观点,在概念形成和推理的过程中,人的生理构造、身体经验以及人的感知觉能力和人的想象力有着重要的作用。"东看西看"、"左观右望"之类只需要眼睛或头部在同一水平面上的轻微移动,而"前看后看"类则不仅需要眼睛或头部的移动,还需要躯体的大幅度移动,前种移动方式显然更方便、更容易一些。因此可以说,三组方位名词待嵌格式与其他词的不同组合能力显然受到我们身体构造、认知能力等的影响和制约。

(2)构式义的比较分析。按照构式语法理论,作为一类构式,方位名词待嵌格式具有独立于其组成部分的意义,即构式义。由于这三个构式均由方位名词构成,它们在构式义上既有相同之处,又具个性差异。具体来说:

第一,均有表示"动作持续或反复"的构式义。从整体来看,三个方位名词待嵌格式中固定部分的意义都发生了泛化或虚化,三个构式都具有表"动作持续或反复"的构式义。如"东说西说"就是"不断地说"的意思,"左拐右转"就是"不停地拐"的意思,"前思后想"就是"反复地想、反复地思考"的意思。

早在1946年,郭绍虞就指出:"大抵方名与数名,由虚义一点言,本系同样作用。如'七拼八凑'亦可说'东拼西凑','七歪八扭'亦可说'东倒西歪'……这种用数名或方名的作用,只是为音节上凑数的关系,故可不必顾到实际意义。"②可见,对于此类格式中

① 储泽祥:《汉语空间方位短语历史演变的几个特点》,《古汉语研究》1996年第1期。

② 郭绍虞:《照隅室语言文字论集》,上海古籍出版社1985年版,第117页。

方位名词意义发生泛化或虚化的现象，前人早有认识。而细致地加以考察，我们会发现，当方位名词与不同的动词组合时，其虚化的程度是不同的。

关于动词的分类历来众说纷纭，我们根据嵌入格式中的动词是否具有方向性对格式生成的四字格进行语义分析。从有无方向性来看，动词可以分为两类：一类是具有方向性的动词，如"拐"、"转"、"扭"、"观望"、"游荡"、"漂泊"等；一类是无方向性的动词，如"劝"、"说"、"想"、"言语"、"补缀"等。

首先，在与具有方向性的动词组合时，固定部分的词义在待嵌格式这一语境中发生了泛化。如"东……西……"格式，固定部分"东"、"西"的本义是："东"，《说文解字》："东，动也。从木。官溥说，从日在木中。"《汉语大字典》："甲骨文象实物囊中括其两端之间，为'橐'的初文。后世借为'东西'、'东方'之东。""西"，《说文解字》："西，鸟在巢上，象形。日在西方而鸟栖，故因以为东西之西。"

在词义发展的过程中，"东"、"西"逐渐由表示具体的意义引申出表示抽象的方位意义。而在此格式中，"东"、"西"的词义发生了进一步的引申，不再是其本义，而是泛化为更为抽象的意义。如在"东转西转"中，"东"、"西"的意义不是实指，而是引申出"到处、四处"的意义。"东"、"西"词义演变的轨迹是：

日在木中、鸟在巢上→东边、西边→到处、四处

再如"左……右……"格式，其固定部分"左"和"右"的词义也发生了变化。在甲骨文中，"左"、"右"分别是左手、右手之形，后来逐渐从表示实体意义引申出表示抽象的方位概念。而在这个格式中，"左"、"右"的词义发生了进一步的引申，不再具有定向性，而是具有泛向性。也就是说，它们不再表示实际的方位意义，而是具有遍指的引申意义。如在"左走右走"中，"左"、"右"的意义不是实

指，引申出“到处、四处”的意义。“左”、“右”词义演变的轨迹是：

左手、右手→左边、右边→到处、四处

这正反映出词义演变的基本特点：由具体到抽象，由个别到一般。其变化的原因在于“东”和“西”的句法位置发生了改变。一般而言，方位名词最主要的语法特点是具有后附性，而当它们进入格式时，其语法功能发生了改变，它们置于动词之前作状语修饰后面的动词，形成具有向心结构的短语。由于进入此格式的动词动作性是比较强的，在整个结构中居于核心地位，所以作修饰语的“东”和“西”受到后面动词的影响，其表示具体方位的意义逐渐弱化，由实指而泛指。

方位名词与具有方向性的动词组合生成的四字格，其整体意义除了具有一定的方向性之外，还增加了表示“动作的多次反复或动作持续进行”的构式义。李宇明认为：“反复是用一定的语言手段表达一种或多种动作反复进行、一种或多种现象反复出现的语义范畴。表达反复的主要语言手段可以分为词汇手段和语法手段等。”①他具体指出，“对叠”是表达反复的语法手段之一。动作的反复，从认知上属于“量”的范畴，方位名词以动作到达的空间来记录动作的数量。如“东跑西跑”中，“东”、“西”泛指跑过的处所或方向，以此记录了“跑”的量，这就是方位名词与动作量之间的关联。因此，格式生成的四字格还具有表示动作反复的意义。

其次，在与无方向性的动词组合时，由于受到后面动词的影响，固定部分的意义发生了进一步的虚化，基本上是弱化为零，而格式构成的四字格也是没有任何方向性可言的，只是增加了“动作多次反复或持续进行”的构式义，对此，我们可以用认知语言学的观点来加以解释。认知语言学的一个重要观点是人们通过隐喻这

① 李宇明：《论“反复”》，《中国语文》2002年第3期。

一最基本的方式来认识世界和把握世界。方位隐喻是以空间概念为始源域向其他目标域进行映射,进而获得引申和抽象意义的认知过程。人们通过它把一些空间关系和性状投射到非空间的关系和性状上,使抽象和未知的概念具体和熟知,在不相容的事物之间建立起一种相互的关联。而用具体的空间来表示无形的动作量正符合人们的认知心理。比如,"说"是不具有方向性的动词,在进入格式后构成"东说西说","东"、"西"作状语充当"说"的修饰成分,但"东"、"西"并不表示"说"的方向,而是由表方位转为表示"说"的"量",这正是方位名词通过隐喻方式投射到动作量而获得的新的引申义。

第二,从构式义来看,"前……后……"格式与"东……西……"和"左……右……"相比,表义更为复杂,个性较为突出。据我们考察,"东……西……"和"左……右……"无论是与有方向的动词组合,如"东奔西跑、左看右看"等,还是与无方向的动词组合,如"东猜西疑"、"左想右想"等,它们都表示"动作持续或反复"的构式义,表义相对单纯;而"前……后……"格式表义则较为复杂,除了能表示以上意义外,还能表示"空间上的一前一后"或者"时间上的一先一后"。如"前呼后拥"表示空间上的一前一后,"前恭后倨"表示时间上的一先一后。这与格式中的固定部分"前、后"的隐喻意义密切相关。当代认知语言学的一个重要研究成果就是证明了"时间是空间的隐喻"。"Lakoff 认为,时间之所以要借着事物、运动、方位等观念以隐喻的方式理解,这与我们的生理属性有关。人类的视觉系统有运动及物体/方位的感知器,却没有感知时间的器官,因此后者的感知要依赖前者,这是十分自然的一件事。"①在我

① 张敏:《认知语言学与汉语名词短语》,中国社会科学出版社 1998 年版,第 123 页。

们所谈的三组方位名词中,只有“前”、“后”能表示时间概念,因为时间具有顺序性,所以可以用“前”、“后”来指称。对此,丁声树早有论述,他说:“所有的方位词都可以表示处所。表示时间只用得着‘前、后、上、下、内、外、里、中’这些字,‘左、右、东、西、南、北’就用不上。”[1]这就决定了“前……后……”格式既能用于空间域,也能用于时间域,所以说,这一格式在表义方面个性较为突出。因此,相比于《应用汉语词典》只收了“东……西……”和“左……右……”两个格式而未收“前……后……”格式,《现代汉语词典》把这三个格式同时加以收释,是有道理的。

此外,由方位名词待嵌格式构成的四字格多具有一定的形象色彩意义,描述性特点比较突出。如“东借西借”、“左劝右劝”、“前仰后合”等,其中的嵌入成分——“借”、“劝”、“仰”、“合”等动词动作性是比较强的;而一旦它们嵌入格式生成四字格后,形象色彩义就比较鲜明。它们能促使人们联想到某一个画面、一个场景、一种状态,表达更加生动形象,这种对举格式凸显出来的色彩意义是非对举格式做不到的。如:

①阿丑在客堂里东找西找,发现铅笔半寸,旧请客帖子一个,把铅笔头在嘴里吮了一吮。(钱钟书《围城》)

②汤阿英左拉右拉,好容易把她拉上来,找了一个破墙角,慢慢给她把衣服拧干。(周而复《上海的早晨》)

如果把以上两句中的“东找西找”改成“四处(到处)找”,把“左拉右拉”改成“反复拉”,尽管表达的理性意义相差无几,但四字格形式音韵和谐,结构匀称,形象感强,更具表现力。

---

① 丁声树:《现代汉语语法讲话》,商务印书馆 1961 年版,第 74 页。

三、人体名词待嵌格式

(一)概述

人体名词是指称人体部位和人体器官的名词,可分为两类:一是人体部位词,如“头”、“脸”、“嘴”、“鼻”、“眉”、“眼”、“手”、“脚”等;二是人体器官词,如“心”、“肝”、“肺”、“胆”、“肠”等。近年来,随着认知语言学的引进,人体名词受到越来越多的关注,成为当前汉语研究的热点问题之一,研究文章逐年递增,比较有代表性的是古敬恒、赵永新、解海江、张志毅、龚群虎、李树新、赵倩、冯凌宇等的研究成果。

一些单音节人体名词能够对举构成待嵌格式,如“……头……脑”、“……眉……眼”、“……手……脚”、“……心……肝”、“……心……肺”等,可简称为人体名词待嵌格式。人体名词之所以能够构成以上格式,其原因在于:

第一,人体名词属于现代汉语基本词汇的范畴,在上古前期就已经出现,且比较完备。尽管在汉语发展的过程中,人体名词不像其他的基本词那么稳固,如王力所言:肢体名称“也是属于基本词汇的,但是它的稳固性没有自然现象的名称的稳固性那么大。几千年沿用下来的只有‘心’、‘手’等很少的一些词”①。但它们同样具有基本词汇的特点,如全民常用性、构词能力强等。

第二,在汉语中人体名词的文化内涵极为丰富,具有较高的文化突显性。“人体词语……的形成,寄托了古人对自身状况的认知,寓含了特定时代人们共同的思想、理念、风俗、习惯,反映了一种极其深厚的文化积淀。”②对此,古敬恒、钱进、李树新等学者有细致论

① 王力:《汉语史稿》,中华书局1980年版,第564页。

② 古敬恒:《人体词与人的秘密》,团结出版社2000年版,第1页。

述。人体名词的文化突显性，再加之我们喜欢采用对称均衡的形式来构词造语，为人体名词待嵌格式的产生提供了丰厚的土壤。

第三，单音节人体名词之所以能够对举构成待嵌格式，与我们重整体、重联系的思维方式有着密切关系。“天人合一”是中国传统文化的精髓，不仅人的身体部位与外部世界有一一对应的关系，而且人的身体部位和器官之间也是密不可分的。“《黄帝内经》用金、木、水、火、土五行相生、相克的原理解释人体五脏之间的关系，认为一个健康的人是阴、阳平衡的人，人体各个器官之间有着密不可分的联系。以关系特征做比附，汉语产生了大量的既形象直观又表义深刻的人体词语。”①这种思维方式使得两个具有相邻或相对关系的单音节人体名词能够以对举方式出现，从而满足说话者追求表达的形象化或表义深刻性的需要，由“唇亡齿寒”、“俊眉俏眼”、“笨嘴拙舌”、“有眼无珠”、“大手大脚”、“没心没肺”、“披肝沥胆”等四字格可见一斑。

据我们考察，有一些著作或词典涉及了此类格式：如张卫国的《现代汉语实用语型》一书收释了由人体名词构成的三个格式，即“……头……脑”、“……眉……眼”和“……手……脚”；张斌的《新编现代汉语》中同样列举了以上三个格式；姜德梧的《汉语四字格词典》中收释的此类格式最多，有 17 个，它们生成的四字格及其数量例举如下：

待嵌格式	数　量	示　例
……头……脑	47	缠头盖脑、冲头冲脑、蠢头呆脑、猪头狗脑
……眉……眼	42	低眉敛眼、勾眉画眼、愁眉苦眼、大眉大眼

① 李树新：《人体词语的认知模式与语义类推》，《汉字文化》2004 年第 4 期。

（续表）

待嵌格式	数　量	示　例
……手……脚	20	缩手缩脚、碍手碍脚、粗手粗脚、慌手慌脚
……头……脸	14	兜头盖脸、光头净脸、灰头土脸、神头鬼脸
……心……肺	12	彻心彻肺、摧心折肺、脏心烂肺、灼心灼肺
……嘴……舌	11	多嘴多舌、贫嘴薄舌、快嘴快舌、拙嘴笨舌
……眉……目	8	慈眉善目、低眉垂目、横眉立目、喜眉笑目
……皮……脸	8	憨皮赖脸、没皮没脸、嬉皮笑脸、涎皮涎脸
……头……面	8	牛头马面、出头露面、蓬头垢面、油头滑面
……心……胆	6	惊心裂胆、倾心吐胆、撕心裂胆、忠心赤胆
心……手……	6	心慈手软、心黑手狠、心灵手巧、心狠手辣
口……舌……	5	口干舌燥、口麻舌辣、口涩舌腻、口拙舌笨
眉……眼……	5	眉歪眼斜、眉高眼低、眉花眼笑、眉来眼去
……肠……肚	5	翻肠倒肚、牵肠挂肚、搜肠刮肚、鸡肠鸭肚
头……脑……	4	头昏脑眩、头昏脑涨、头疼脑热、头晕脑涨
……牙……齿	4	豁牙漏齿、缺牙短齿、咬牙切齿、伶牙俐齿
……背……腰	4	虎背狼腰、虎背熊腰、塌背哈腰、曲背弯腰

由于编写目的、编写体例等方面的原因，以上著作或词典对于人体名词待嵌格式只是简单提及，缺少系统的描写和解释。下面，我们对其进行整体探讨和深入分析。

（二）人体名词待嵌格式比较分析

1. 人体名词待嵌格式构词能力的不均衡性及成因

人体名词待嵌格式构造四字格的能力呈现出不均衡的特点。考察语料库现代汉语部分，得到如下数据：由“……头……脑”构成的四字格有 146 个，由“……眉……眼”构成的四字格有 103 个，由

"……手……脚"构成的四字格有 110 个,由"……嘴……舌"构成的四字格有 43 个,由"……心……肺"构成的四字格有 42 个,由"……心……胆"构成的四字格有 33 个,由"……牙……齿"构成的四字格有 11 个。相比较而言,"……头……脑"、"……眉……眼"和"……手……脚"这三个格式的构词能力比其他人体名词待嵌格式强。我们认为,人体名词待嵌格式构词能力的不均衡性主要由以下原因造成:

(1)"在人体词汇中,头部和四肢词汇显得很重要,古人就特别重视头部(首、目、耳、口)、手部和足部(这可以从《说文》的部首看出)。"[①]的确如此,"头"是人体最上部和动物最前部长着口、鼻、眼、耳等器官的部分,是人体部位和各器官的总指挥部,是一个人的生理机能和一切行为活动的指挥中枢。而人类之所以被誉为"宇宙之精华,万物之灵长",主要就体现在人类杰出而奇妙的大脑上。可以说,头是人整个身体组织中最高贵的地方。各民族都特别敬重人体的头部,视其为万物之首、一切事物的开始和世间活动的源头,因此,"头"的引申义是极为丰富的,使用频率是极高的。可以说,"头"与"脑"突显的是人的智力、思维能力。

而在人的面部中最引人注目、最传神的部位莫过于眼睛,古人云:"眼为一身之日月,五内之精华。""人体之神在两目。"因此,中国的京剧表演特别强调"眼"功,"一身之戏在于脸,一脸之戏在于眼","上台凭双眼,喜怒哀乐全"。鲁迅在谈小说创作经验时则说,要极省俭地画出一个人的特点,最好是画他的眼睛。而横于眼睛之上的眉毛,则起着不可或缺的烘托作用。心理学家研究表明,眉有 20 多种动作,可以表现出不同的情感,通过眉的舒和缩、收和

① 冯凌宇:《汉语人体词汇研究》,中国广播电视出版社 2008 年版,第 22 页。

展、扬和竖，表现不同的情感。而“眉”和“眼”相互配合、协调动作表达的情感则更为丰富，因为眉是“七情之虹”，眼为“心灵之窗”，“眉”和“眼”是五官中传递信息潜力最大的器官。可以说，“眉”与“眼”表情达意的功能最为突出。

在日常生活中，“手”在四肢中的运用最为频繁，灵活程度也最高，双手在生活中占据着举足轻重的地位。人的“脚”也是人体最活跃的部分之一，“人的衣食住行与‘脚’密切相关，多种语言中关于‘脚’的词语都为数不少，但是很少有像汉民族这样对‘脚’倾注那么多的关注”①。作为人的肢体，“手”和“脚”是人劳动与行走的功能性器官，它们的活动量是最大的，其动作传递信息的能量也是非常强的。可以说，“手”与“脚”因其功能强大，在人们的认知中具有显著地位。

（2）按照认知语言学的容器隐喻理论，人体作为一个实体，好比是一个容器，有内外之分。在人体名词的两个类别中，人体部位词所对应的人体部位是可视的，而人体器官词所对应的人体器官则是不可视的。也就是说，“眉”、“目”可以传情，“手”、“脚”可以并视，可是“知人知面”难“知心”，因此，头部和四肢就具有认知上的显著性。就显著程度来说，人体头部要比头部以下的部位显著，因为人体的主要感觉器官集中在头部；人体部位要比人体器官显著，因为人体部位是外在的，感知起来较为容易，而人体器官是内在的，具有感知上的难度。因此，整体来说，人体部位词构成的待嵌格式要比人体器官词构成的待嵌格式使用频率高，生成四字格的能力强。

① 钱进：《说“脚”构词语系列及其文化内涵》，《语文学刊》1996 年第 4 期。

2.格式的比较分析

基于以上原因,我们重点考察由头部、手部、脚部的单音节人体名词构成的待嵌格式,即"……头……脑"、"……眉……眼"和"……手……脚"。这三个格式中的固定部分尽管都是人体名词,但它们之间的关系不尽相同。《说文解字》:"脑,头髓也。"段玉裁《说文解字注》:"头髓者,头骨中脂也。""头"与"脑"是一种包容与被包容的关系。"眉"是一个合体象形字,《说文解字·眉部》曰:"目上毛也。从目,象眉之形,上象额理也。""眉"字上面的偏旁,就是眉形,"目"只是告诉人们,这个字是"目"上毛。"眉"与"眼"一上一下,相互烘托,距离较近,是一种相邻关系。"手"是上肢前端能拿东西的部分,而"脚"是人和动物的腿的下端,是接触地面支持身体的部分。"手"在上"脚"在下,比之于"眉"、"眼",距离稍远,因此,"手"与"脚"是一种对立关系。

(1)嵌入部分的比较分析。

第一,均可嵌入同一个或意义相近的单音节名词。其中,嵌入"……头……脑"中的多为贬义词,如"鬼"、"贼"、"鼠"等;嵌入"……手……脚"中的也多是贬义词,如"泥"、"贼"、"猫"等。可见,嵌入"……头……脑"和"……手……脚"的名词大体相同。而嵌入"……眉……眼"中的既有贬义词,也有褒义词,如"贼"、"鼠"、"鬼"、"星"、"柳"、"凤"等,前三个名词是贬义的,这和嵌入前两个格式中的名词大体相同,而后三个名词是褒义的。如:

①李浩淼是李老师的儿子,其长相综合了李老师尤汉荣夫妇的缺点:尖嘴猴腮,鬼头鬼脑,苍白发青的脸上拥有一双总是充血的小眼睛。(池莉《你以为你是谁》)

②九彪向来是个贼手贼脚的小偷,光贪便宜不出力。(曲波《林海雪原》)

③周少濂把八卦帽戴上,神眉鬼眼的往外走。(老舍《赵

子曰》)

④他的眼光真不错,相中的女人果然是百里挑一的美人,柳眉杏眼,细皮嫩肉一把掐得出水来呢。(钱林森《大宋提刑官》)

卢卫中认为:“人体隐喻化包括三种类型,即人体域到非人体域的结构投射,非人体域反过来到人体域的投射以及人体域内部两个器官之间的投射。”①把动物词、植物词或表其他事物的名词嵌入格式中,如“猴头猴脑”、“柳眉杏眼”、“鬼头鬼脑”,即属于由非人体域向人体域的投射。

第二,都可嵌入同一个或意义相近的单音节动词。从语义上来说,嵌入三个格式的动词语义差别较大,这与固定部分的词义密切相关。其中,嵌入“……头……脑”中的动词主要分为两类:一类是由头部发出的动作,如“摇”、“摆”、“点”、“伸”、“探”、“耷”、“歪”等;一类是作用于头部的动作,如“蒙”、“裹”、“劈”、“盖”、“搔”、“挠”等。嵌入“……手……脚”的动词主要表示的是手部动作和脚部动作,如“动”、“搓”、“跺”、“掣”、“架”、“蹑”、“顿”、“舞”等。而嵌入“……眉……眼”的动词也分为两类,一类是表示由眉、眼发出的动作,如“攒”、“挤”、“耷”、“合”、“横”、“竖”、“立”、“瞪”等;另一类表示手作用于眉、眼的动作,如“描”、“涂”、“擦”、“画”等,这一类所占比例较小。从总体上来看,这些动词多具有[+ 自主性]、[+ 及物性]、[+ 动作性]的语义特征,也就是说,嵌入三个格式中的动词多是由动作发出者主观决定的、能自由支配的动作行为。如:

①第二天,在白鹿仓围墙外的旷野里,三个被五花大绑着的人被缚在木柱上,蓬头垢面,衣服褴褛,垂头耷脑,实际已经奄奄一息了。(陈忠实《白鹿原》)

---

① 卢卫中:《人体隐喻化的认知特点》,《外语教学》2003年第6期。

②老通宝看着心疼,急得搓手跺脚没有办法。(茅盾《秋收》)

③因为师长刚刚暴跳如雷地发了一顿脾气,他们有的伸长舌头,有的挤眉弄眼,有的则是哭丧着沾满污垢的脸。(吴强《红日》)

第三,都可嵌入同一个或意义相近的单音节形容词。同样,从语义上看,嵌入三个格式的形容词与固定部分的词义密切相关。嵌入"……头……脑"的形容词多与智力因素、思维能力等有关,且多为贬义的,如"憨"、"呆"、"笨"、"蠢"、"倔"、"钝"等;嵌入"……手……脚"的形容词多表示人的行为方式,多具有贬义性,如"呆"、"毛"、"悄"、"生"、"细"等;嵌入"……眉……眼"的形容词多是表示人的容貌、表情,如"斜"、"怪"、"冷"、"烂"、"浓"、"细"、"俊"、"福"等。这些形容词既有贬义词也有褒义词,多是性质形容词,具有[+静态性]特点。如:

①在苏金荣的印象里,马英只不过是一个笨头笨脑的穷孩子,可是现在站在他面前的却是一个气宇轩昂的青年。(李晓明《平原枪声》)

②她进了陈家还是头一次干这种家务活,有点笨手拙脚的。(苏童《妻妾成群》)

③他感到街上的人也都似乎有点怪眉怪眼地看他,就像他们知道他心里有什么不愉快似的。(路遥《人生》)

通过以上分析可以看出,三个人体名词待嵌格式最主要的语法功能是相同的,即都能和单音节名词、单音节动词和单音节性质形容词组合。其中,嵌入"……头……脑"和"……手……脚"中的名词和形容词多是贬义词,嵌入"……眉……眼"中的名词和形容词既有贬义的,也有褒义的。嵌入三个格式中的动词主要是"头—脑"、"手—脚"和"眉—眼"等人体名词所对应的人体部位发出的动作或作用于相关部位的动作。

(2)构式义的比较分析。三个人体名词待嵌格式具有独立于其组成部分的构式义。一方面,它们均具有一定的理性义,这些意义与固定部分的意义相关,但不相同;另一方面,三个构式均具有鲜明的色彩意义,但具体表现有异。

第一,三个格式都具有一定的理性义。具体来说,“……头……脑”构式可以转指人的智力水平,也可转指人的表情、动作;“……眉……眼”构式可转指人的容貌特点,也可转指人的感情;“……手……脚”构式多转指人的行为活动。三个格式中“头—脑”、“眉—眼”和“手—脚”多不是本义,而是有了进一步的转喻义。具体分析如下:

“……头……脑”构式。它表达的既不是“头”的意义,也不是“脑”的意义,而是我们在大量言语事实的基础上归纳概括出来的言外之意。据《现代汉语词典》(第 6 版),“头”和“脑”的本义分别是:

头:人身最上部或动物最前部长着口、鼻、眼等器官的部分。

脑:动物中枢神经的主要部分,位于头部。人脑管全身知觉、运动和思维、记忆等活动,由大脑、小脑和脑干等部分构成。

因为头是人的思维器官——大脑的所在地,同人类智力有直接关系,因此,“……头……脑”构式可以转指人的智力水平,有时也可转指人的表情、动作。

“……眉……眼”构式。由于“眉”和“眼”是人的面部的主要部位,可以通过“以部分代整体”的路径转指人的容貌特点。同时,认知科学认为,人的情感变化往往伴随着身体行为的异常,生理基础在很大程度上决定情感是如何概念化的,人的感情主要是通过五官尤其是“眉”、“眼”表现出来的,因此,这一构式也多转指人的感情。

"……手……脚"构式。"手"、"脚"是人的动作、行为的主要发出者，在认知框架中最为显著，常常直接替代行为活动本身，因此这一构式多转指人的行为活动。

综合起来看，三个格式引申的路径是相似的，都是由具体而抽象、由不显著到显著，符合人的认知规律。如：

①一直到现在为止，周炳还是傻头傻脑地，好象他在认真跟别人辩论什么问题似地说："我没有那个意思。大表姐，你冤枉了我了……"（欧阳山《苦斗》）

②赵贵翁和他的狗，也在里面，都探头探脑的挨进来。（鲁迅《狂人日记》）

③坐的是个年轻白净的女人，带着孝，可是嘴唇和眼皮擦得红红的，纤眉细眼小鼻子，五官平淡得像一把热手巾擦脸就可以抹而去之的，说起话来，扭头撅嘴。（钱钟书《围城》）

④别看寒露冷眉冷眼地不大说话，连小美那么颇不讲理的人，也避着不敢多跟她打照面。（雪克《战斗的青春》）

⑤说不定他还能"红"起来，能够参加作家协会，成为一个指手画脚，骂骂咧咧，高人一等，比谁都正确的英雄。（王蒙《蝴蝶》）

⑥家庆青子这才慢手慢脚挑起担子，懒洋洋地走了。（吴组缃《黄昏》）

例①中，"傻头傻脑"是形容愚蠢、糊涂的样子；例②中，"探头探脑"表面意思是不断地探头看，多形容鬼鬼祟祟地察看；例③中，"纤眉细眼"是形容容貌清秀；例④中，"冷眉冷眼"形容态度冷淡；例⑤中，"指手画脚"形容说话时兼用手势示意，也形容轻率地指点、批评；例⑥中，"慢手慢脚"指手、脚的动作缓慢，表现出不急不躁的心理。

第二,三个构式都有一定的色彩义。除了以上理性义之外,它们还具有感情色彩、口语色彩和形象色彩。

首先,都具有鲜明的感情色彩。人体名词四字格均带有一定的主观性,包含了说话者的主观评价,含有较高的语言情感。

"……头……脑"类四字格多带有鄙夷、不满、贬斥等贬义色彩,具有褒义色彩的数量极少。我们从意义的角度进行分类:

A. 表示"痴傻、愚笨"义,如:傻头傻脑、土头土脑、憨头憨脑、呆头木脑、笨头笨脑、痴头傻脑、疯头疯脑、钝头钝脑、木头木脑、懵头懵脑、浑头浑脑。

B. 表示"丑陋、萎靡"义,如:鬼头鬼脑、怪头怪脑、贼头鼠脑、肉头肉脑、蔫头耷脑、闷头闷脑、霉头霉脑。

C. 表示"粗野、鲁莽"义,如:夹头夹脑、没头没脑、愣头愣脑。

D. 表示"油滑、倔强"义,如:油头滑脑、直头直脑、倔头犟脑、倔头倔脑。

E. 表示其他消极意义,如:干头干脑、小头小脑、毛头毛脑。

F. 具有褒义色彩,如:虎头虎脑、圆头圆脑、大头大脑、圆头大脑。

"……手……脚"构成的四字格也多具有贬义色彩,可从中国传统文化中存在的"贵手贬脚"的观念来加以解释。钱进在《说"脚"构词语系列及其文化内涵》一文中细致地阐发了"脚"构词语系列的语言特色,指出:"凡是'脚'单独构词时,多表示贬义,凡'手'单独构词时,大多表现为褒义和中性……当'手'与'脚'同时出现在一个词语中时,则这些词语大多表示出贬义色彩来……其形成的根本原因在于落后的农业文明和畸形的小脚文化。"[①]同时,"……手……脚"构成的四字格都是并列结构,具有形式平衡、语义

① 钱进:《说"脚"构词语系列及其文化内涵》,《语文学刊》1996 年第 4 期。

相对的特点,而"汉语中有一些意义相反或相对的词语,其意义不是综合整个词语的意义,而是侧重其中的某一部分的意义……如果词的两部分意义一褒一贬……那么,词的语义重心大多在贬义方面"①。

与前两类不同,"……眉……眼"构成的四字格既有褒义的,又有贬义的。从人体美学的角度来看,容貌是人体审美的焦点,而"眉"和"眼"是容貌审美的核心。方彰林、姜世正指出:"人的容貌集中了人体美的精华……容貌居于人体的显著部位,最易被人认识而成为审美的中心……容貌之所以这样引人注目,还在于面部具有表达人的心理活动和传递情感的独到功能。黑格尔认为:'精神的表现尽管要贯穿整个身体,却大半集中在面部结构上。面孔是人类自身审美的中心。'"②因此,"头—脑"、"手—脚"、"眉—眼"三组人体名词中,"眉、眼"的审美显著性是最强的。一般来说,"眼"大、圆、亮而有神为美,"眼"小、细长、暗而无光为丑,因此,以"浓眉大眼"、"柳眉杏眼"为美,以"疏眉小眼"、"秃眉烂眼"为丑。晋人顾恺之在谈画人像时说:"四体妍蚩,本无关于妙处,传神写照,正在阿堵中。"其意为:四肢长得美丑,并不很重要,传神写照,正在这个眼睛之中啊!可见,"眉"与"眼"在人体审美中占据着核心地位,因此,它们既可被贬义词修饰,也可被褒义词修饰。

从历时的角度进行考察,我们认为,"……头……脑"、"……手……脚"和"……眉……眼"类四字格不同的感情色彩也可能和历史沿袭下来的语言使用习惯有关。三个格式构成的四字格均初见于宋代朱熹的《朱子语类》、宋词及元曲中,后多见于明清小说中。

---

① 郭振华:《汉语词语结构的特征》,《汉语学习》1998 年第 4 期。

② 方彰林、姜世正:《人体美学》,北京出版社 2000 年版,第 86 页。

在明清小说中出现的“……头……脑”类四字格多是贬义的，如“妖头怪脑”、“蓬头燥脑”、“耸头耸脑”、“浮头滑脑”、“尖头尖脑”、“昏头磕脑”、“傲头傲脑”等；由“……手……脚”构成的四字格也多是贬义的，如“扎手舞脚”、“拙手钝脚”、“瘫手瘫脚”、“侮手侮脚”、“绊手碍脚”、“拗手拗脚”、“伸手缩脚”、“乍手乍脚”等；由“……眉……眼”构成的四字格则既有贬义的，如“横眉直眼”、“张眉瞪眼”、“做眉做眼”、“凶眉恶眼”、“短眉小眼”、“斜眉溜眼”等，也有褒义的，如“修眉大眼”、“花眉笑眼”、“环眉阔眼”、“慈眉善眼”、“龙眉凤眼”、“山眉水眼”等。下面，仅举“……头……脑”类四字格例加以形象说明：

① 虽上蔡龟山也只在淮河上游游漾漾，终看他未破；时时去他那下探头探脑，心下也须疑它那下有个好处在。（朱熹《朱子语类》）

②巢氏有兄弟巢大郎，是一个鬼头鬼脑的人，奉承得姊夫姊姊好。（凌濛初《二刻拍案惊奇》）

③忽然两边门侧里走出七八个老妪、丫鬟，一个个手执篱竹细棒，劈头劈脑打将下来，把纱帽都打脱了。（冯梦龙《喻世明言》）

④（清风、明月）出了园门，径来殿上，指着唐僧，秃前秃后，秽语污言不绝口的乱骂；贼头鼠脑，臭短臊长，没好气的胡嚷。（吴承恩《西游记》）

⑤这两个老妈子，是总理新代雇来，预备粗使的，村头村脑，不懂规矩，也不知是督办太太。（吴趼人《二十年目睹之怪现状》）

⑥只是我愁宝玉还是那么傻头傻脑的，这么说起来，比头里竟明白多了。（曹雪芹《红楼梦》）

其次，都具有鲜明的口语色彩，这与固定部分的口语性特点密切相关。王力指出,有些肢体名称,如“首”、“目”、“足”等,在上古显然是属于基本词汇的,但是“到了后代,在一般口语里,‘头’代替了‘首’……‘眼’代替了‘目’……‘脚’代替了‘足’”①。另外,人体名词待嵌格式构成的四字格主要用于对人物的评价,多出现在描写或对话的语境中,因此,语义上较为直白,口语化特征鲜明。如:

①如果没有后一方面的价值观念而只片面地讲前一部分要求,很可能培养出来的不是雷锋,不是华罗庚、钱学森,更不是鲁迅,而是一拨鼠头鼠脑、探头探脑、贼头贼脑、一等诡诈、二等智商、三等学问、等外人格的官自悦、匡二秋、鲍管谊之流。(王蒙《精神侏儒的几个小镜头》)

②两个护兵一个是粗眉大眼的山东人,一个是扁脑勺薄嘴唇的奉天人。(老舍《赵子曰》)

③胡妈倒真的慌了,拍手顿脚,眼泪鼻涕:“冤枉啊,我也是为许家好……”(陆文夫《人之窝》)

例①中,“鼠头鼠脑”、“探头探脑”、“贼头贼脑”三个四字格是对人物的评价,细腻地刻画出这拨人奸诈、猥琐的丑陋形象,用语不多,却活灵活现,入木三分;例②中,“粗眉大眼”是对人物容貌的描写;例③中,“拍手顿脚”是对人物行为的描写,口语特点突出。

最后,都具有鲜明的形象色彩。从表达功能来看,待嵌格式生成的四字格多具有描述性。人体名词构成的四字格在描写人物、塑造形象方面非常生动传神,具有鲜明的形象色彩。试比较:

①她要丈夫对她一片忠诚,依头顺脑,一切听她驾驭。(杨绛《洗澡》)

把此句改成以下两句,句义基本不变:

②她要丈夫对她一片忠诚,一切听她驾驭。

① 王力:《汉语史稿》,中华书局1980年版,第565–566页。

③她要丈夫对她一片忠诚，一切都顺从她，一切听她驾驭。

把①改成②，即去掉“依头顺脑”这一四字格，句子依然成立，但是，此句中的“忠诚”和“驾驭”两个词的意义相对抽象，加上“依头顺脑”，是对前面“她要丈夫对她一片忠诚”和后面“一切听她驾驭”的具体形象的描写，画面感比较强。如果把“依头顺脑”改成③句中的“一切都顺从她”这一短语，后者表义不如前者经济简洁，主观性强，而且四字格形式整齐，更为具体形象，给人留下更多想象空间。

第二节　动词待嵌格式

一、概述

在动词待嵌格式中，存在动词待嵌格式、比类动词待嵌格式、能愿动词待嵌格式及趋向动词待嵌格式较为典型，实义动词待嵌格式和其他一些格式能产性相对较弱，属于非典型格式。本节重点对存在动词待嵌格式进行研究。在此，先对其他几类动词待嵌格式加以简要说明。

比类动词待嵌格式。“比类动词是表现人或事物之间某些关系的动词，这些关系包括相同性、相似性或相异性，这些关系主要通过人与人之间、物与物之间的比较体现出来。因此，‘比较’是比类动词必备的一个语义特征。”[①]我们关注的是表示相似性关系的比类动词，即“如”、“似”、“若”，它们都有“像、如同”的意思，属于动词家族的非典型成员，能够对举构成“如……如……”、“如……

① 黎楠：《〈论衡〉中的比类动词的用法分类》，《重庆科技学院学报》2007 年第 1 期。

似……”、“似……似……”、“若……若……”4个待嵌格式。通过语料库,我们得到“如……如……”格式构成的四字格有237个,“如……似……”格式构成的四字格有117个,“似……似……”格式构成的四字格的数量和“如……似……”差不多,有100个,“若……若……”只有43个。可见,“如……如……”格式的构词能力是最强的,“若……若……”格式最弱,“如……似……”和“似……似……”居于二者之间。

这四个格式都有“既像什么,又像什么”的构式义,有强调和夸张的意味,都是通过比喻对事物的情状进行刻画。其中,嵌入“如……如……”格式的多是意义相近的名词或动词,如“如火如荼”、“如梦如幻”、“如烟如雾”、“如饥如渴”、“如泣如诉”等;嵌入“如……似……”格式的多是意义相近的名词或形容词,如“如狼似虎”、“如烟似雾”、“如花似玉”、“如胶似漆”、“如饥似渴”等;嵌入“似……似……”格式的多是相对、相反的动词、形容词或名词,如“似断似续”、“似有似无”、“似真似幻”、“似明似暗”、“似人似鬼”等;嵌入“若……若……”格式的多是意义相反的动词或形容词,如“若有若无”、“若即若离”、“若隐若现”、“若明若暗”等。“如”、“似”、“若”等在古代汉语中是常用词,在现代汉语中一般用“像”,所以,以上格式生成的四字格书面语色彩相对较浓。

能愿动词待嵌格式。能愿动词能用在动词、形容词前面表示客观的可能性、必要性和人的主观意愿。如“能”、“会”、“可”、“要”、“敢”、“能够”、“应当”、“愿意”等,它们也是动词范畴的非典型成员。在我们的考察对象中,有4个由它们构成的待嵌格式,即“可……可……”、“能……能……”、“敢……敢……”、“能……善……”。在这些格式中,“可……可……”和“能……能……”这两个格式的能产性相对较强,是此范畴中相对典型的格式。“可……可……”构成的四字格有140个,“能……能……”构成的四字格有

100个。陈昌来、王鸣宇曾对“可……可……”格式进行过专门研究。

“可……可……”格式分为两种情况：一是表示“某事物值得如何，令人如何”，“可”的意思是“值得、应该”，嵌入的多是意义相近或相类的动词，如“可悲可叹”、“可气可恨”、可圈可点”等；二是表示“某事物既可这样，也可那样”，“可”的意思是“可以”，嵌入的是意义相反的形容词或动词，如“可新可旧”、“可繁可简”、“可攻可守”、“可有可无”等。

“能……能……”这一格式“表示既能这样又能那样”，有强调的意味。嵌入格式的多是意义相类或相反的动词、形容词，如“能吃能喝”、“能屈能伸”、“能上能下”、“能大能小”等。

“敢……敢……”和“能……善……”能产性弱一些。“敢……敢……”构成的四字格有60个，如“敢作敢为”、“敢打敢拼”、“敢抓敢管”、“敢想敢干”等；“能……善……”构成的四字格有39个，如“能歌善舞”、“能征善战”、“能文善武”、“能言善辩”等。

趋向动词待嵌格式。趋向动词待嵌格式指的是“……来……去”格式。近年来，关于这一格式的研究成果较多，有代表性的是李晋霞、刘志生、曾传禄等的文章。通过语料库得到“……来……去”格式构成的四字格有555个，表示“同一动作的持续进行或反复发生”，嵌入的多是同一个或意义相近的动词，如“跑来跑去”、“想来想去”、“变来变去”、“传来传去”、“打来打去”、“说来说去”、“算来算去”、“思来想去”、“推来让去”等。

实义动词待嵌格式和其他一些动词待嵌格式能产性相对较弱，属于非典型格式。“挨……受……”生成的四字格有30个，如“挨打受气”、“挨饿受冻”、“挨苦受累”、“挨饿受穷”等；“添……加……”生成的四字格有30个，如“添砖加瓦”、“添油加醋”、“添枝加叶”、“添彩加色”等；“说……道……”生成的四字格有24个，如

“说三道四”、“说千道万”、“说长道短”、“说东道西”等;“争……夺……”生成的四字格有20个,如“争城夺地”、“争权夺利”、“争分夺秒”、“争冠夺魁”等;“披……戴……”生成的四字格有11个,如“披星戴月”、“披甲戴盔”、“披红戴花”、“披风戴雨”等;“装……作……”生成的四字格只有10个,如“装聋作哑”、“装模作样”、“装聋作傻”、“装神作怪”等。

在以上整体阐述的基础上,我们重点对存在动词待嵌格式进行深入分析和探讨。

二、存在动词待嵌格式

(一)概述

存在动词是汉语中一类特殊的动词,它们主要表示事物的存在、变化或消失,如“在”、“有”、“无”、“消失”等。作为动词范畴中的非典型成员,存在动词都不表示具体的动作、行为,即“不记行而惟言不动之境”①。以上动词中的“有”和“无”可以对举构成“有……有……”、“无……无……”和“有……无……”这三个待嵌格式。其中,“有”的基本意义是“领有、存在”,“无”与“有”相对,是一个否定性动词,意思是“没有”。“有”、“无”属于汉语中的基本词汇,产生时间较早,具有深厚的哲学蕴涵,因而能够构成待嵌格式。对于以上格式,不同的著作和词典对其收释的情况是不同的。武柏索等编《现代汉语常用格式例释》以及《应用汉语词典》只收了“有……有……”和“有……无……”两个格式,而未收“无……无……”格式;张卫国的《现代汉语实用语型》、姜德梧的《汉语四字格词典》以及《现代汉语词典》对以上三个格式全部加以收释。其中,有争议的一点是是否收释“无……无……”格式。

① 马建忠:《马氏文通》,商务印书馆1983年版,第177页。

在以往的研究中，很多学者注意了“有……”这一构式，如贺阳、李宇明、张豫峰、石毓智等，但以上研究都只涉及单句形式的“有……”或特殊的“有……”结构①。2000年以来，始有学者开始探讨“有……有……”格式的相关问题，比较有代表性的是向平、胡清国、石毓智、杨玉玲等的文章。对于“有……无……”格式进行研究的文章数量不多。

（二）存在动词待嵌格式构词能力的不均衡性及成因

在语料库的现代汉语部分，我们检索到“有……有……”格式生成的四字格约有580个，“无……无……”格式构成的四字格有400个，“有……无……”格式构成的四字格有284个。从构造四字格的能力来看，“有……有……”格式无疑是最强的，而“有……无……”最弱，“无……无……”格式处于二者之间，即“有……有……”>“无……无……”>“有……无……”。

从语言的对称和不对称的视角来看，“有”与“无”作为一对反义词，由它们构成的待嵌格式“有……有……”和“无……无……”之间同样存在着对称和不对称现象，主要有以下表现：

第一种情形：有“有”有“无”。如：

有情有义—无情无义　有板有眼—无板无眼　有凭有据—无凭无据　有官有职—无官无职　有血有肉—无血无肉　有因有果—无因无果　有始有终—无始无终　有权有势—无权无势　有胆有识—无胆无识　有声有响—无声无响　有枝有叶—无枝无叶　有棱有角—无棱无角　有依有据—无依无据　有根有基—无根无基　有边有沿—无边无沿　有头有

① 《现代汉语词典》在“有”字词条下有一个专门的义项：“动表示所领有的某种事物（常为抽象的）多或大。～学问|～经验|～了年纪。”其实，这一释义是存在一定问题的，因为“表示所领有的某种事物（常为抽象的）多或大”这一意义的是“有+抽象名词”这一构式，单单一个“有”是不具有该意义的。

尾—无头无尾 有声有色—无声无色 有才有德—无才无德 有勇有谋—无勇无谋 有牵有挂—无牵无挂 有依有靠—无依无靠

第二种情形:有“有”无“无”。如:

有说有笑—*无说无笑 有哭有叫—*无哭无叫 有商有量—*无商无量 有问有答—*无问无答 有赏有罚—*无赏无罚 有借有还—*无借无还 有来有去—*无来无去 有穷有富—*无穷无富 有深有浅—*无深无浅 有雅有俗—*无雅无俗 有真有假—*无真无假 有强有弱—*无强无弱 有疏有密—*无疏无密 有张有弛—*无张无弛

第三种情形:有“无”无“有”。如:

无言无语—*有言有语 无休无止—*有休有止 无穷无尽—*有穷有尽

其中的“*”表示没有。第一种情形——“有‘有’有‘无’”类显示出二者具有对称性,第二种和第三种情形“有‘有’无‘无’”类和“有‘无’无‘有’”类显示出二者的不对称特点,而且“有‘有’无‘无’”类要比“有‘无’无‘有’”类所占的比例大。从这一点亦可证明“有……有……”格式构造四字格的能力要强于“无……无……”格式。那么,同是由存在动词构成的待嵌格式,为什么“有……有……”格式构造四字格的能力强于“无……无……”格式呢?我们试从以下两个角度加以解释。

第一,“有”产生时间较早,可见于甲骨文中,它是古代汉语中的一个常用词,也是现代汉语中的一个高频词。在《现代汉语频率词典》中,“有”列于“使用度最高的前8000个词词表”第7位,它不但能够单独使用,在句子中独立充当句法成分,而且还可以作为语素构词,如构成“有偿、有待、有底、有趣、有如、有机体、有日子”等。

“无”字,原先是“無”的异体字。《说文解字·亡部》:“無(无),亡也。从亡,無声。无,奇字。無通於无者,虚無道也。王育说:天屈西北为无。”甲骨文中像人两手持牛尾或鸟羽类饰物跳舞形。金文中假借为“有無”的“無”,后来分化出“舞”字。依《说文解字》,“无”是“無”的古字,《诗》、《书》、《春秋》、《礼记》、《论语》本用“无”,变隶后为“無”;惟《易》、《周礼》全是用“无”,古本的《老子》和《尚书》中也是用“无”。可见,先秦时“无”是相当通行的古字,到了现代,“無”简化为“无”。翻阅《汉语大词典》,未发现“无……无……”格式的四字格,而能见到“無……無……”格式构成的四字格,如“無了無休”、“無形無影”、“無拘無束”、“無天無日”、“無依無靠”、“無根無蒂”、“無家無室”、“無尽無休”、“無情無绪”等46个成语。

在现代汉语中,“无”明显不如“有”活跃。首先,它已经不能独立使用,只能作为语素来构词,如构成“无边”、“无比”、“无辜”、“无故”、“无端”、“无声”、“无穷”、“无限”等词,因此,“无”字在性质上已经接近于前缀,赵元任称之为“新兴词缀”;其次,“‘无’字在现代国语里只算是古代语的残留”①。由于“无”的书面语色彩比较浓,导致它在现代汉语中使用频率不高,在表否定时人们多喜用典型的否定词“没”或“不”。

第二,“有”比“无”更具有认知上的显著性。从人们的认知心理来看,多是喜“有”而厌“无”,原因是:作为一对相对的范畴,“有”多具有存在、拥有、生命等美好的象征意义,而“无”则有消失、失去、死亡等不太好的联想意义,因此,“有”具有肯定意味,而“无”具有否定意味,从显著性上来看,“认知上的肯定项是指对人的感

① 王力:《王力文集·中国语法理论》(第1卷),山东教育出版社1984年版,第167页。

知而言具有某些显著的(salient)特征、因此更能引起人的注意的那一项,否定项则缺乏相应的显著特征"①。

(三)两个格式的比较分析

在此,我们重点对"有……有……"和"无……无……"两个格式进行比较分析。

1. 嵌入部分的比较分析

第一,"有"、"无"作为动词,它们具有动词所具有的一般特点,即其后可带名词为其宾语。从语义上看,嵌入两个构式的主要有饮食类名词、亲属类名词、财势类名词、才德类名词和凭据类名词等。如:

有衣有食、有鱼有肉、有酒有饭、有滋有味;
无吃无喝、无衣无食、无酒无肉、无滋无味。
有儿有女、有妻有子、有子有孙、有父有母;
无儿无女、无亲无故、无朋无友、无父无母。
有家有产、有钱有物、有权有势、有职有权;
无家无业、无财无色、无权无势、无官无职。
有胆有识、有才有德、有情有趣、有谋有略;
无才无德、无胆无识、无情无义、无德无行。
有根有据、有证有信、有理有据、有凭有证;
无根无据、无凭无据、无根无凭、无根无由。

此外,"有……有……"还能和人体名词组合,如"有血有肉、有筋有骨、有眉有眼、有首有尾"等;与"无……无……"组合的人体名词较少。

在以上名词中,财势类名词、才德类名词、凭据类名词等多属抽象名词,也就是说,嵌入两个构式中的抽象名词占的比重是比较

① 沈家煊:《不对称和标记论》,江西教育出版社 1999 年版,第 180 页。

大的。抽象名词“所指不是人或事物等可视可触的东西，而是看不见摸不着的概念，是人们对客观世界认识的过程或结果在人们头脑中的反映”①。王珏根据语义把抽象名词分为知识类名词、度量类名词、消息类名词、策略类名词、疾病类名词、情感态度类名词、程度类名词。以上名词中的最后两类——情感态度类名词和程度类名词中的许多并列式复合词可拆开嵌入这两个格式中，如：知识、思想、疾病、仇恨、恩怨、头脑、胆量、胆略、才貌、分寸、情调、情趣、情义、秩序、条理、层次、规则、章法、效益、职权、财权、权利。如：

①姻缘天订，如若有缘有分，自会聚在一起，不必强求，更不必委屈自己的尊严！（梁凤仪《豪门惊梦》）

②这些课文有情有趣，不像他们在小学校读的那些课文，死板枯燥。（流沙河《给女儿编课本》）

③这是我的优势，因此我比你们这些有官有职的人都自在。（蒋子龙《赤橙黄绿青蓝紫》）

④这时候他不象个受过良好教育的上流社会的人物，却象个无知无识、冥顽不灵的下流粗人。（欧阳山《苦斗》）

⑤县城下来的郑秋萍姑娘，父母都是无权无势的小人物——一个是扫大街的，另一个是摆菜摊的。（李海音《青色幽默》）

⑥无凭无据，人民政府能把徐义德抓起来吗？坦白倒反而有了证据。（周而复《上海的早晨》）

以上例子中，四字格的嵌入部分“缘分、情趣、官职、知识、权势、证据”都是双音节名词，把它们拆开分别嵌入“有……有……”和“无……无……”两个构式之中而生成的四字格——“有缘有

① 王珏：《现代汉语名词研究》，华东师范大学出版社2001年版，第140页。

分”、“有情有趣”、“有官有职”、“无知无识”、“无权无势”、“无凭无据”，表义更为丰富，主观性更强。

当然，有些具象名词也是可以嵌入两个格式的，但嵌入后这些名词的意义多发生引申性变化，概括性更强。如：

①如果你的爸爸不答应，那么，你脱离家庭好了，我们有手有脚，是饿不死的！（岑凯伦《合家欢》）

②“你错了宋建平！人家既不苍老更不平庸！人家风度翩翩有车有房，人家儿子上的是重点小学，钢琴考到了九级去德国参加过交流！”（王海鸽《中国式离婚》）

孤立地看，例①中的“手”、“脚”是具象名词，但当它们嵌入格式生成“有手有脚”后，“手”、“脚”不再实指，由于它们是人体最重要的劳动器官，在这里引申指“有劳动能力”这一抽象义。因此，“手”、“脚”前是不能用数量短语来计数的，即不能说成“我们有一双手有一对脚”。例②中的“有车有房”属典型示例，除了拥有“车”、“房”外，我们还能类推联想到“有钱有权”等，在此基础上，可归纳概括出“有较强的经济实力”这一抽象义。因此，在“车”和“房”前也不能用数量短语来修饰，不能说成“人家风度翩翩有一辆车有一套房”。

第二，两个格式都可嵌入动词，不过嵌入“有……有……”格式的动词数量较多，主要有两大类：一类是具有类义关系的动词，主要是表示人的具体动作行为的动词，以吃喝类动词和言说类动词居多；另一类是具有反义关系的动词。如：

有吃有睡、有吃有喝、有吃有玩、有哭有叫、有说有笑、有呼有应、有讲有说、有商有量；有聚有散、有奖有罚、有进有退、有开有落、有爱有憎、有分有合、有赔有赚、有失有得，有伸有缩、有买有卖、有来有去、有求有应、有问有答、有升有跌、有露有藏、有聚有离，有开有合、有借有还、有进有出、有增有减、有扬有弃、有立有废、有起有伏、有涨有落。

由于受到“无”书面语性质的影响,嵌入“无……无……”格式的动词相对要少,二者呈现出不对称特点。如:

①回来的路上,总理还是牵着我走,有说有笑,一直拉着我的手,走进了我的家门。(周桂、周勇《一幅珍贵的照片》)

②海峡咫尺,殷殷相望,总要有来有往,不能“老死不相往来”。(《人民日报》1995 年 1 月 31 日)

③在中国睡觉才是真正的睡觉,中国人得睡中国觉——那无牵无挂的、放松的、做了噩梦醒过来有亲人守在床边的觉啊。(铁凝《大浴女》)

④那些拔草的女人还在无顾无忌地随心唱着。她听着他解释的歌词,脸上微微地发烧了。(张承志《北方的河》)

例①中的“有说有笑”,嵌入部分“说”、“笑”都是由嘴部发出的动作,两个动作具有伴随性,渲染出一种亲密和谐的氛围;例②中,“有来有往”是并列短语,表示“你来我往,我往你来”,具有互文性,描绘性突出;例③中,“无牵无挂”,嵌入部分是双音节动词“牵挂”的分解形式,“牵”与“挂”意义相近,构成的四字格有强调意味;例④中,“无顾无忌”嵌入部分是动词“顾忌”的分解形式,此句中似可换成“无顾忌”,但四字格形式主观性更强,更能表达出“没有任何顾忌,随心所欲”的意思。

第三,就形容词来说,嵌入“有……有……”格式的形容词很多,这些形容词意义多相对或相反。张国宪从语义的角度把性质形容词分为饰物形容词和饰行形容词[①],这两类形容词只要能够构成反义关系,皆可嵌入此构式中。如:

---

① 张国宪:《现代汉语形容词功能与认知研究》,商务印书馆 2006 年版,第 22 页。

有大有小、有高有低、有长有短、有方有圆、有平有扁（表空间）

有轻有重、有远有近、有深有浅、有紧有松、有厚有薄（表度量）

有新有旧、有生有熟、有软有硬、有冷有热、有刚有柔（表属性）

有好有坏、有美有丑、有穷有富、有贵有贱、有利有弊（表评价）

而嵌入“无……无……”格式的形容词较少。举例如下：

①作者定睛细瞧，有男有女，有老有少，富的贫的，各色人都全。（钱钟书《灵感》）

②身后插着旗伞的兔儿爷——有大有小，都一样的漂亮工细，有的骑着老虎，有的坐着莲花……（老舍《四世同堂》）

③常香玉的唱腔热情奔放，充满激情，有刚有柔，挥洒自如。（《中国儿童百科全书》）

④闰土的心里有无穷无尽的稀奇的事，都是我往常的朋友所不知道的。（鲁迅《故乡》）

例①中的“有男有女，有老有少”，嵌入部分“男、女”和“老、少”皆为形容词，嵌入构式后，形容词发生了名物化，本是表示性质的形容词代指有此类性质的人——“男的、女的”和“老的、少的”；例②中的“有大有小”，嵌入部分“大”和“小”是一对极性反义词，“有大有小”表示“既有大的也有小的”；例③中的“有刚有柔”，表示“刚强的和柔和的相互调和，和谐统一”；例④中“无穷无尽”，嵌入部分“穷、尽”是形容词，四字格表示“没有尽头、没有限度”。

实际上，有一些形容词还是能与“无”组合的，不过这与我们所说的“无……无……”格式无涉，对此要注意区分。例如：

十年探索使这个爱国志士醒悟，像他这样的知识分子，只能寄希望于“开发民智”，使世间“无良无贱”，“无智无愚”，“无长无少”，“无城无乡”都能受教育，才能把这东方“睡狮”警醒。（陈原《中国知识界的骄傲——读〈张元济年谱〉》）

“无良无贱”、“无智无愚”、“无长无少”这三个四字格从形式上看，好像都是由“无……无……”格式嵌入相反的形容词构成的，实则不然，因为其中的“无”不再是动词“没有”的意思，而是连词“不论”的意思。

通过对嵌入部分的分析，亦可证明，虽然嵌入两个格式中的名词相对均衡，但由于嵌入“有……有……”格式的动词和形容词比嵌入“无……无……”格式的要多，因此，前者构造四字格的能力强于后者。

2. 构式义的比较分析

第一，它们都有“表示强调”的构式义，不过强调的内容是各不相同的，这受到格式中固定部分意义的制约。当意义相同或相近的两个词嵌入“有……有……”格式，是强调突出某人具有某一突出特点或某物具有某一突出性状；而“无……无……”格式的构式义比较单纯，当两个意义相同或相近的词嵌入其中，强调“没有”。如：

①大姐进来献茶，然后似乎说了点什么，又似乎没说什么，就那么有规有矩地找到最合适的地方，垂手侍立。（老舍《正红旗下》）

②唐四爷有个有模有样的女儿要卖，她的名字天天见报，和第一流名角一起登台表演，一定卖得上大价钱。（老舍《鼓书艺人》）

③他一直像一个旁观者那样看着、跟着，好像一块无棱无角的石头，随着泥沙流淌，从不想自己选择一个停留的地方。（戴厚英《人啊人》）

④1991 年，杨绛八十大寿，我请夏公（衍）题词，他老人家

欣然命笔:“无官无位,活得自在;有才有识,独铸伟词。”(舒展《夏公捧杨绛》)

例①中的“有规有矩”就是“很懂规矩”的意思,比“有规矩”这一三字格形式强调意味更浓;例②中的“有模有样”,就是“长相很漂亮”的意思;例③中的“无棱无角”,就是“没有个性”的意思;例④中的“无官无位”与“有才有识”前后对比,语言简练,表义鲜明,突出了人物的主要特点和品格。

可以把“有……有……”格式生成的四字格转换为“很+有+……”的形式,把“无……无……”格式生成的四字格转换为“很+没有+……”的形式。如:

有头有脑—很有智慧　无头无脑—很没有智慧

有条有理—很有条理　无条无理—很没有条理

有姿有色—很有姿色　无姿无色—很没有姿色

把“有……有……”和“无……无……”两个构式与三字格的“有+……”和“无+……”进行比较,三字格形式有一定的程度义,但四字格形式程度义更深一层。如:

有手脚—有手有脚　有模样—有模有样

无棱角—无棱无角　无凭据—无凭无据

三字格形式都是动宾结构,本身具有一定的程度义,如“有模样”指“长得比较好看、漂亮”。例句:“尽管那时有工作、有模样的她,是许多小伙子追逐的目标,可她偏偏选中了小贺……”而四字格形式都是并列结构,前后项在语义上相互映衬、相互补足,程度义更加深一层,可以嵌入“很+＿”这一框架。“有模有样”等同于“长得很好看、很漂亮”。四字格在形式上比三字格复杂,在概念上自然也复杂一些,这符合认知语言学的复杂性象似原则。

第二,相较于“无……无……”格式,“有……有……”格式的构式义相对复杂。它还可表示“既有这个又有那个,两方面兼而有之”的意思，这里要求嵌入的动词或形容词具有相对或相反的关系。如：

①干保险这一行，总是有进有出，有收款也常常赔款。（《读者》）

②几代同堂又是个大家族。有分有合，有聚有散。（邓友梅《步入中庭》）

③没想到这么早竟来了这么多的人，放眼望去，黑压压一片，唧唧喳喳一片，有男有女，有老有少，有高有矮，有胖有瘦，有白有黑，有丑有俊。（卞庆奎《中国北漂艺人生存实录》）

例①中的“有进有出”，就是“既有进又有出”的意思；例②中的“有分有合，有聚有散”就是“既有分又有合，既有聚又有散”的意思；例③中的“有男有女，有老有少”等是作为背景出现的，用来描绘早来的人不但“多”，而且形形色色，含有较强的主观性。实际上，“有男女，有老少”这样的组合也是合格的，但三字格的形式不如四字格形式强调意味足。例句：“人，有男女，有老少，有劳作分工，但没有姓名，扮演着没有性格没有发展的角色。”此句中“有男女，有老少”是对“人”从性别、年龄的角度进行具体陈述，主观性不明显。

就整体而言，“有……有……”格式生成的四字格多出现在肯定性语境和评价性语境中，表示说话人对人物、事物的主观评价。这种评价多是从积极的“高”、“大”、“多”、“强”、“美”等方面展开，带有鲜明的褒义感情色彩，一般都是赞扬、夸奖某种情状或事物达到的程度，如“有板有眼”、“有胆有识”、“有凭有据”、“有头有尾”、“有血有肉”、“有枝有叶”等。而“无……无……”格式生成的四字格多具有贬义色彩，如“无权无钱”、“无法无天”、“无依无靠”、“无情无义”等。

以上论述没有涉及“有……无……”格式，在此略作补充说明。

"有……无……"格式有两个构式义：

第一，"表示只有前者而没有后者"，嵌入的多是意义相类或相反的名词。如：

①昨天我同你说，你们有勇无谋，哪能作战？（周而复《上海的早晨》）

②"你曾经信誓旦旦，要为我们一代人写'心灵史'，为什么有头无尾，放一炮跑了？"（冯骥才《一百个人的十年》）

例①中的"有勇无谋"是只有胆量而没有计谋，比喻做事或打仗只是猛冲猛干，缺乏计划和策略；例②中的"有头无尾"是只有开始而没有收尾，指事情没做完就撂下了。

第二，"有……无……"格式同前两个格式的相同点是，这一格式也有表"强调"的构式义，它强调的是"有前者没有后者"，嵌入的多是意义相反的动词。如：

①尽管灾荒如此严重，但官府征派，有加无已。（姚雪垠《李自成》）

②将近7年时间，我在创作上的收获有增无减。（刘绍棠《笔耕农》）

例①中的"有加无已"是指只有增加没有停止，形容情况恶化得越来越厉害；例②中的"有增无减"指事物的量或程度只是增长而没有减少。这两个四字格都是肯定前一项否定后一项，有突出强调之义。

第三节　形容词待嵌格式

在形容词待嵌格式中，空间维度形容词待嵌格式（即由"大、小、长、短"等空间维度形容词构成的待嵌格式）较为典型，本节对其加以具体探讨。其他一些形容词待嵌格式属于非典型格式，它们的能产性相对来说要弱一些。我们通过语料库现代汉语部分统计了由它们生成的四字格的数量,详见下表。

待嵌格式	四字格的数量	示　例
粗……大……	17	粗心大意、粗枝大叶、粗声大气、粗眉大眼
红……绿……	40	红花绿叶、红男绿女、红墙绿瓦、红衣绿裳
……红……绿	46	灯红酒绿、披红挂绿、偎红倚绿、飞红泻绿
精……细……	55	精雕细刻、精打细算、精耕细作、精筛细选
旧……重……	37	旧调重谈、旧地重游、旧话重提、旧梦重温
明……暗……	71	明争暗斗、明抢暗夺、明察暗访、明松暗紧
奇……异……	70	奇观异景、奇珍异味、奇形异状、奇思异想

下面,我们就对空间维度形容词待嵌格式进行深入分析和探讨。

一、概述

空间维度形容词是当代语言学研究的热点之一,它是对具有一定形状的事物的特定部分或部位所占据的空间的量进行说明的词,现代汉语中的空间维度形容词主要指的是"大"、"小"、"高"、"低"、"长"、"短"、"厚"、"薄"、"宽"、"窄"、"深"、"浅"等。到目前为止,已有不少学者对空间维度形容词展开研究,主要探讨了它们的隐喻机制、语义特点及对称和不对称现象等,如吕叔湘、王希杰、项开喜、袁毓林、吴长安、闻政华等。此外,研究"大+NP",尤其是研究"大+时间词"的不少,代表性的有宋玉柱、沈阳等的研究成果。

具有相对关系的空间维度形容词可以对举构成"大……大……"、"大……小……"、"小……小……"、"……长……短"、"……高……低"等待嵌格式。张卫国的《现代汉语实用语型》及姜德梧的《汉语四字格词典》对前三个格式同时加以收释,而未收其他格式,《现代汉语词典》和《应用汉语词典》只收了“大……大……”这一个格式。到目前为止,专门对空间维度形容词待嵌格式进行研究的文章较少。

二、空间维度形容词待嵌格式比较分析

(一)空间维度形容词待嵌格式构词能力的不均衡性及成因

通过考察语料库现代汉语部分,我们得到“大……大……”构成的四字格有397个,由“大……小……”构成的四字格有146个,由“小……小……”构成的四字格有127个,由“……长……短”构成的四字格有90个,由“……高……低”构成的四字格有60个,由“厚……薄……”构成的四字格数量最少,只有11个。从以上数字可以看出,由“大”、“小”构成的“大……大……”、“大……小……”和“小……小……”这三个待嵌格式的能产性要强于其他空间维度形容词构成的格式。也就是说,这些格式构造四字格的能力是不均衡性的。对此,我们试从两个角度来加以说明和解释。

1.“大”、“小”类待嵌格式强于“长”、“短”、“高”、“低”类待嵌格式的原因

与其他空间维度词相比,“大”、“小”具有认知上的突显性。在空间维度词范畴中,“大”、“小”、“长”、“短”、“高”、“低”、“厚”、“薄”具有一些共同的特征,但它们在等级上存在着差异。其中,“大”、“小”是这个范畴中的典型成员,其特征最为鲜明,显得非常突出和醒目,而其他的词属于非典型成员。

第一,“大”、“小”只表示单纯的极性对立,不表示维度对立,其复杂程度小于其他维度的词。袁毓林认为:“从表面上看,‘大、小’类形容词跟‘高、矮……’类形容词一样,都是两项对立。事实上,由于这两类形容词的语义结构不同,因而其对立项的数目也不相同。‘大、小’类形容词表示单纯的极性对立(polar opposition),只

有两个对立项；‘高、矮……’类形容词除了表示极性对立之外，还包含维度对立（dimensional opposition），因此有多个对立项。可以列表表示如下：

极性 维度	大	小
向上高度	高	矮/低
向下/里长度	深	浅
两点间距离	长	短
横向距离	宽	窄
体质强度	强/壮	弱
脂肪数量	胖/肥	瘦
年龄数量	老	少
横剖面积	粗	细

从上表可以看出，当我们说某人‘高’时，除了有跟‘矮’构成的极性对立之外，还有跟‘胖、瘦、壮、老、少……’等构成的维度对立；说某条路‘长’时，除了有跟‘短’构成的极性对立之外，还有跟‘宽、窄、直、弯、平、陡……’等构成的维度对立。”①从“大”、“小”与其他空间维度词语义结构对立项数的不同，我们能更清楚地看到“大”、“小”与物体维度之间关系的性质：“大”、“小”尽量忽略物体形状的维度突显，而其他形容词则着重说明物体形状的维度突显。

第二，“大”、“小”可以涉及任何的维度空间，因此，其便取度是最高的。“空间维度形容词都是对事物一个或一个以上维度的物理延伸程度的描述，各个空间维度词的词义复杂性存在着差异。空间维度词的词义复杂性首先表现在指称维度时受到的限制程度

① 袁毓林：《定语顺序的认知解释及其理论蕴涵》，《中国社会科学》1999年第2期。

的大小上。"[1]在几个空间维度形容词中,"大"、"小"的便取度是最高的,可以涉及任何的维度空间,它们对三个类型的维度突显的事物都能够比较自由地加以说明。一维突显如"大笔—小笔"、"大河—小河"等,二维突显如"大床—小床"、"大桌—小桌"等,三维突显如"大球—小球"、"大楼—小楼"等。因此说,"大"、"小"能够指称任何一个维度或全部三个维度的物理延伸度,限制最小,因而是最简单的一对空间维度形容词。而"大"、"小"以外的其他词都只能对某一特定维度加以描述,受到不同程度的限制,词义较复杂。如"长"、"短"描述的是一条线两端之间的距离,必须在观念上把物体看成一条线,才能使用"长"和"短";而"高"、"低"只能描述垂直方向的上下距离。

在"大"、"小"构成的待嵌格式中,固定部分"大"、"小"作定语时不仅能修饰一些具象事物,如"大手大脚"、"小手小脚"等,还能修饰一些抽象概念,如"大才大德"、"大哲大思"、"大局大势"、"小仁小义"等。其原因在于:抽象事物在人们的心理中是没有形状的,因此,同其他空间维度词相比,"大"、"小"在说明抽象概念时,具有最大的自由性。同时,"大"、"小"在作状语时不仅能修饰动作幅度或强度较大或较小的动词,如"大批大斗"、"大删大砍"、"小搭小建"、"小修小补"等,还能修饰一些形容词,如"大顺大利"、"大吉大利"、"大兴大旺"、"小仇小恨"、"小奸小诈"等。在以上由"大"、"小"构成的四字格中,"大"、"小"的意义发生了虚化,二者对举多表达"规模大/小,程度深/浅"的意义,意义的虚化使其组合能力大大增强。

在"……长……短"格式中,"长"、"短"的意义还较为实在,引

---

① 转引自胡德明:《儿童空间维度形容词发展顺序的理论解释》,《世界汉语教学》2003 年第 3 期。

申指“长处”、“短处”之义，如“评长论短”、“讨长讨短”、“扬长促短”、“弃长扬短”等；在“厚……薄……”中，“厚”和“薄”在格式中的意义也比较实在，形容词作动词用，主要表达“看重”、“轻视”之义，如“厚主薄次”、“厚今薄古”、“厚养薄葬”、“厚死薄生”等。

第三，在几组空间维度形容词中，“大”、“小”产生的时间最早，是汉语中的基本词汇，为儿童最早习得。“大”、“小”、“多”、“少”、“新”、“旧”、“高”等性质形容词可见于甲骨文中，可见产生的时间比较早，为人们所普遍使用。而从语言习得的角度来看，相关研究表明：“中国儿童形容词获得的顺序是：大小类→高矮类、长短类→粗细类→高低类→厚薄类、宽窄类。”[1]我们知道，儿童的心智发展是一个不断深化的过程，而词语的获得是心智发展的表征之一，它们都遵循由易到难的发展顺序。通过这一点亦可证明，在几个词中，“大”、“小”具有最高便取度。

2. “大……大……”强于“小……小……”的原因及认知解释

尽管由“大”、“小”构成的待嵌格式要比其他空间维度词构成的格式能产性强，但细致比较我们发现，“大……大……”格式的能产性是最强的，除了以上的统计数字可资证明外，《现代汉语频率词典》在“使用度最高的前 8000 个词词表”中只收了“大……大……”格式（其位次是 8349 位），而未收“小……小……”格式，《现代汉语词典》亦如此。其实，关于“大”与“小”的对称和不对称现象，前人早有论述，如朱德熙、吕叔湘、王希杰、沈家煊、周静等多是从“大”、“小”所修饰的单音节词出发来探讨这一现象；而从“大”、“小”构成的待嵌格式这一视角来考察，同样能有力地证明这一点。

---

① 张国宪：《现代汉语形容词功能与认知研究》，商务印书馆 2006 年版，第 33 页。

(1)有“大”有“小”。如：

大手大脚—小手小脚　大模大样—小模小样　大波大澜—小波小澜　大声大气—小声小气　大是大非—小是小非　大改大革—小改小革　大吃大喝—小吃小喝　大奸大诈—小奸小诈

(2)有“大”无“小”。如：

大智大慧—＊小智小慧　大鱼大肉—＊小鱼小肉　大俗大雅—＊小俗小雅　大时大节—＊小时小节　大吞大嚼—＊小吞小嚼　大彻大悟—＊小彻小悟　大红大绿—＊小红小绿　大海大洋—＊小海小洋

(3)有“小”无“大”。如：

小夫小妻—＊大夫大妻　小零小碎—＊大零大碎　小饮小酌—＊大饮大酌　小偷小摸—＊大偷大摸　小情小调—＊大情大调　小尺小寸—＊大尺大寸　小兵小卒—＊大兵大卒　小家小器—＊大家大器

上面的“＊”表示没有。第一种情形——“有‘大’有‘小’”类显示出二者具有对称性，第二、三种情形“有‘大’无‘小’”类和“有‘小’无‘大’”类显示出二者的不对称特点，其中“有‘大’无‘小’”类所占比例较大。对此，我们从以下几个方面作出解释。

第一，“大”的东西总是比“小”的东西更具有视觉上的突显性，因此，更容易引起人们的注意。“人类对物理世界里的实体及物质的经验是一种非常基本的经验，我们可据以理解那些较抽象的经验，如事件、行为、感觉、观念等，将它们视为离散的、有形的实体，以便对之进行推理。”[①]有形的实体具有一定的空间量，可以用“大”

① 张敏：《认知语言学与汉语名词短语》，中国社会科学出版社 1998 年版，第 100 页。

来进行描述;对于抽象的概念,人们既然把它们看成“离散的、有形的实体”,那么它们也将占据一定的“空间量”,当这个“空间量”达到一定的程度或超过一定的范围时,也可以用“大”来进行描述。

第二,根据标记理论(Markedness Theory)①,“大”是无标记词,“小”是有标记词。沈家煊在《不对称和标记论》一书中提出了判断有无标记的六条标准,即组合标准、聚合标准、分布标准、频率标准、意义标准、历时标准,并特别强调:“对于象汉语这样缺乏形态的语言,分布标准和频率标准就显得格外重要。”②“大”不仅语义成分更为简单,而且多含有一种肯定意义,所以人们在心理上表现出对“大”的偏爱,这种心理倾向造成“大”比“小”出现的句法环境更多,使用频率更高。《现代汉语频率词典》可以证明这一点,在该词典中,“大”的构词数量是296个,而“小”的构词数量是162个。

第三,汉民族思维中的“尚大”心理,使得“大”比“小”更具有一种文化上的突显性。“先秦思想界,曾存在一种尚大思维。它首先惊异于时间上无始终、空间上无边际的自然之伟力,进而对一切具有终极价值之物都发生兴趣,由天道、自然逐渐波及到人事、社会、思想、审美等其他方面,最终形成一种价值判断依据。大的,就是美的,就是好的,就是事物的精华。”③刘畅之文细致地探讨了“大”的文化含义,如“大”突显的是人的主体精神,“大”有其深刻的哲学意蕴(因为“大”即“道”)等。从审美的角度来看,自古以来,中国地大物博,辽阔的疆域、宏大的自然景观使我们有着相应的审美情趣,“美”即“甘也。从羊从大”。因此,我们有以“大”为

① 标记理论是用来描写语言中不对称现象的,它最先由布拉格学派创立。“有标记”和“无标记”原是语音学上的概念,后引用来描写语法和语义现象。

② 沈家煊:《不对称和标记论》,江西教育出版社1999年版,第34页。

③ 刘畅:《先秦“尚大”思维论》,《社会科学辑刊》2003年第5期。

美的审美心理，这种“尚大”的思想自古绵延至今而不绝，表现在词汇上，古有“大慈大悲”、“大妻大妾”、“大差大使”、“大俸大禄”等，今又出现“大鸣大放”、“大是大非”等。

(二)两个格式的比较分析

在此，我们重点对“大……大……”和“小……小……”两个格式进行比较分析。

1. 嵌入部分的比较分析

一般认为，“大”、“小”作为性质形容词，最主要的语法功能是作定语修饰名词。张国宪认为：“现代汉语的语言事实表明……‘性质’在定语位、‘状态’在状语/谓语位、‘变化’在谓语/补语位都是一种最佳匹配。”[①]而在待嵌格式这一特定语境中，“大”、“小”既可作定语修饰名词，也可作状语修饰动词或形容词。在“大……大……”、“小……小……”两个待嵌格式中，都可嵌入名词、动词和形容词，但从嵌入部分的语义上来考察，二者之间相同之点不多，而相异之处不少。

第一，嵌入名词的语义特点。一般来说，人体名词（手、脚、模样）都可嵌入两个格式，而“鱼肉”类名词（鱼、肉、酒、荤）、“苦难”类名词（苦难、惊险）、自然现象名词（海、洋、江、河、风、雨、波澜）以及一些抽象的道德、智力名词（仁、善、忠、贤德、智慧、韬略、圣贤、德才、功德、才德）等皆可嵌入“大……大……”格式，而极少能嵌入“小……小……”格式。如：

①本来没有钱，这时突然大手大脚地挥霍起来，——怎么会不是他呢？（陀斯妥耶夫斯基《罪与罚》）

②请大家相信，中国在处理对外经济合作的一些细节问

① 张国宪：《现代汉语形容词功能与认知研究》，商务印书馆2006年版，第13页。

题上,不是小手小脚的。(《邓小平文选》)

③周家这边大叫大嚷,热闹不拘,吃的都是大盘大碗,大鱼大肉。(欧阳山《三家巷》)

④腥风血雨,大江大河都闯过来了,真的没想到会在这样的一个壕沟里翻了船。(张平《十面埋伏》)

⑤毋庸置疑,"中华民族是个具有大智大慧的民族",祖先们创造的辉煌历史文化已经证明了这一点。(纪坡民《请学ABC》,《读书》1995 年第 5 期)

有"大手大脚"亦有"小手小脚",但是有"大鱼大肉"而无"小鱼小肉",有"大江大河"而无"小江小河",有"大智大慧"而无"小智小慧"等,从总体而言,两个格式就嵌入名词来说,基本上是不对称的。

第二,嵌入动词的语义特点。一般来说,具有下列语义特点的动词可嵌入"大……大……"格式:表示发声的动词,并具有"声音大、程度深"的语义特点,如"笑"、"哭"、"叫"、"骂"、"喊"、"吼"、"呼"、"嚎"、"说"、"话"等;表示吃喝的动词,并具有"动作幅度大"的语义特点,如"吞"、"嚼"、"咬"、"吃"、"喝"、"啃"、"吐"等;由手部、腿部或身体发出的动作,并具有"动作幅度大"的语义特点,如"撕"、"掰"、"跳"、"蹦"、"跑"、"俯"、"仰"等;与生产、建设有关的动词,如"排"、"灌"、"拆"、"建"、"改革"、"引"、"联"、"种"、"养"、"铲"、"挖"、"砍"、"伐"等;与思想、意识有关的动词,如"悟"、"知觉"、"明白"、"觉醒"、"觉悟"等。举例如下:

①她冲着他们大喊大叫,梅吉是个说话从来不提高嗓门的人呀。(考琳·麦卡洛《荆棘鸟》)

②一群白鹅和灰鹅在道旁水濠边呆着,看见他们来,伸着脖子嘎嘎地叫嚷,大摇大摆的,并不惊走。(周立波《暴风骤雨》)

③要让新官上任不乱“烧火”，完善考核机制同样重要。不能把大拆大建、大改大革视为干部敢作为、有魄力，把好大喜功、大兴土木视为干部有追求、有政绩，而把萧规曹随、衣钵相承视为墨守成规、因循守旧。（《新官上任切忌烧“虚火”》，《新华日报》2008 年 2 月 28 日）

④……我对人生才算真正的大彻大悟，此生此世不再可能崇拜谁了，因为我经过崇拜的毁灭和毁灭的崇拜。（冯骥才《一百个人的十年》）

能够嵌入“小……小……”格式的只有两类动词，一类是动作幅度较小的“吃喝”类动词，如“饮”、“酌”、“呷”等，因为“人的生理活动，只有程度较深时，感觉上才明显，由感觉上的明显投射到语言上是特征的突显，生理动词的大多数可以受‘大’的修饰，而只有少数表示程度上极浅的动词能够受‘小’修饰”[①]。另一类是一小部分与生产、建设有关的动词，如“改革”、“搞”、“弄”、“敲打”等。举例如下：

①文人、编辑之小饮小酌，所重者应在“后饮酌”，而不在饮酌自身。（编辑室日志《后饮酌·后学术·后刊物》，《读书》1994 年第 4 期）

②全日制专业学位研究生增加，对研究生教育提出了新的要求，在原先的教学计划上小改小革，比如增开几门课程之类显然不行。（姜澎《研究生培养启动结构调整·培养应用型人才，大学准备好了吗》，《文汇报》2009 年 10 月 16 日）

第三，嵌入形容词的语义特点。能够嵌入“大……大……”格式的形容词主要有：表颜色的形容词，如“红”、“绿”、“青”等；表心

① 孙宝民：《“大/小＋动词”不对称性考察》，《株洲师范高等专科学校学报》2006 年第 4 期。

理的形容词，如“惊”、“悲”、“苦”、“喜”、“忧”、“悲哀”、“悲痛”等；表道德、品性的抽象形容词，如“福”、“贵”、“义”、“勇”、“慈悲”、“吉利”、“奸雄”、“睿智”等。举例如下：

①小鹅儿这会儿已经大红大紫，连电台电视台的都对她进行过专访。（徐坤《热狗》）

②他以慧眼看人世，自己并历经劫难，承担了大悲大痛，处之泰然，拈花微笑。（曾卓《文学长短录》）

③他相当的诚实，而缺乏大智大勇的人的超越与勇敢。（老舍《四世同堂》）

④自己是清白的，除了为虚度光阴、老大无成而嗟叹，并无心惊肉跳、大奸大恶之事。（王朔《枉然不供》）

在以上形容词中，只有一小部分表心理的形容词可嵌入“小……小……”格式，如“小悲小怨”、“小仇小恨”、“小奸小诈”等，数量不多。从整体上看，多是有“大”无“小”，有“大红大绿”而无“小红小绿”、有“大智大勇”而无“小智小勇”、有“大吉大利”而无“小吉小利”等。就嵌入形容词而言，基本上也是不对称的。

从语义上来看，我们发现在嵌入“大……大……”格式的词中，“吃喝”类词和“道德”类词所占比例比较大。其原因可能在于：一是自古以来，汉民族就非常重视饮食文化，《史记》中有“王者以民人为天，而民人以食为天”的说法；同时，由于生产力水平低下，人们常常处于食不果腹的状态，满足口腹之欲是古人最基本的生理需要，因此“有人称中国传统文化中有一种‘口腔化’倾向，有‘吃文化’的特点”[①]。有“大鱼大肉”、“大荤大素”能够让人“大吃大喝”、“大嚼大咽”一顿，就成了一种极大的享受。二是中国文化是以“求

① 赵永新：《反映人体器官的词语及其文化因素》，《语言文字应用》1993 年第 2 期。

善”为目标的“伦理型”文化，我们极为重视对人进行道德评价，“大圣大贤”、“大仁大义”者是我们尊崇的偶像，“大奸大恶”、“大奸大诈”者是我们唾弃的对象。而“大”就具有这样的功能，“既表示物理时空意义上的无限，又表现伦理道德的完善，也体现着人格境界的完美”①。

2. 格式的构式义

就整体而言，两个格式都有表程度的构式义。“大……大……”格式表“规模大、程度深”的意义，“小……小……”表示“规模小、程度浅”的意义，这两个格式都具有强调意味。这一构式义的形成与固定部分“大”和“小”的意义变化密切相关，《现代汉语词典》（第6版）对“大”和“小”的解释如下：

> 大：在体积、面积、数量、力量、强度等方面超过一般或超过所比较的对象。
>
> 小：在体积、面积、数量、力量、强度等方面不及一般或不及所比较的对象。

“汉语的‘大’字是个象形字，是上古先民取象‘人’形而造出来的。‘大’字的甲骨文和金文的字型均像一个男人正面站立、伸臂叉腿，两臂伸展，双腿叉立，显得人是那么高大，所占的空间亦大。”②因此，表示物体体积、面积等的情况是“大”和“小”的本义，后来这一概念被投射到抽象的概念上，表示数量、力量、强度、程度、社会地位、性质等。但在两个待嵌格式中，“大”、“小”都喻指程度，从空间域引申到程度域，认知域发生了转移，其意义发生了明显的语法化。项开喜在研究“大＋NP”时指出：这一结构形式“不

① 刘畅：《先秦“尚大”思维论》，《社会科学辑刊》2003年第5期。

② 唐琼玲：《“大”、“小”隐喻英汉对比分析》，《牡丹江师范学院学报》2007年第3期。

同于形容词'大'与名词自由组合的定中短语,'大'与后面的 NP 已经没有那种典型的修饰或限制关系。在语义上,'大'主要是突出强调事物的某一特征;在语音上,它有时读轻声。它的话语功能是标记言谈话语当中的突显性成分。与典型的形容词'大'相比,具有明显的虚化倾向"①。而在由"大……大……"和"小……小……"生成的四字格中,"大"、"小"的基本功能就在于突显嵌入部分的特点。

从英汉语比较的视角来看,用"大"、"小"的概念来喻指程度是汉语所特有的现象,英语中是没有的,英语只能用其他相应的副词或形容词来表达。如:

大吃大喝——eat and drink extravagantly 大吉大利——very lucky 大鸣大放——speak bravely 大鱼大肉——plentiful foods 大悲大痛——very very sad 大红大紫——very famous

具体来说,当两个格式中嵌入不同的成分时,其生成的四字格的意义有所不同。

首先,当格式中嵌入的成分具有[+程度性]时,"大"有突显语义的作用。其中有些词如"海"、"洋"、"喊"、"叫"、"红"、"绿"等,这些词语"本身的语义偏向于'大',只允许有[+超出]的意义(表示特别大),排斥[-超出]的意义"②,只能嵌入"大……大……"格式。如:

①有人说,它们(旅鼠)不是"投海自杀",而是"误入海而死",因为它们不知道大海大洋有多宽多大,说不定还以为也是它们刚刚渡过的小河沟呢!(《科海撷趣》,《读者》总第1

① 项开喜:《事物的突显性与标记词"大"》,《汉语学习》1998 年第 1 期。

② 俞理明:《语义标记和汉语构词的不对称现象》,《汉语学习》2006 年第 6 期。

期）

②王国炎一边挣扎，一边杀猪般地大喊大叫，满嘴的脏话不堪入耳。（张平《十面埋伏》）

③我是喜欢悲壮，更喜欢苍凉。壮烈只有力，没有美，似乎缺少人性。悲壮则如大红大绿的配色，是一种强烈的对照。（张爱玲《自己的文章》）

例①中，"大海大洋"中的"海洋"本身就含有"面积大"的意思，嵌入格式后，突显的不是它的颜色，不是它的水质，而是它的面积；例②中，"大喊大叫"中的"喊"的意思是"大声叫"，"叫"的意思是"人或动物的发音器官发出较大的声音"，这两个由嘴部发出的动作本身都含有[+嘴部]、[+大声]、[+动作]的语义特征，"大喊大叫"构成一种同义反复，有强调的作用；例③中，"大红大绿"中的"红"是"像鲜血的颜色"，"绿"是"像草和树叶茂盛时的颜色"，这两个颜色形容词都含有[+程度]、[+颜色]的语义特征。石毓智把颜色词分为非定量颜色词和定量颜色词①，前者如"红"、"黄"、"绿"、"青"、"蓝"、"白"、"黑"等，后者如"橙"、"紫"、"粉"、"灰"、"褐"、"赭"等。一般而言，非定量颜色词比较容易进入"大……大……"格式，因为它们颜色鲜艳，对比鲜明，能给我们强烈的视觉刺激，使我们很容易把它们与空间上的"大"联系起来。

其次，当嵌入的成分具有[-程度性]的语义特征时，多可以嵌入"大……大……"格式，少部分可以嵌入"小……小……"格式，所生成的四字格在语义上往往带有更强的主观性，含有强调意味。如：

①（孟小樵）唉，我谢谢你，我以为我不会再出来了，谁知道政府这么大仁大义，放了我！（老舍《方珍珠》）

②台青比较习惯，她外婆的庶母仍然健在，大时大节，都

① 石毓智：《现代汉语颜色词的用法》，《汉语学习》1990年第3期。

有机会见面。(亦舒《七姐妹》)

③李自成比刘备厉害得多,终非池中之物,大帅怎能用小恩小惠买住他的心?(姚雪垠《李自成》)

例①中的嵌入部分“仁义”本身不含程度义,这个形容词的意思是“性情和顺善良”,是个褒义词,本身带有一定的主观性,当把这个词拆开嵌入“大……大……”格式生成“大仁大义”后,含有说话者对这种品德极为赞赏的态度,具有程度性,而且主观性更为突出;例②中的“时节”本身也是不含程度义的,这名词的意思是“节令、季节”,而由其生成的四字格“大时大节”则是用来强调某些节日的重要性,表现出说话者对这些节日的重视;例③中“恩惠”是名词,意思是“给予或受到的好处”,而四字格“小恩小惠”意为“为笼络人而给予的小利”,具有贬义色彩。

以上论述未涉及“大……小……”格式,在此略作补充说明。具体来说,这一格式有两个构式义:

第一,表示动作行为是极度的、过分的,常含有说话人不以为然的态度。要求嵌入的是两个意义相近的单音节动词。如:

①邱洁如弯腰穿着鞋子,仰脸嘎怪道:“大呼小叫的,也不注意个影响……”(柳建伟《突出重围》)

②秀秀却伸过手指尖,戳着那几个盛开的大莲花,大惊小怪地叫道:“娘耶!这就是荷花呀?”(礼平《小站的黄昏》)

例①中的“大呼小叫”是“乱喊乱叫、吵吵嚷嚷”的意思,例②中的“大惊小怪”是形容对于不足为奇的事情过分惊讶。

第二,表示“各种各样的、所有”的意思,要求嵌入的是同一个或两个意义相近的单音节名词。如:

①北京是个地域广阔的城市,上千万的人口在大街小巷来来往往……(卞庆奎《中国北漂艺人生存实录》)

②工作组下来后,大凡大事小情,不管工作组的人说得怎

样狠，逼得怎样紧，只要殷道严没有点头，就决没有一个人动桩。（陈世旭《将军镇》）

例①中的“大街小巷”泛指城市的各处街巷，例②中的“大事小情”泛指所有的事情。

理解“大……小……”格式构成的四字格需采用互文的方式，如“大街小巷”，就是“大的街巷、小的街巷”，泛指所有的街巷。

第四节 数词待嵌格式

数是人类的思维发展到一定阶段、为适应生产生活的需要而产生的。它的出现，推动了人类抽象思维能力及社会活动的发展，同时也为语言增光添彩，成为语言的有机组成部分。在汉语中，数词是一个封闭的类，包括基数词和序数词。基数词表示数目的多少，可分为系数词（一、二、三、四、五、六、七、八、九）和位数词（十、百、千、万、亿）。

数词属于汉语基本词汇，从殷商时代的甲骨文来看，数词已相当完备，从一到十，数目齐全，而且有了十进位制，有“十”、“百”、“千”、“万”等，王力指出：“汉语的数词属于基本词汇之列，所以几千年来很少变化。”[①]数词还是中国文化不可分割的一部分，数词文化源远流长。“数，作为一种文化形态，不只是简单的数值符号或数学概念，它在人类文明发展的长河中是各种宇宙观、哲学观、宗教观、价值观、审美观等的反映和象征。”[②]关于数词研究的著作和文章颇丰。其中，吴慧颖的《中国数文化》、张德鑫的《数里乾坤》是数词文化研究的集大成之作。两书从哲学、宗教、心理、美学、民

---

① 王力：《汉语史稿》，中华书局 2004 年版，第 288 页。

② 张德鑫：《数里乾坤 · 自序》，北京大学出版社 1999 年版，第 11 页。

俗、文学等不同层面展示出数词丰富的文化内涵,揭示出中华民族“信三”、“尚六”、“喜八”、“崇九”等的语言和文化渊源。近年来又出现了一些研究数词的单篇文章,如常敬宇、刘芳、丁秀菊等从不同角度揭示了数词的文化蕴涵。

在我们的研究对象中,除了最大的位数词“亿”,其他的基数词都可以对举构成待嵌格式,如“一……一……”、“一……二……”、“……三……四”、“七……八……”、“百……百……”、“千……万……”等。数词构成的待嵌格式数量较多,相关的研究成果也比较多。关于数词待嵌格式的研究类别,我们在本书第一章“研究概况”部分有所涉及,在此不赘述。

综合考察,由数词构成的待嵌格式既存在一些共性特征,也有一些个体差异。我们首先对数词待嵌格式的总体特点进行描写,探讨其类别及三种不同的构式义,继而对其中的典型格式“一……一……”、“千……万……”和“七……八……”等进行具体的描写和分析。

一、数词待嵌格式的整体描写

(一)数词待嵌格式的分类

在所考察的21个数词待嵌格式中,根据数词之间的关系,可以分成三类:

第一类,由同一个数词前后对举构成的,有3个。它们是:半……半……、一……一……、百……百……。

第二类,由相邻数词前后对举构成的,有12个。它们是:一……半……、一……二……、三……两……、三……四……、……三……四、五……六……、七……八……、……七……八、百……千……、千……百……、千……万……、万……千……。

第三类,由不相邻数词前后对举构成的,有6个。它们是:一……三……、一……百……、一……千……、三……五……、三……六……、四……八……。

根据两个数词的大小来分，也可分三类：

第一类，相对小数。如：半……半……、一……半……、一……一……、一……二……、三……两……、三……四……、……三……四、一……三……、三……五……、三……六……。

第二类，相对大数。如：百……百……、百……千……、千……百……、千……万……、万……千……。

第三类，其他的。如：四……八……、五……六……、七……八……、……七……八、一……百……、一……千……。

在前者三种分类中，由相邻数词前后对举构成的待嵌格式所占比重较大，占总数的57%强。此外，在这类中，除"一……半……"、"三……两……"两个格式外，其他格式中的前后两个数词均呈一种递升关系。

在后者三种分类中，第一类格式表义多样，而且有的格式能够表示几种不同的构式义；第二类格式表义相对单一，因为固定部分都为大数时一般表"数量大、程度深"，有强调意味；第三类中的格式各有其固定的构式义。

以上数词待嵌格式还有一个倾向，就是从语序的角度来看，大多数是奇数在前，偶数在后。其原因在于：受到古代阴阳五行理论的影响，古人把十以内的数分成两大系列，奇数"一"、"三"、"五"、"七"、"九"为阳，具有为天、为刚、为夫的象征意义；而偶数"二"、"四"、"六"、"八"为阴，具有为地、为柔、为妻的象征意义。因此，以上语序是"阳尊阴卑"的观念使然。

（二）待嵌格式中数词意义的虚化

在数词待嵌格式中，数词的意义多非实指，而是发生了虚化，关于这一点，前人早有论述。如黄岳洲从成语的角度指出："成语中的数词或数词词素，很多是表示抽象义的。研究这些抽象义，可以加深对成语的含义和结构的理解，因而对阅读和写作很有用处。”①张清常则强调：“中国人使用数字，一时有一时的风气，这样就使数词的虚义远远超过实义……汉语的数词是非常活泼富于诗意的，并不仅仅是科学严肃准确的。”②我们借鉴并改造了张清常在《汉语的15个数词》一文中所列的表格，以此较为系统地说明21个数词待嵌格式中数词意义的虚化现象。

编号	数词		实义	虚义	例证
1	半	半		表示相对的两种性质或状态同时存在	半吞半吐、半推半就 半新半旧、半生半熟
2	一	半		时间少	一年半载
3	一	半		不全面，少许	一知半解、一鳞半爪 一男半女、一星半点
4	一	一	一个又一个	配合	一唱一和、一问一答
5	一	一		每一……无不是……	一字一珠、一步一鬼
6	一	一		极其短少	一朝一夕、一丝一毫
7	一	一		强调同一专一	一模一样、一心一意
8	一	一		强调清楚认真	一字一板、一板一眼
9	一	二		强调状态与动作	一清二白、一清二楚 一来二去、一差二错
10	一	三		复杂，混乱	一波三折

① 黄岳洲：《成语中数词所表示的抽象义》，《中国语文》1980年第6期。

② 张清常：《汉语的15个数词》，《语言教学与研究》1990年第4期。

（续表）

编号	数词		实义	虚义	例证
11	一	百		以少带多，以少制多	一呼百应、一唱百和
12	一	千		极言其多	一日千里、一泻千里 一字千金、一落千丈
13	三	两		简短，少量	三言两语
14	三	两		出问题，差错，灾祸	三长两短
15	三	四		多贬义	三妻四妾、不三不四 说三道四、低三下四 丢三落四、颠三倒四 推三阻四、歪三倒四
16	三	五		多次	三番五次、三令五申
17	三	六		多	三头六臂、三姑六婆 三茶六礼、三媒六证 三班六房、三推六问
18	四	八		全面，圆通	四平八稳、四亭八当 四方八面、四面八方 四通八达、四时八节
19	五	六		多	五脏六腑、五颜六色 五角六张、五脊六兽
20	七	八		多而且乱，贬义	七青八黄、七零八落 七颠八倒、七拼八凑
21	百	百		极多，无不	百战百胜、百发百中 百依百顺

（续表）

编号	数词		实义	虚义	例证
22	百	千		极多	百孔千疮、百锻千炼
23	千	百		极多	千奇百怪、千疮百孔 千回百转
24	千	万		极多极广 极盛极久 极繁极难	千真万确、千差万别 千变万化、千山万水 千秋万代、千丝万缕 千头万绪、千端万绪 千紫万红、千村万落 千仓万箱、千门万户 千军万马、千言万语 千呼万唤、千辛万苦
25	万	千		极多极盛	万水千山、万紫千红

（三）数词待嵌格式的三类构式义

从整体上来看，数词待嵌格式主要表示数量义、程度义和情状义。

表数量义。主要有三种情况：

第一，表数量少。主要指的是“一……半……”格式。如：“一知半解”形容了解得片面，理解得肤浅；“一时半刻”形容时间很短；“一星半点”形容点点滴滴，为数极少。“半”是二分之一，“一”是表示最少的起始数字，从数字的大小排列顺序来看，这一格式中的数字呈降式排列，由“一”到“半”，这种由多到少的数量递减趋向正符合人们表示少量的心理感受。用“一……半……”格式表数量少是汉语一种独特的现象，正如王力指出的：“歉数用‘一’这是很自然的道理；大约各族语都有这种说法。至于用‘半’，例如‘一知半解’、‘一男半女’,就是中国语里颇特别的情形了。”①

第二,表数量多。由“三”及大于“三”的数对举构成的格式表示数量多,如“三……四……”、“三……五……”、“三……六……”、“五……六……”、“千……百……”、“千……万……”、“万……千……”。举例:“三妻四妾”指妻妾众多,“三令五申”指再三地命令告诫,三推六问”指多次审讯,“五颜六色”指各种颜色,“千方百计”形容想尽或用尽种种办法,“万水千山”指很多的山和水,形容路途遥远险阻。其中,由“三”、“四”、“五”、“六”等几个小数构成的待嵌格式,表示数量较多;由“百”、“千”、“万”三个大数构成的待嵌格式,强调数量特多、极多,而非通常之很多。

第三,有些格式既可表数量少,也可表数量多。如“三……两……”格式,可表数量少,如“三言两语”指很少的几句话,形容言辞简短;“三拳两脚”形容动了几下手脚;也可表次数多,如“三番两次”指次数较多,“三天两头”形容经常的、不断的。“三……两……”格式在表义时这一看似矛盾的特点,是由其固定部分“三”的特性决定的。《史记·律书》中说:“数始于一,终于十,成于三。”《说文解字》释“三”曰:“三,天地人之道也。”段玉裁注:“三画而三才之道在焉,故谓之成数。”这是我们祖先对数的基本认识,在他们看来,“三”是最起码的多数,因此常用来表示“多”的意义。当然,“三”究竟是表“多”、“大”、“长”等义,还是表“少”、“小”、“短”等义,不能一概而论,应当看与“三”组合的度量衡单位的大小,还要看整个语言环境。

表程度义。主要体现在“一……二……”、“百……百……”、“千……万……”等格式上。如“一干二净”形容非常干净,“一清

① 王力:《王力文集·中国语法理论》(第1卷),山东教育出版社1984年版,第328页。

二白”形容非常清白，“百依百顺”指非常顺从，“千真万确”形容极其确实，“千差万别”形容差别极大。嵌入格式中的多是性质形容词，当这些性质形容词嵌入数词待嵌格式后，构成的是状态形容词。如“清楚”、“妥当”、“干净”是性质形容词，嵌入格式后，构成的“一清二楚”、“一妥二当”、“一干二净”等是状态形容词。

表情状义。主要体现在“四……八……”、“……三……四”、“七……八……”等格式上。它们表达的情状义是各不相同的，这与它们固定部分的意义密切相关。

“四……八……”表示全面，各个方面。如“四通八达”指四面八方都有路相通，形容交通方便，畅达无阻；“四平八稳”形容说话、做事稳稳当当。在汉语中，“四”跟“八”都有“全”义，二者相配就是“全上加全”。刘芳认为：“古代先民有‘天圆地方’的观念，‘四’便代表空间知觉的四个方位，并由此确定了一种无所不在，无所不包的‘四’的宇宙观：我们脚踩的大地是‘四方’的，中国的外围有‘四荒’之国，更远处还有载地的‘四海’，撑天的‘四极’……”“四……八……”是“偶数+偶数”的格式，“‘四’源于四方方位感，而‘八’则处于对‘四’的再分割。‘八方’是‘四方’的细分，‘八极’则指宇宙平面空间向八个方面伸展到极点，还有‘八维’、‘八柱’也是这样。‘四’与‘八’互相配合，概括了所有的空间方位，体现了方位的周遍性”。① 因此，“四……八……”就用来表示全面，各个方面。

“……三……四”格式表示“……这……那”的意思。如“不三不四”指既非三这一类，也非四那一类，多形容人不正派；“丢三落四”指丢这个，落那个，常形容人马马虎虎或记性不好而好忘事；“推三阻四”指推这个，阻那个，常表示以各种理由推脱。这一格式生成的四字格具有明显的贬义色彩。吴慧颖指出：“三”和“四”属

① 刘芳：《成语数词格式之初探》，《语言研究》2002 年第 S1 期。

于两个不同的范畴,“三属于哲学意义的数量范畴,在‘道生一,一生二,二生三,三生万物’的衍生进程中,三是最后一个阶段上的抽象的形而上之数,表示一切由矛盾双方产生的新事物;四是属于通常意义上的数量范畴,是‘三’所生出的‘万物’中开头一个具体的数,而不是哲学的‘三’加上一所成之数。所以‘不三不四’才会具有非此即彼、不伦不类、无所归属之意,而‘A 三 B 四’也就一律具有贬义”①。

而“七……八……”格式表示“多或多而杂乱”义。如“七横八竖”形容纵横不齐或杂乱无章,“七嘴八舌”形容人多嘴杂,“七疮八孔”形容窟窿多,多比喻负债累累。这一格式生成的四字格也多具有贬义色彩。张清常指出:“表示贬义,可用三四,‘不三不四’等,更常用的是七八。”他猜测“七……八……”有这种贬义可能与“北魏规定丧葬与七七四十九天断七形成民俗有心理联系”②。

在以上三类构式义中,数量义是数词待嵌格式的基本意义,程度义和情状义都是在这一意义的基础上引申出来的;而且某些格式表达的构式义往往不是单一的,如“千……万……”格式既表数量义又表程度义,“七……八……”格式既表数量义又表情状义。

二、典型数词待嵌格式分析

(一)数词待嵌格式构词能力的不均衡性及成因

通过语料库现代汉语部分,我们搜集到由 21 个数词待嵌格式构成的四字格的数量,列表如下:

---

① 吴慧颖:《中国数文化》,岳麓书社 1995 年版,第 114 页。

② 张清常:《汉语的 15 个数词》,《语言教学与研究》1990 年第 4 期。

待嵌格式	生成四字格数量	示 例
半……半……	276	半文半白、半明半暗、半信半疑、半中半西
一……半……	31	一年半载、一官半职、一男半女、一星半点
一……一……	768	一心一意、一模一样、一蹦一跳、一东一西
一……二……	19	一来二去、一清二楚、一干二净、一差二错
一……三……	27	一波三折、一唱三叹、一时三刻、一步三摇
一……百……	22	一错百错、一呼百应、一唱百和、一顺百顺
一……千……	42	一落千丈、一发千钧、一刻千金、一泻千里
三……两……	68	三长两短、三番两次、三问两问、三说两说
三……四……	38	三请四邀、三推四让、三媒四证、三朋四友
……三……四	63	不三不四、推三阻四、低三下四、吆三喝四
三……五……	23	三令五申、三年五载、三吆五喝、三言五语
三……六……	22	三头六臂、三妻六妾、三推六问、三磕六拜
四……八……	32	四通八达、四时八节、四平八稳、四村八舍
五……六……	6	五颜六色、五脏六腑、五情六欲、五亲六戚
七……八……	149	七嘴八舌、七灾八难、七算八算、七扭八歪
……七……八	18	横七竖八、杂七杂八、歪七扭八、喊七喊八
百……百……	22	百发百中、百战百胜、百依百顺、百灵百验
百……千……	31	百孔千疮、百转千回、百纵千横、百媚千娇
千……百……	64	千方百计、千姿百态、千锤百炼、千回百折
千……万……	209	千山万水、千家万户、千思万虑、千挑万选
万……千……	17	万水千山、万语千言、万转千回、万紫千红

统计结果表明：以上格式中，“一……一……”、“……千……万”和“七……八……”这三个格式①的构词能力是比较强的。当

① “半……半……”格式的能产性也比较强，由于这一格式有特殊性，我们放在后面再作说明。

然，这三个格式的构词能力也是不均衡的，可以列出这样一个公式："一……一……" > "千……万……" > "七……八……"。《现代汉语频率词典》的统计亦可证明这一观点的正确性，在"使用度最高的前8000个词词表"中的10个待嵌格式中，有3个是数词待嵌格式，分别是：

待嵌格式	位 次	累计频率(%)
一……一……	2004位	82.2447
千……万……	4072位	89.8309
七……八……	6962位	94.1929

我们认为，三个数词待嵌格式构造四字格能力的不均衡性是由以下原因造成的：

第一，"一……一……"格式的构词能力最强，这与固定成分"一"本身语义的丰富密切相关。吴慧颖认为："字音字形最简单，语义语用极复杂，这种鲜明强烈的反差，统一在汉语汉字的'一'身上。"①一方面，"一"是最小的自然数，因为"数始于一"。但从哲学的角度来看，"一"不是单纯的数词，它与宇宙的发生、万物的起源密切相关。《说文·一部》曰："一，惟初太始，道立于一，造分天地，化成万物。"这是许慎对哲学概念"一"的解释，"一"与"道"紧密地联系在一起。在"天地玄黄，宇宙洪荒"的远古时代，只有"道"这一种东西，故说"道立于一"，然后一分为二，形成天地，天地再衍化出万物。因此，"一"即"始"，"一"即"道"。统而言之，在古人的心目中，"一"不仅是基数和序数之始，其他数字都是在它的基础上演变发展而来，而且还是世界的本原，是一切之始。由于"一"字音

① 吴慧颖：《中国数文化》，岳麓书社1995年版，第4页。

字形简单，哲学内涵又极为丰富，人们多喜欢用它来组词造句，其构词能力极强。仅由“一”打头的词语，《汉语大词典》就收了1700多词条，《现代汉语词典》(第6版)中“一”开头的词语有323个。

第二，在数词中，“一”的虚化程度是最高的，其次是“万”。通过《现代汉语词典》对数词的释义，我们发现虚化程度最高的是“一”和“万”。“一”有10个义项，其中有两个义项“⑤表示专一”和“⑨一旦、一经”实际上已是作了副词用，还有一个是助词“用在某些词前加强语气”，这样的情况是别的数词所不具备的。而“万”除了表确数、表“很多”之外，还被明确标注为副词，“副极；很；绝对”。马思周认为，数词虚化的规则有三种表现：“A.一般虚化，泛指‘多、大’等义；B.深入虚化，特指‘多、大’等义的极限义；C.反身虚化，专指‘少、小、零’义，并由此产生新的引申义。”[①]按照以上观点，“一……一……”格式中的“一”既发生了深入虚化也发生了反身虚化，“千……万……”发生了深度虚化，而“七……八……”只发生了一般虚化。

第三，从历时的角度来考察，它们的产生时间不一。据李焕[②]考察，由“一”、“一”对举构成的四字格最早可见于先秦文献，在最早的经典文献《尚书》和《周易》中就已出现6次，如“一德一心”、“一朝一夕”、“一阴一阳”等。春秋战国时期是这一格式发展的第一个高峰，唐代是其发展的第二个高峰，而明清时期是第三个高峰，这一格式的发展趋于成熟，像“一家一计”、“一缘一会”、“一折一磨”、“一喜一忧”、“一分一毫”、“一缘一会”、“一唱

① 马思周：《论数词虚化》，《语文研究》1999年第3期。

② 李焕：《现代汉语“一A一B”格式的多角度研究》，暨南大学2009年硕士学位论文，第34－36页。

一和"、"一长一短"、"一模一样"、"一饮一食"、"一冲一撞"、"一时一刻"、"一生一世"、"一针一线"等四字格大量涌现。

而张延成[①]的考察表明,"千"、"万"构成的四字格可见于上古,但数量较少。到了汉代,数量渐增,出现了"千乘万骑"、"千秋万岁"、"千秋万世"、"千秋万岁"、"千变万轸"、"千岁万年"等四字格。到了魏晋南北朝至隋,"千"、"万"组合在此期形成极盛态势,仅《敦煌变文集》中就出现了"千头万绪"、"千军万众"、"千秋万岁"、"千方万计"、"千方万便"、"千忧万虑"、"千辛万苦"、"千张万匹"、"千祈万求"等四字格。到了元明以后,这一格式持续发展,表现出极强的生命力,出现了"千刀万剐"、"千叮万嘱"、"千补万衲"、"千思万想"、"千刀万剐"、"千恩万谢"、"千难万难"、"千山万壑"、"千生万死"、"千形万状"、"千妥万当"等数量众多的四字格。

至于"七"、"八"组合,张卫国、吴慧颖、刘志生的研究都表明,这类组合产生较晚,在唐代开始萌芽,宋代以后渐增,出现了"七零八落"、"七上八下"、"七纵八横"、"七穿八穴"、"七支八离"、"七颠八倒"、"七花八裂"、"七手八脚"等四字格;到元明清时期,"七"、"八"的组合能力更强,出现了"七死八活"、"七上八落"、"七青八黄"、"七大八小"、"七了八当"、"七推八阻"、"七折八扣"、"七言八语"、"七拉八扯"、"七跌八撞"等更多的四字格。

(二)"一……一……"格式的嵌入部分及其构式义

1. 嵌入部分的词性和词义

(1)可以嵌入名词。具有以下特点的名词多可嵌入此格式中:意义相关的指人名词,如"儿女"、"夫妻"、"夫妇"、"主仆"、"妻"、

① 张延成:《汉语四字格词语词汇化问题管见——一种不定数四字格词语的历时考察》,《词汇学理论与应用》编委会:《词汇学理论与应用(三)》,商务印书馆2006年版,第91页。

"妾"等;意义相类的人体名词,如"心腹"、"手足"、"头"、"脸"、"身"、"眉"、"眼"等;意义相类的指物名词,如"草木"、"枝叶"、"粥"、"饭"等;意义相近或相反的时间名词,如"朝代"、"时刻"、"朝夕"、"生世"、"分秒"、"日夜"、"古"、"今"等;意义相反的方位名词,如"东"、"西"、"左"、"右"、"前"、"后"、"上"、"下"等;意义相近的抽象名词,如"招式"、"心意"、"因果"、"党派"、"宗派"、"情景"、"腔调"、"声响"等。举例如下:

①一夫一妻不能成为家,没有孩子的家像是一株不结果实的树,总缺点什么。(梁实秋《孩子》)

②不能不说他们的"用心良苦",然而事实告诉我们,这样枝枝节节,一手一足的办法,何时才有成效!(王统照《青纱帐》)

③不料这碑一留下,以后专门跑到浯溪来写碑的,便一朝一代的多起来了。(叶紫《南行杂记》)

④大学里的人大多忙忙碌碌备课做学问且还要为人师表,故而诸事都一板一眼,刻板严谨。(方方《定数》)

(2)可以嵌入动词。具有以下特点的动词多可嵌入此格式中:动作动词,或意义相近,如"蹦跳"、"采摘"、"跳跃"、"冲撞"、"赞叹"、"摇晃"、"歪斜"、"拖一磨"、"磕一碰"、"歪一扭"、"跌一撞"等;或意义相反,如"问"、"答"、"开"、"合"、"借"、"还"、"张"、"弛"、"涨"、"落"、"浮"、"沉"、"生"、"死"、"伸"、"缩"、"往"、"返"、"收"、"放"、"颦"、"笑"、"进"、"退"等;心理动词,如"惊喜"、"爱"、"憎"、"喜"、"悲"等;意义相反的趋向动词,如"来"、"去"、"往"、"出"、"进"、"回"等。其中动作动词占绝大多数。举例如下:

①先生在馆的时候,我们的画具和画都藏好,大家一摇一摆地读《幼学》书。(丰子恺《学画回忆》)

②空气又湿又闷,一呼一吸,鼻里喉头都似乎塞着棉花一

样。(吴组缃《黄梅时节》)

③这两个女孩子由醒秋看来,不免有一爱一憎的心思,但白朗却一视同仁,待遇毫无差别。(苏雪林《棘心》)

④小城市中所称为大街大路的都可从这一头望见那一头,而所谓大者,就是说有一来一往的人相遇可以不擦肩不踏破脚趾而已。(孙福熙《北京乎》)

(3)可以嵌入形容词,多是意义相对或相反的性质形容词。如"粗—细"、"圆—方"、"新—旧"、"胖—瘦"、"富—穷"、"柔—刚"、"成—败"、"虚—实"、"动—静"、"横—竖"、"好—坏"、"难—易"、"贵—贱"、"紧—慢"、"重—轻"、"冷—热"、"松—紧"、"高—低"等。举例如下:

①阳光透过树叶的空隙照在竹均——还是小女孩时的陈白露的脸上,就象是她的眼睛在调皮地一明一暗地闪着。(曹禺《日出》)

②台上绿牡丹红牡丹两姐妹穿得一红一绿,互相搂着腰,妖妖娆娆的在唱着……(白先勇《金大班的最后一夜》)

③他们穿着夏季的淡色短衫,一大一小默默地站在那里。(礼平《晚霞消失的时候》)

④在一个古老的龟碑上,俨然坐着两个白须飘拂的老者,一胖一瘦,拥雪对弈,远远望去,酷似神仙一般。(卢鸿才《弈雪》,《读者》1995 年第 2 期)

2. 格式的构式义

(1)表示"全部或整体",要求嵌入的是意义相近或相类的名词。如:

①因为做了什么见不得人的事(什么事,我忘了)钻进了灶火里,弄得一身一脸乌漆墨黑,这才成了灶王。(汪曾祺《水母》)

②今天才晓得他们的眼光，全同外面的那伙人一模一样。（鲁迅《狂人日记》）

例①中的“一身一脸”，“一”不表示具体数目，是“全、满”的意思，“一身一脸”就是“满身满脸”；例②中的“一模一样”是“完全一样”、“完全相同”的意思。其他再如“一心一意”、“一字一句”、“一生一世”等。

（2）表示“极少的数量”或“每一”，要求嵌入的也是意义相近或相类的名词。如：

①从今天起，再不让他过问镇上的一丝一毫的事！（叶圣陶《倪焕之》）

②人民解放军纪律严明，公买公卖，不许妄取民间一针一线。（毛泽东《中国人民解放军布告》）

例①中的“一丝一毫”，“丝”和“毫”都是很小的计量单位，“丝”是一毫的十分之一，“毫”是一厘的十分之一，因此，“一丝一毫”有夸张意味，极言其少；例②中的“一针一线”是借代用法，以部分代整体，极言不拿群众任何东西。其他再如“一草一木”、“一山一石”、“一招一式”、“一丝一缕”、“一兵一卒”、“一言一行”、“一生一世”、“一景一物”等。

（3）表示两个动作是连续的，要求嵌入的是意义相近的动词。如：

①本来去幼儿园她已经习惯了，接送都不哭了，有时还一蹦一跳的进幼儿园。但这两天突然反常，每天早上都哭，哭着不去幼儿园。（刘震云《一地鸡毛》）

②他一只真腿，一只假腿，走起路来一瘸一拐，登上扶梯时异常艰难。（沈永兴、朱贵生《二战全景纪实》）

以上例子中的“一蹦一跳”和“一瘸一拐”表示的动作是连续的、反复的。

（4）表示两种动作协调配合或两种动作交替进行，要求嵌入的是相对或相反的动词。如：

①他们俩在任何场合都是这么一唱一和，一搭一档，配合默契。（蒋子龙《一个女工程师的自述》）

②一条蛇伏在横梁上，看地上，躺着一匹隐鼠，口角流血，但两肋还是一起一落的。（鲁迅《朝花夕拾》）

例①中的“一唱一和”，即一人唱来另一人和，形容两人配合默契；例②中的“一起一落”是说明“起”与“落”这两个动作交替进行。

(5)表示“相反的情况或方位”，要求嵌入的是意义相对或相反的形容词、方位词。如：

①我忙又找服务员，从服务员家里弄来双毛竹筷子，一长一短一粗一细，不配套。我不安地将筷子交给毛泽东。（权延赤《红墙内外》）

②爸妈显然也是一肚子的问号，一左一右围着她同声乱问都听不清到底问了些什么。（王海鸽《新结婚时代》）

例①中的“一长一短一粗一细”，嵌入的是相反的形容词，表示相反的情况，对比鲜明；例②中的“一左一右”，嵌入的是相反的方位词，表示相反的方位。

在以上构式义中，表示“全部或整体”和表示“极少的数量”这两个意义看似矛盾，实则与固定部分“一”的语义特点密切相关。“一”是最小的自然数，因此它常常表少量义；但是，“一”又是万数之始，在古代文化中代表“万物本原和宇宙初始”。这一哲学内涵和文化意义赋予了“一”表示多量义的用法，它直接表示“全、满、大、多”等义。吴慧颖认为：“一表示全、满、皆，深层的原因，恐怕在于中国古人思维中的辩证法因素。他们不把少与多看成是绝对对立、凝固不变的，而是看到了少与多的联系、统一，认为它们在一定的条件下可以互相包含和转化。古人把任何一个事物，包括极细小的事物，都看作是一个包含杂多的整体，自成一体的系统,可以再分的小世界,甚至认为事物是无限可分的。”①正是因为受到辩证法的影响,“一”既可表少量义,也可表多量义。

(三)“千……万……”格式的嵌入部分和构式义

1、嵌入部分的词性和词义

(1)可嵌入意义相关或相近的名词,主要是自然现象名词、时间名词、情感类名词。如:

①可是如今,她还是走在他的身旁,却好像隔着千山万水。(谌容《梦中的河》)

②他们向海内外华人呼吁一起来支持这项造福于中华民族千秋万代的事业。(晓燕《思归的〈留美房客〉》)

③只有正面人物才叫人感到兴趣,才值得通过悲欢离合,写不尽他们的千情万绪;至于那些自作自受的反面人物,越是叫人痛恨、拍手称快,越好。(方平《“人”的悲剧》,《读书》1987 年第 12 期)

④白茹见他不语,便总想用句话来引他,但心里话千头万绪,总不知说什么好……(曲波《林海雪原》)

其他再如“千山万壑”、“千溪万峰”、“千秋万世”、“千秋万岁”、“千形万象”、“千条万绪”、“千种万类”、“千朋万友”等。

(2)可嵌入动词,主要是同一个或意义相近的自主性动词。如:

①马而立打躬作揖,千谢万谢,把人们一一送上卡车,然后再收起电线,拾掇零碎……(陆文夫《围墙》)

②徐义德深深地叹了一口气,无可奈何地说道:“铁算盘,电算盘,千算万算,经不起老天爷一算。”(周而复《上海的早晨》)

③在绣楼的床上沉沉躺了许久的雪瑛,在千呼万唤中终

① 吴慧颖:《中国数文化》,岳麓书社 1995 年版,第 7 页。

于微微睁开眼睛。(朱秀海《乔家大院》)

④她想到战场上的事情千变万化,万一有小股官兵冲到老营来,没有了这些亲兵堵挡一阵怎么好?(姚雪垠《李自成》)

其他再如"千教万教"、"千学万学"、"千请万请"、"千做万做"、"千斟万酌"、"千规万劝"、"千变万幻"、"千锤万击"、"千思万虑"、"千求万哄"等。

(3)可嵌入形容词,多是同一个或意义相近的形容词,但数量不多。如:

①娟子从窗前转过身来,面色苍白地对林小枫说:"小枫姐,千错万错都是我的错,跟老宋无关……"(王海鸰《中国式离婚》)

②(何父)道:"何家偌大一份家业,是几代人千辛万苦积攒下的,本想子传孙,孙传子,世代传下去。可到了我这一代,做了大烟生意,损了阴德,老天给我报应……"(朱秀海《乔家大院》)

其他再如"千好万好"、"千稳万妥"、"千妥万当"、"千正万确"等。

2.格式的构式义

(1)表数量极其多。因为这一格式是由两个大数构成的,而大数多表示"全、满、极"的引申义。如:

①他见到了亲人,千言万语又无从说起,那么,他只有用泪水来诉说了。(李佩甫《羊的门》)

②我送他走出园子,千叮万嘱:千万不要为我们介绍那些朋友,我们是种葡萄的人,我们害怕和生人接触!(张炜《柏慧》)

例①中的"千言万语"是形容话语极多,因此才"无从说起";例

②中的“千叮万嘱”表示反复地、一再地嘱咐。

（2）引申表程度义，“表强调”。如：

①一个贫弱女子，求人求医真是千难万难啊。那天，安萍直哭到凌晨四点……（王唯《感天动地女儿心》）

②就算是所有的都是错觉，都是失误，但这本日记则绝对是实实在在的，它千真万确，无可质疑！没有任何一个人能否定了它！（张平《十面埋伏》）

例①中的“千难万难”是形容极其困难，例②中的“千真万确”是形容极其确定，不容置疑。

（四）“七……八……”的嵌入部分和构式义

1. 嵌入部分的词性和词义

（1）可以嵌入名词，但数量不多。如：

①当务之急是选好角度，几位同志七嘴八舌，都在为我找角度出题目。（苏双碧《为〈海瑞罢官〉平反的前前后后》）

②她们都嫌弃我是一个孤儿，家里没钱没势，芬，爱情只有经过七灾八难的磨练，才能真正见到真金。（姜鹏飞《冤！》）

其他再如“七朋八友”、“七枝八杈”、“七言八语”、“七子八婿”、“七滋八味”、“七手八脚”等。

（2）可嵌入动词，主要是同一个或意义相近的自主性动词。如：

①别的人家不说，就拿我家来讲吧，我只欠朱半天两石租子，七算八算，没有几年光景，就变成一百一十多石租了……（周而复《上海的早晨》）

②几个后生嘻嘻哈哈地走了。几位老听客在他们身后鼓着白眼，也走了。屋里只剩下七歪八倒的板凳和满地狼藉的果壳烟蒂。（陈世旭《将军镇》）

其他再如“七查八查”、“七扣八扣”、“七弄八弄”、“七绕八绕”、“七蒙八骗”、“七拱八翘”、“七扭八曲”、“七倒八歪”等。

(3)可嵌入形容词,多是意义相近或相对的形容词。如:

①徐索瑶从母亲手中接过刀,说:“大娘,我来我来!”三下五除二,切得个瓜七零八散。(梁晓声《表弟》)

②孙八忙着迎出来,老张扯开喉咙叫“立—正!”五十多个学生七长八短的排成两行。(老舍《老张的哲学》)

其他再如“七零八落”、“七零八碎”、“七零八乱”、“七高八低”、“七大八小”、“七老八小”等。

2.格式的构式义

(1)表数量比较多。这一格式中的“七”、“八”都是比“三”大的数,因此它们表数量较多。如:

①当这后一个意见提出以后,很多人立刻赞成,并且七言八语地补充理由。(姚雪垠《李自成》)

②在他的心里,他却一会儿一算计:一千套军衣已经完全交了活,除了本钱和丁约翰的七折八扣,只落下四百多块钱。(老舍《四世同堂》)

例①中的“七言八语”是形容话语较多且杂乱,例②中的“七折八扣”是打了比较大的折扣的意思。

(2)引申表性状义,有“杂乱”的意思。如:

①至于海外那几位学人,我猜他们也不是真喜欢文化革命……他们只想把中国搞得七颠八倒,以便放暑假时可以过来体验一番,然后再回美国去,教美国书、挣美国钱。(王晓波《极端体验》)

②他想多穿件衣服时,才发现所有的衣服也都被撕得七零八碎……(古龙《陆小凤传奇》)

例①中的“七颠八倒”是形容非常纷乱、杂乱,例②中的“七零八碎”是形容十分零碎而杂乱。

张延成对"七……八……"格式表"多或多而杂乱"的构式义进行了解释:"古汉语中'一'和'二','二'和'三','三'和'四'的组合常用于表达较少的数量关系,'五、六''六、七'的组合离'五'尚近,不足喻多,'八、九'连用时虽可喻多,但已近十,贴近满数,不便自由组合运用,而'七、八'在心理上易被采用。在从一到十的自然数序列中,七、八可谓处于一个黄金分割段,加之七为奇数八为偶数,所以'七八式'很适合于表达'多'和'杂'两种状况。"①这一解释是有一定道理的。

以上论述未涉及"半……半……"格式,在此略加补充说明。

"半……半……"格式与其他数词待嵌格式有所不同,这与固定部分"半"的词性有关。"半"可以作数词,也可以作副词。《现代汉语词典》(第6版)同时标注出它的这两种词性,当"半"作副词时,它的意义是"不完全",如"半新的楼房"、"房门半开着"等。《现代汉语八百词》、《现代汉语规范词典》也持同样的看法。我们检索到由"半……半……"格式构成的四字格有276个,也就是说,这一格式的能产性是比较强的。嵌入这一格式的是意义相反的两个词或词素,具有表示"相对的两种性质或状态同时存在"的构式义。如:

①简少芬没再说什么,她对姐姐的话半信半疑,但一种受骗的感觉还是像阴云一样浮上心头。(苏童《另一种妇女生活》)

②小弟更玄乎了,高中毕业后没有考上大学,先去做临时工,说是半工半读,准备再拼搏一回。(陆文夫《清高》)

例①中的"半信半疑"表示相信和怀疑两种心理同时存在,是

① 张延成:《说"七"道"八"——略论由数目字"七"、"八"构成的词语》,《南京师范大学文学院学报》2000年第3期。

既信又不信的意思;例②中的"半工半读"表示劳动和学习两种动作同时存在,是一面劳动一面学习的意思。

其他再如"半推半就"、"半明半暗"、"半文半白"、"半吞半吐"、"半官半民"、"半梦半醒"、"半公半私"等。

这一格式与"半……不……"格式的构式义相当,后一格式能产性相对弱一些,我们搜集到由其构成的四字格有63个。其嵌入的多是意义相反的两个动词或形容词,如"半文不白"、"半软不硬"、"半生不熟"、"半死不活"、"半土不洋"等;也可嵌入同一个动词或形容词,如"半懂不懂"、"半睡不睡"、"半土不土"、"半晴不晴"等。

第五节　副词待嵌格式

在副词待嵌格式中,否定副词待嵌格式和时间副词待嵌格式属于典型待嵌格式,我们对其重点加以探讨。在此,先对其他一些能产性比较强的副词待嵌格式举例加以说明。

"又……又……"格式的能产性是比较强的,构成的四字格有1208个,相关的研究成果也较多,代表性的有金周永、郭风岚、王丽彩等的文章。固定部分"又"是一个频率副词,在格式中起关联作用。这一格式表示"两种性质、状态、动作等同时存在",嵌入的多是意义相类或相近的形容词或动词,如"又白又胖"、"又潮又湿"、"又高又大"、"又惊又喜"、"又说又笑"、"又吵又闹"等。

"既……又……"格式构成的四字格有180个。这一格式表示"同时存在两种状况、性质",嵌入的是意义相类或相对的形容词或动词,如"既快又好"、"既新又奇"、"既柔又刚"、"既老又新"、"既爱又恨"、"既打又骂"、"既买又卖"等。

"相……相……"生成的四字格有170个。固定部分"相"是

“互相”的意思,这一格式强调“动作、行为是相互的”,嵌入的多是意义相近或相类的动词,如“相伴相随”、“相映相衬”、“相辅相成”、“相亲相爱”等。

其他格式的能产性相对弱一些。“互……互……”格式生成的四字格有 85 个,如“互让互谅”、“互惠互利”、“互问互答”、“互切互磋”等;“屡……屡……”格式生成的四字格有 65 个,如“屡败屡战”、“屡战屡胜”、“屡喝屡醉”等。

一、否定副词待嵌格式①

(一)概述

在现代汉语中,“不”和“没”是两个比较典型的否定标记。从词性来看,“不”是典型的否定性副词。至于“没”,情况稍复杂,我们不能简单地说它是否定性副词还是否定性动词,需要具体情况具体分析。当“没”后面跟名词时,它是一个否定性动词,如“没钱”、“没电脑”;当“没”后面是动词时,它是一个否定性副词,如“没来”、“没说”。《现代汉语规范词典》只标注出“没”的动词词性;而《现代汉语词典》(第 6 版)标注出“没”的两种词性,一是动词,二是副词。从语言事实来看,我们认为《现代汉语词典》的观点是正确的。由于“没”和“不”有表“否定”这一共同的语义特征,我们就把它们对举构成的待嵌格式“不……不……”和“没……没……”放在副词待嵌格式名下加以探讨。

到目前为止,研究否定副词待嵌格式尤其是研究“不……不……”格式的文章比较多。原因在于:一是它的使用频率比较高,

---

① “非……非……”也属否定副词待嵌格式,有一定的能产性,在语料库检索到一百二十多个由其生成的四字格,如“非官非民”、“非亲非故”、“非敌非友”等,书面性较强。但“非”是古代汉语常用否定词,现代汉语中不常用。因此,我们对这一格式不作重点论述。

二是它的构式义最为复杂,是语言理解和运用的一个难点。其研究类型我们在本书第一章“研究概况”部分已谈及。

通过语料库现代汉语部分,我们检索到“不……不……”格式构成的四字格有678个,“没……没……”格式构成的四字格有210个。可见,“不……不……”格式构造四字格的能力是比较强的。其原因主要在于:

第一,否定副词“不”产生的时间最早,使用频率最高。早在3000年前的殷商甲骨文中就有丰富的否定词,比较常见的有“不”、“弗”、“亡”、“勿”四个,此外,还有不常见的“非”、“毋”、“弜”二个。与“没”相比,“不”产生的时间要早很多。“没”是产生较晚的一个否定词,吴福祥、杨荣祥、徐时仪的研究都表明,“没”是南宋时产生的一个否定副词。

第二,从现代汉语层面来考察,“不”和“没”都是典型的否定标记。石毓智指出:“汉语中最典型的否定方法是用否定标记‘不’或‘没’进行否定……说用‘不’和‘没’的否定结构是最典型的,一方面是指它们的使用频率最高,另一方面是指从它们中总结出来的规律同样适用于其他否定手段。”①但是细致比较,我们发现,“不”和“没”虽然都可以作为一个语素来构词,都可以在句子中独立充当句子成分,但是,“不”作为一个语素构词的能力比“没”要强很多。在《现代汉语词典》(第6版)中,由“不”构成的词和固定短语有341个,如“不安”、“不但”、“不必”、“不断”、“不乏”、“不羁”、“不料”、“不善”、“不宜”、“不恤”、“不经意”、“不由得”、“不周延”、“不作为”、“不人道”、“不起眼儿”、“不白之冤”、“不甚了了”、“不赞一词”、“不相上下”、“不折不扣”、“不知所措”等。

---

① 石毓智:《肯定和否定的对称与不对称》,北京语言文化大学出版社2001年版,第23页。

“没”作副词时，也可以作为语素来构词，但其数量远远少于“不”，《现代汉语词典》(第6版)收录了由其构成的40个词和固定短语，如“没底”、“没劲”、“没命”、“没趣”、“没戏”、“没羞”、“没治”、“没商量”、“没意思”、“没影儿”、“没谱儿”、“没轻没重”、“没头没脑”、“没心没肺”等。考察《现代汉语频率词典》可知，“不”的构词能力仅次于“子”，居第二位。

下面，我们对“不……不……”格式和“没……没……”格式的嵌入部分和构式义分别加以探讨。

(二)“不……不……”格式的嵌入部分和构式义

1. 嵌入部分的词性和语义关系

(1)可以嵌入意义相类或相对的动词。如：

①你看不起蹬三轮的是不是？反正蹬三轮的不偷不抢，比你强得多！我的那口子就干那个！(老舍《龙须沟》)

②她们盼了一年了，盼爸爸回来团聚，可是不能，她们也不吵不闹，也不哭，就是默默的。(茹志鹃《我的年轮》)

③与其这么不死不活的一次一次地接受打击，不如把所有的不顺一下子猝然地抛掷在我面前。(张欣《梧桐梧桐》)

例①是把类义词“偷”和“抢”嵌入格式中，起到典型例示的作用，除了以上两个动作外，还可能包括“吃”、“喝”、“嫖”、“赌”等，其概括义是“不干任何坏事”；例②是把双音词“吵闹”拆开嵌入格式中，“不吵不闹”是对后面“默默的”状态的具体描述；例③是把一对具有反义关系的动词“死”和“活”嵌入格式之中，“不死不活”是“没有活力，没有生气”的意思，含贬义。

(2)可以嵌入意义相对或相近的形容词。如：

①很久以后，香雪才知道它所以能自动合上，是因为铅笔盒里包藏着一块不大不小的吸铁石。(铁凝《哦，香雪》)

②在一些有争议的小事上,徐颖总是故意站在她的对面,用一些或明或暗的话刺激她,背后还说了她一些不咸不淡的话。(冯骥才《爱之上》)

③我很尊敬你们中国的学者、专家和知识分子们,他们谦虚,普遍事业心强,在外国人面前不卑不亢。对于他们提出的请求,我从来都尽力而为。(梁晓声《京华闻见录》)

④她的随从撞了余教授,嘴里还不干不净的,她明明看在眼里,佯作不识。(张欣《岁月无敌》)

例①和例②中,嵌入格式的是意义相对的性质反义词,它们之间还存在着中间状态,如“大”与“小”之间还存在“不大不小”这一中间状态,即它们可以构成“大—不大不小—小”这样一个连续统。在“不……不……”生成的四字格中,处于两端的成分被同时否定,而它们的中间项得到肯定,因此,“不大不小”类多是否定两端,肯定中间,有“表示适中,恰到好处”的意思,含褒义。例②中,也是把相反的性质形容词“咸”和“淡”嵌入格式中,也表示处于中间状态,但是被否定的往往是人们喜欢的,因此“不咸不淡”含贬义。例③中,“不卑不亢”中的“卑”是“自卑”的意思,“亢”是“高傲”的意思,这两个形容词意义相对,都含贬义。嵌入“不……不……”格式构成的“不卑不亢”则是一个褒义词,形容人说话办事有分寸,既不低声下气,也不傲慢自大。例④是把双音节形容词“干净”嵌入格式中,生成的四字格“不干不净”与三音节的“不干净”有所不同,“不干不净”描述性、主观性更强,含贬义。

其他再如“不快不慢”、“不近不远”、“不多不少”、“不软不硬”、“不深不浅”、“不亲不疏”、“不新不旧”、“不胖不瘦”、“不高不矮”、“不快不慢”、“不松不紧”、“不清不楚”、“不清不白”、“不慌不忙”、“不低不俗”等。

需要指出的是,叶斯柏森在其《语法哲学》中专门有一章 Negation 讨论人类语言的否定问题,他指出:“人类语言中的否定词含义都是‘少于、不及(less than)’,换句话说,语言的否定不是完全否定,而是差等否定。”[①]汉语中的否定词“不”也有这一含义,这就要求嵌入“不……不……”格式中的成分“在量上必须具有一定的伸缩性,即能够表达在一定的数量幅度上变化的义项,以便能够容下被否定后的义项‘少于、不及’”[②]。因此,嵌入格式中的动词、形容词都是单音节非定量词。就动词来说,“凡是其后的宾语可以自由地加上和删去数量成分的动词,是非定量的”[③]。如“吃”,其后的宾语可以用数量成分修饰,如“吃了一顿饭”,也可把数量成分删去,如“吃了饭”,这说明“吃”是一个非定量动词。其他非定量动词还有“喝”、“说”、“听”、“踢”、“看”、“找”等,它们都是行为主体主观上能控制的行为。就形容词而言,可以用“有点”、“比较”、“很”、“太”、“十分”、“最”等程度词来修饰的是非定量的,如“大”前可加不同的程度词,构成“有点大”、“比较大”、“很大”、“太大”、“十分大”、“最大”等短语,这说明“大”是非定量形容词。其他非定量形容词还有“小”、“深”、“浅”、“高”、“低”、“厚”、“薄”、“红”、“绿”等。

(3)可以嵌入名词。一般而言,名词只能用“没”否定,不能用“不”否定,但在“不……不……”格式这一特定语境中,能突破以上语法限制。如:

①大热天,她偎着一床绵被,不茶不饭,僵蚕似的僵在床

① 石毓智:《肯定和否定的对称与不对称》,北京语言文化大学出版社 2001 年版,第 27 页。

② 石毓智:《肯定和否定的对称与不对称》,北京语言文化大学出版社 2001 年版,第 28 页。

③ 石毓智:《肯定和否定的对称与不对称》,北京语言文化大学出版社 2001 年版,第 29 页。

上七八天,终于触发了她的宿疾,而害了一场性命危于呼吸的大病。(苏雪林《棘心》)

②他在庵里从不穿袈裟,连海青直裰也免了。经常是披着件短僧衣,袒露着一个黄色的肚子。下面是光脚趿拉着一对僧鞋,——新鞋他也是趿拉着。他一天就是这样不衫不履地这里走走,那里走走。(汪曾祺《受戒》)

③壶灌满了,刚捺进软木塞,"蹭"的一声木塞窜起,不左不右,正落在大冰盘里,汤水四溅。(李英儒《野火春风斗古城》)

④我们就这样前行了一段距离,不远不近,不前不后,没有对视也没有交谈,就像两个陌路人在同一条路上各走各的。(王朔《给我顶住》)

嵌入"不……不……"格式中的名词数量不多,且多活用为动词。例①中,"不茶不饭"就是"不喝茶不吃饭"的意思;例②中,"不衫不履"就是指"穿得衣服不像衣服、鞋子不像鞋子"的意思;例③中,"不左不右"是"不向左不向右、正好"的意思;例④中,"不前不后"是"既不靠前也不靠后"的意思。

以上可看做是古代汉语用法的遗留,其他再如"不年不节"、"不文不武"、"不土不洋"、"不中不西"以及"不南不北"、"不东不西"、"不上不下"等。

由于"不"是典型的副词,因此,"不……不……"格式主要是和动词、形容词组合。吕叔湘在《中国文法要略》中谈到"不"的用法时指出:"这是个限制词,只用在形容词和一般的动词之前……我们看得见一些名词前用'不'字的例,那是因为那些名词已作形容词或动词用了。"①

① 吕叔湘:《中国文法要略》,商务印书馆1982年版,第234页。

(4)还有一种情况,即具有相关关系的两个动词或者前一个是动词而后一个是形容词可以嵌入格式中,构成的是具有假设关系的四字格。如:

①著名的古典悲剧《窦娥冤》中,太守桃杌听信张驴儿的诬告,不顾窦娥申诉,刚问三两句便喝斥道:"人是贱虫,不打不招。左右,与我选大棍子打着!"(黎辉《让人真正成为"人"》,《读者》1991年第12期)

②面对着无法摆脱的现实,她感到烦恼、压抑,心中渐渐升起一种不吐不快的强烈欲望。(尹汉胤《乡野走出的女作家》)

例①中的"不打不招","打"和"招"都是动词,"不打不招"是"如果不打,就不招认"的意思;例②中的"不吐不快","吐"是动词,"快"是形容词,"不吐不快"是"如果不说出来,心里就不畅快"的意思。以上两个四字格都是有标志的紧缩复句的形式。

2.格式的构式义

(1)格式有表示"强调"的构式义,要求嵌入的是意义相近的动词、形容词或名词。如:

①他做错了事,大人们打他骂他,都不要紧,最怕是大人永远不言不语,板着一副铁青的脸色对他。(苏雪林《棘心》)

②卡米拉已与另外的男人谈婚论嫁在先,万一传媒刨根问底,翻出什么不清不白的历史,查尔斯和王室岂不是面上无光?(陈越《戴安娜》)

③对这种文字,汪先生早有评说:"用一种不合语法,不符合中国的语言习惯的,不中不西、不伦不类的语言写作,以为这可以造成一种特殊的风格,恐怕是不行的。"(安迪《耳朵的样子如何宁静》,《读者》1992年第8期)

例①中的"不言不语"表否定,比"不言语"强调意味更浓,"不言不语”着重于状态的描写，而“不言语”主要是对“言语”这一行为的否定；例②中的“不清不白”比三字格形式“不清白”具有更为突出的强调意味；例③中的“不伦不类”意思是既非这一类，又非那一类，常形容人的着装不得体或说话不规范。

(2)表示“既不……也不……”的构式义，要求嵌入的是意义相对、相反的词。具体又分两种情况：当嵌入的是意义相对的形容词时，它们之间还存在着中间状态，如“胖—不胖不瘦—瘦”，因此，“不胖不瘦”类多否定两端，肯定中间，有“表示适中，恰到好处”的意思，含褒义；当嵌入的是意义相对、相反的单音节动词、形容词时，如“不死不活、不阴不阳”等，多“表示尴尬的中间状态”。如：

①“话不可多说，但是，也不可不说，要恰到好处，不多不少，适可而止。”（周而复《上海的早晨》）

②忽然有一天黄昏，会馆里来了一位不高不低不胖不瘦的先生，开口就问这里有没有我这么一个学生。（李健吾《怀王统照》）

③心想着他再不阴不阳地说话，我也来几句不阴不阳地顶一顶，别搞错了，今天已不是当年了。（阎真《沧浪之水》）

例①中的“不多不少”指“既不多也不少”，“恰到好处”；例②中的“不高不低不胖不瘦”指身高适中，体重中等，这两个四字格都含褒义；例③中的“不阴不阳”是指对人或事物褒贬不明、是非不分的模棱两可的态度，含贬义。

(3)格式具有表“如果不……就不……”的构式义，要求嵌入的是具有相关关系的两个动词或者前一个是动词而后一个是形容词。这种结构相当于一个假设复句，说明如果没有前面的行为，就不会产生后面的结果。由于生成的四字格是偏正关系的，所以结构上显得相对松散自由。如：

①不把这种东西打倒，什么新文化都是建立不起来的。

不破不立，不塞不流，不止不行。（毛泽东《新民主主义的政治与新民主主义的文化》）

②肖万昌又说："话不说不明，我今天就是跟大家说明一下情况的。"（张炜《秋天的愤怒》）

例①中，嵌入"不……不……"格式的是具有相关关系的动词，"不破不立，不塞不流，不止不行"的意思是"如果不破除旧的就不能建立新的，如果没有堵塞就不会有流动，如果没有停止就不会有行动"；例②中，"说"是动词，"明"是形容词，"不说不明"是"如果不说别人就不明白"的意思，"明"是"说"产生的结果。

（三）"没……没……"格式的嵌入部分和构式义

1."没……没……"格式的嵌入部分

（1）当"没"是动词时，这一格式中可嵌入名词，且多为抽象名词。如：

①七爷更是个没心没肺的主，更不会有意和你们黄家过不去。（尤凤伟《石门夜话》）

②他红了脸，对我说道："别听他们没凭没据地胡诌。"（孙少山《老家》）

③跟他相处不能分一点心，不能不警觉，更不能软骨头，你要是往后退，他会一丝一丝往上顶，像滑过来一样，没声没响地就逼到你跟前来了，又快又猛地突然就伸出手来，直冲着你的喉咙……（张炜《秋天的愤怒》）

④李铁在一团指挥所突然间感到战场态势有些异常，没滋没味嚼了一块压缩饼干，抱着水桶咕咕咕喝了起来。（柳建伟《突出重围》）

其他再如"没名没姓"、"没日没夜"、"没病没灾"、"没姿没色"、"没腔没调"、"没板没眼"、"没踪没影"、"没情没义"、"没家没业"、"没流没派"、"没缘没故"、"没风没浪"、"没手没脚"、"没才没貌”、“没着没落”、“没血没肉”、“没边没岸”等。

(2)当“没”是副词时,这一格式可嵌入动词和形容词。如:

①家珍没喊没叫,被拖到了大街上,那两个人扔开她后,她就扶着墙壁站起来。(余华《活着》)

②“啥‘处理’,保证下次不跑了就行了呗!还咋‘处理’?人家又没偷没抢!”他两肘撑在火炉边上,脸映得通红。(张贤亮《绿化树》)

③后来人说改就改吧,孩子的名字就是个记号,干嘛让他们没完没了呢?(冯骥才《一百个人的十年》)

④黛二家里从来民主气氛好,没大没小,没上下尊卑之分。(陈染《无处告别》)

其他再如“没吃没喝”、“没穿没戴”、“没遮没拦”、“没说没笑”、“没哭没喊”、“没深没浅”、“没高没低”、“没老没少”、“没好没歹”等。

2.“没……没……”格式的构式义

(1)具有表“强调没有”的构式义,要求嵌入的是意义相同或相近的名词或动词。如:

①我们这些远离故土的人,没名没姓的,只能凭着文字在异乡生根。(安顿《京城自由写作人》)

②“年夜饭”他闷吃闷喝,初一、初二客人来拜年他没说没笑,初三庆海他俩口子往新楼搬家,老爹还是不哼不哈。(李杭育《沙灶遗风》)

例①中的“没名没姓”强调“没有名气,处于默默无闻的状态”;例②中的“没说没笑”则强调他“不苟言笑,脸色不好”,强调一种状态。

(2)具有表示“应区分而未区分(有不以为然的意思)”的构式义,要求嵌入的是意义相反的形容词。如:

①我们讲话做事从来都是没大没小，没轻没重，随便得很，他从不计较。（一依《毛泽东和他最亲近的警卫战士》）

②马之悦不高兴地说："瞧你这个人，办事儿怎么这么没深没浅哪！我不叫他来，他敢登你这门槛儿吗？"（浩然《艳阳天》）

例①中的"没大没小"强调不分长辈和小辈，说话做事不遵礼法，不懂礼貌；"没轻没重"强调不分轻重，说话做事鲁莽，没有分寸。例②中的"没深没浅"指人说话、办事没有分寸。

从总体上考察"不……不……"和"没……没……"这两个格式，就嵌入部分而言，"不……不……"格式主要是和动词、形容词组合，而较少与名词组合，即使与名词组合，也多活用为动词。而嵌入"没……没……"格式的抽象名词占总数的50%强，所占比重较大，也就是说，嵌入"没……没……"格式的名词多于动词和形容词。这应该是"没"的动词性特征大于副词性特征的一种表现，是"没"语法化过程中的一种必然现象。总而言之，两个格式在组合对象上具有一种互补关系。

一般情况下，当"不"和"没"单独与某一成分组合时，"不"多是用于主观描写，如"不来"、"不说"；"没"多是用于客观陈述，如"没来"、"没说"。而"不……不……"和"没……没……"两个格式生成的四字格都有一定的主观性，能够表达出说话者不同的情感、态度。但是，"不……不……"格式生成的四字格主观性更强一些，如"不偷不抢"；而"没……没……"格式生成的四字格如"没偷没抢"，多表示一种状态，虽也有强调意味，但主观性比前者弱一些。

二、时间副词待嵌格式

这里所说的时间副词是指"边"、"随"、"时"、"忽"、"现"等副词，它们可以对举构成待嵌格式，即"边……边……"、"随……随……”、“时……时……”、“忽……忽……”、“现……现……”等格式。对于以上格式，比较有代表性的研究成果有：祝爱华对“现……现……”格式的探讨，陈昌来、朱艳霞对“边……边……”格式的研究，李艳华对“忽……忽……”格式的考察等。上述研究多局限于对以上某一个格式的考察，而缺少整体性的描写和分析。在以上研究成果的基础上，我们立足于整体，对五个时间副词待嵌格式进行进一步探讨。

通过语料库现代汉语部分，我们得到“边……边……”格式构成的四字格有211个，“随……随……”格式构成的四字格有207个，“时……时……”格式构成的四字格有191个，“忽……忽……”格式构成的四字格有140个，“现……现……”格式构成的四字格有90个。张卫国的《现代汉语实用语型》将以上五个格式全部加以收释；姜德梧的《汉语四字格词典》收释其中的三个，即“忽……忽……”、“时……时……”和“随……随……”；《现代汉语词典》(第6版)以显性的方式收释“随……随……”和“现……现……”两个格式，即词典中直接列有这两个词条；以隐性的方式收释“边……边……”和“时……时……”格式，即没有单独列为词条，只作为“边”和“时”的一个义项出现。如“时”的第十个义项是：

> 副重复使用，跟“时而……时而……”相同；有时候：～断～续|～快～慢。注意“时……时……”后面通常用单音词，“时而……时而……”没有限制。

(一)嵌入部分的比较分析

嵌入几个时间副词待嵌格式的成分在词性、意义等方面存在一些共性特点，也有一些个体差异，下面分两种情况加以具体说明。我们把“边……边……”、“随……随……”和“现……现……”统称为A类格式，把“时……时……”和“忽……忽……”统称为B类格式。

(1)嵌入A类格式的成分多是单音节动词,两个动词之间的意义多具有相关性。“所谓相关性是指在做同一件事情时几种动作共现的可能性。如果一种动作的出现会伴随或预示着另一种动作发生,这两个动作的相关性就高。”①而且这两个动词多是典型的动作动词,具有[+自主]、[+动作]的语义特点。如:

①他们停了下来,沿着河边慢慢往回走,边走边谈,朝霞把他们身上罩了一层温情脉脉的光辉。(王朔《刘慧芳》)

②可是她读过的那些信都随看随忘,一点印象也没有留下。(玛格利特·米切尔《飘》)

③北京医院临时设立了一个“总值班室”,医护人员24小时值班,准备随叫随到及时应诊,解决领导干部看病难的问题。(张佐良《周恩来的最后十年》)

④余照一点不客气说:“你不行!你太棒,我教不了。我是现买现卖的。”(杨绛《洗澡》)

“边走边谈”、“随看随忘”、“随叫随到”和“现买现卖”四个四字格中,“走”与“谈”、“看”与“忘”、“叫”与“到”、“买”与“卖”具有意义上的相关性。比如两个以上的人在走路时,一般会伴随有“说”、“笑”或“打”、“闹”等动作;一个人看书或看信时,“看”了之后会有两种结果,要么“记”住了,要么“忘”掉了。

例①中的“边走边谈”这一四字格中,腿部动作“走”与嘴部动作“谈”是同时进行的,强调的是二者在时间上的同步性;当然,从语义重心来看,以“走”为主,“谈”是其伴随性动作。特别需要注意的是,嵌入“边……边……”格式的两个动词,它们表示的都是由同一个主体发出的动作、行为。

① 王丽彩:《“连/又/一边 V_{P1},带/又/一边 V_{P2}”格式探析》,《汉语学习》2007年第6期。

嵌入“随……随……”格式的也是自主性较强的单音节动词，但这两个动词之间具有时间上的先后相承性，这两个动词所表示的动作、行为可以是由同一个动作主体发出的，也可由不同的动作主体发出。如例②中的“随看随忘”，“看”的动作在前，“忘”的动作在后，二者具有相关性，这两个动作是由同一个主体发出的。而例③中的“随叫随到”，“叫”的动作在前，“到”的动作在后，“叫”的主语是生病的领导干部，“到”的主语是医护人员，即领导干部“叫”医护人员就“到”，两个动作是由不同的主体发出的。

嵌入“现……现……”格式的单音节动词同嵌入“随……随……”格式的动词一样，它们所表示的动作也多存在时间上的先后性，前一个动作发生在前，后一个动作发生在后，为了进行后面的动作、行为，临到它要进行之前去进行前面的动作、行为，强调二者接得很紧。在例④中的“现买现卖”中，“买”的动作在前，“卖”的动作在后，其先后顺序不能颠倒。但与嵌入“随……随……”格式的动词不同的是，嵌入“现……现……”格式的两个动词，它们表示的是由同一个主体发出的动作、行为。

(2)嵌入B类格式的成分相对多样，多为单音节动词、形容词或方位词，嵌入成分之间具有相对、相反的意义关系。如：

①自从来到北戴河海边，她常常看见他好像影子般在自己身边时隐时现。(杨沫《青春之歌》)

②这劳改煤矿……没有大面积连成一片的深厚煤层，而是东一堆、西一堆的所谓“鸡窝煤”，煤层也就时深时浅，时大时小，不利于机械操作。(彭荆风《绿月亮》)

③飞来一对蝴蝶，时上时下，时前时后，在嬉戏，在打闹。(《安徒生童话故事集》)

④看着这种景象，真令人又喜又怕：喜的是这些沙柱在平原上飘摇，忽聚忽散，忽分忽合，忽高忽低，忽起忽落，乱纷纷

地无法形容……(凡尔纳《格兰特船长的女儿》)

⑤由远处来了条大街,连马路连铺子等等,全晃晃悠悠的,忽高忽低忽左忽右的摆动,好象在大海中的小船,看着有些眼晕。(老舍《小坡的生日》)

例①中的"时隐时现"和例④中的"忽聚忽散"、"忽分忽合"、"忽起忽落"四个四字格中,嵌入的动词"隐"与"现"、"聚"与"散"、"分"与"合"、"起"与"落"是意义相反的动词。例②中的"时深时浅"、"时大时小"和例⑤中的"忽高忽低"三个四字格中,嵌入的形容词"深"与"浅"、"大"与"小"、"高"与"低"都是相对的性质形容词。如"深"与"浅"是一对相对反义词,它们之间还有"不深不浅"的中间状态。以此类推,凡是相对反义词,多可嵌入这两个格式,如"时快时慢"、"时冷时热"、"忽明忽暗"、"忽强忽弱"、"忽松忽紧"等等。例③中的"时上时下"、"时前时后"和例⑤中的"忽左忽右"三个四字格中,嵌入的是意义相对的两个单音节方位词。以此类推,凡是相对的方位词都可嵌入这两个格式,如"时东时西"、"时左时右"、"忽前忽后"、"忽上忽下"等。

此外,这两个格式中还可嵌入名词,不过,这些名词的性质发生了变化,由名词活用为动词。如:

水草地的气候千变万化,日日年年,时时刻刻,都是忽风忽雨,忽霜忽雪,要下,就是一场大冰雹。(宋之的《草地颂歌》)

一般情况下,我们认为"风"、"雨"、"霜"、"雪"是表自然现象的名词,当它们嵌入"忽……忽……"格式后,都活用为动词,表示"刮风"、"下风"、"下霜"、"下雪"的意思。

(二)构式义的比较分析

1. A类格式的构式义

"边……边……"、"随……随……"和"现……现……"三个格式的构式义与其固定部分有关。“边”、“随”和“现”在几个格式中都是作副词用。

“边……边……”格式中的“边”，《现代汉语词典》(第6版)列出这样一个义项：

> 副两个或几个“边”字分别用在动词前面，表示动作同时进行：~干~学|~收件，~打包，~托运。

这一格式的意义与“一边……，一边……”格式的意思相当，都表示“动作同时进行”。

“随……随……”格式中的“随”，意思是“随时”，“随叫随到”即是“随时叫随时到”，因此，“随……随……”格式表示“后一个动作紧接着前一个动作发生”。

“现……现……”格式中的“现”，意思是“临时”，《现代汉语虚词例释》指出，“现”是副词时，“表示动作或行为根据某种需要临时产生，说明由行为动作所产生的事物，不是事先就准备的或事先就有的”[①]。因此，“现……现……”格式表示“为了某个目的而临时采取某种行动”的意思。

2. B类格式的构式义

李艳华指出：“忽而……忽而……”和“忽……忽……”是“现代汉语中表达瞬时交替的常用格式”[②]，主要表达的是动作的交替、性状的交替和方位的交替。其实，“时而……时而……”和“时……时……”两个格式也有“瞬时交替”义，这是两个格式在构式义上的相同之处。如：

> “热乎茶鸡蛋”的叫卖声、颤颤的流行歌曲、哼唧唧的地方

① 北京大学中文系1955、1957级语言班：《现代汉语虚词例释》，商务印书馆1982年版，第441页。

② 李艳华：《瞬时交替义“忽而A，忽而B”格式分析》，《云南师范大学学报》2009年第4期。

小调,时近时远,忽高忽低,似缠绵的风,如拨乱的弦。(赵德明《知我者》)

以上例子中的"时近时远"是指声音一会儿近、一会儿远的交替变化,"忽高忽低"是指声音一会儿高、一会儿低的突然性的交替变化。

实际上,嵌入"时……时……"和"忽……忽……"这两个格式的词大体上是相同的,能够嵌入"时……时……"格式的词一般也能嵌入"忽……忽……"格式,例子中的"忽高忽低"也能换成"时高时低",只是意思略有不同,这与"时……时……"和"忽……忽……"构式义的细微差别有关。这两个格式中的固定部分"时"和"忽"原来都是实词,在发展过程中,都经历了一个语法化的过程。"时"的本义,《说文解字》曰:"时,四时也。从日,寺声。旹古文时,从日之。"段玉裁注云:"本春秋冬夏之称,引申之为凡岁月日刻之用。"在"时……时……"格式中,"时"是一个时间副词,修饰后面的动词、形容词或方位词,表示"一会儿这样,一会儿那样",有"变化不定"的意思。

"忽"的本义是"忘",《说文解字·心部》:"忽,忘也。"后来又发展出"倏忽"义,在这一意义的基础上虚化为副词。马景仑曾解释"忽"的意义特点:"'忽'的特点是强调突然、迅急、出人意料和瞬息间的急速变化,与现代汉语副词'忽然'相当。"①两个"忽"配合使用,相当于"忽而……忽而……"或"一会儿……一会儿……",有"很快、突然地交替变化"的意思。因此,相比于"时……时……"格式,"忽……忽……"格式在构式义上的突出特点是它所表达的交替义有突发性。

---

① 马景仑:《古汉语时间副词"忽、卒、遽、亟、骤"的词义差别》,《南京师范大学学报》1991年第3期。

第六节 其他待嵌格式

在对前述五大类待嵌格式进行分类描写的基础上,我们现在对其他的待嵌格式加以简要说明。

在其他类待嵌格式中,"连……带……"、"或……或……"、"一……而……"、"不……而……"等格式的能产性较强,属于典型待嵌格式。

"连……带……"格式构成的四字格有510个。到目前为止,研究"连……带……"格式的文章不少,有代表性的是李芳杰、王维成、蔡德荣、王黎、王丽彩等。这一格式有两个构式义:一是"表示前后两项都包括",嵌入的多是意义相类的名词,如"连本带息"、"连车带马"、"连名带姓"等;二是"表示两种动作紧连着,差不多同时发生",嵌入的多是意义相类或相近的动词,如"连哄带吓"、"连讲带唱"、"连吃带笑"、"连吃带喝"、"连喊带叫"、"连推带搡"等。

"或……或……"格式构成的四字格有275个。这一格式表示在两种事物中必选其一,意思是"或者这样或者那样",嵌入的多是意义相对或相反的形容词、动词或方位词,如"或明或暗"、"或大或小"、"或红或绿"、"或生或熟"、"或动或静"、"或隐或现"、"或东或西"、"或上或下"等。

"一……而……"格式构成的四字格有144个。这一格式表示"前面的动作很快产生了后面的结果",嵌入的多是意义相关的动词,如"一哄而上"、"一抢而空"、"一闪而过"、"一跃而起"、"一挥而就"、"一扫而光"、"一笑而过"、"一拥而上"等。

"不……而……"格式构成的四字格有109个。这一格式表示"虽不具有条件或原因而产生某结果",嵌入成分中前一个多是形容词或动词,后一个多是动词,如“不败而走”、“不辞而去”、“不得而知”、“不欢而散”、“不劳而获”、“不谋而合”、“不胫而走”等。

其他一些格式能产性相对来说要弱一些:“非……即……”格式构成的四字格有 68 个,如“非此即彼”、“非东即西”、“非真即假”等;“屡……不……”格式构成的四字格有 48 个,如“屡试不爽”、“屡见不鲜”、“屡投不中”等;“百……不……”格式构成的四字格有 40 个,如“百折不挠”、“百问不厌”、“百禁不止”等;“惟……是……”格式构成的四字格只有 9 个,如“惟利是图”、“惟命是从”、“惟你是问”等。

第四章　待嵌格式产生的动因

语言体系不是封闭或自足的,而是具有开放性和依赖性。一般认为,社会的发展、语言内部要素的相互影响、人们认知心理的变化等都是促使语言发展的基本动因。待嵌格式的产生和发展也不例外,它们之所以能在汉语中存在并广为人们青睐,有其鲜明的理据:一是受到汉民族普遍的社会文化心理的影响,二是受到汉语特点及自身发展规律的影响,三是受到语言内部存在的普遍机制的影响。本章即对待嵌格式产生的外部动因及内部动因进行探讨。

第一节　社会文化的影响

每个民族的语言结构都有各自的规律,其规律并非人为硬性规定的,而是若干代人约定俗成、相沿习用的结果。我们认为,待嵌格式是汉民族几千年的历史传统、民族文化濡染的产物;汉民族特有的思维方式和审美追求,古代的四言诗、近代的俗文学等文学作品都不同程度地促动了待嵌格式的产生和发展。

一、汉民族思维方式的影响

一个民族的语言与其思维方式之间有着千丝万缕的联系,它们相互渗透、相互促进、相互制约。所谓民族的思维方式，是“在民族的文化行为中，那些长久地稳定地普遍地起作用的思维方法、思维习惯，对待事物的审视趋向和众所公认的观点”①。从广义的视角来看，待嵌格式的产生同样受到汉民族特有的思维方式的影响。

（一）讲求对立统一的辩证思维方式的影响

法国著名汉学家谢和奈曾指出汉语的特点与汉民族思维方式的关系：“汉语没有屈折变化，于是靠为数不多的助词，利用近义词项的合并，反义词项的对仗、节奏和并列，‘词’或语义单位的位置及其不同关系等帮助理解语句……不论在哪个层次上，意义均从组合当中产生。在中国人的思维方式里，成对的互补概念和对应概念之所以起主要作用，特别是那种强调相辅相成的根本特点，原因大概就在这里……中国思想不处理是与否，存在与不存在的问题，它关心的是踵接相继、相互结合与互补的对立体。”②的确，汉民族特别讲究“成对的互补概念和对应概念”，中国传统哲学中一直贯穿着“天人合一、刚柔相济、相反相成、物极必反、对立统一”等辩证哲理思想，这些“深层文化”对我们的语言产生了极大的影响。比如产生于殷周之际的《周易》，就有许多表示矛盾对立的词，如“吉—凶”、“福—祸”、“大—小”、“出—入”、“往—来”、“进—退”、“上—下”、“得—丧”、“生—死”、“外—内”、“泰—否”、“益—损”等；再如在具有丰富辩证法思想的《老子》中，更是以对照、对比的方式频繁地使用这种两两矛盾的概念，如“有无相生”、“难易相成”、“长短相形”、“高下相倾”、“音声相和”、“前后相随”等。张国宪在研究汉语的对举格式时总结道：“世界各民族在思想方式上各

① 张岱年、成中英：《中国思维偏向》，中国社会科学出版社 1991 年版，第 1－2 页。

② 转引自〔法〕克洛德·海然热：《语言人：论语言学对人文科学的贡献》，三联书店 1999 年版，第 174－175 页。

有其独具的特色,具有强烈的民族性。翻开中国思想哲学史可以看出,汉族人一直倾向于发展辩证思维,注重相对主义的思想方法,它的特点是坚持普遍联系,整体考察。这种民族的思维特点和思维习惯折照到汉语言上就是讲究对称与和谐,善长于运用平行结构的相互衬托来形成一个平衡的有机整体,以产生独特的语义效应。"[①]汉民族这种讲究对立统一的思维模式深深影响了待嵌格式的构造,许多待嵌格式生成的四字格表面上看相对相反,实则相辅相成,具有内在统一的关系。具体表现为:

第一,固定部分相对或相反,嵌入部分相同或相近,但整体上同义。如在"大……小……"格式中,固定部分"大"与"小"相对,而在由其构成的四字格如"大事小情"、"大街小巷"中,"大"、"小"不再是相对义,而是意义上相互参照,相互补充,形成互文,使得整个格式具有"所有的、全部的"这一整体义。再如方位名词待嵌格式中,其固定部分"东"和"西"、"南"和"北"、"左"和"右"表面上互相对立,而在其生成的四字格如"东说西说"、"南征北战"和"左观右望"中,固定部分的具体方位义已经削弱或完全消失,格式具有"四处、到处"这一更为概括的整体义。

第二,固定部分相同或相近,嵌入部分相对或相反,但整体上同义。如"不……不……"格式,固定部分是相同的,其中可以嵌入意义相对的一些词生成"不高不矮"、"不长不短"、"不大不小"、"不深不浅"、"不上不下"等四字格,因为"不……不……"格式具有"否定两端,取适中状态"的构式义,这些四字格也就有了"恰到好处"的整体义。

第三,固定部分相对或相反,嵌入部分亦相对或相反,语义上

① 张国宪:《论对举格式的句法、语义和语用功能》,《淮北煤炭师范学院学报》1993 年第 1 期。

相互补足。如“有……无……”格式，固定部分相对，嵌入意义相对的一些词，生成如“有名无实”、“有勇无谋”、“有增无减”、“有来无回”等四字格，通过一对反义词“有”与“无”把具有内在联系的语言单位连接起来，从正反两个方面说明同一事理，内容上相互映照、相互补充，有突出强调的作用，表现力比较强。

我们考察了《现代汉语词典》（第6版），这种具有对立统一关系的待嵌格式有16个。

待嵌格式	固定部分的关系	嵌入部分的关系		示 例
		同义或近义	相对或相反	
爱……不……	相对或相反	+		爱吃不吃
东……西……		+		东张西望
非……即……			+	非此即彼
前……后……			+	前倨后恭
似……非……		+		似笑非笑
有……无……			+	有增无减
左……右……		+		左说右说
七……八……	同义或近义		+	七长八短
半……半……			+	半明半暗
半……不……			+	半死不活
不……不……			+	不方不圆
大……大……			+	大起大落
没……没……			+	没深没浅
说……道……			+	说黑道白
一……一……			+	一张一弛
有……有……			+	有利有弊

刘贤俊考察《现代汉语词典》中的待嵌格式时指出:它们呈现出“同形异向、异形同向”[①]的趋势。这里的“同形”指的是固定部分相同,“异形”指的是固定部分不同;“同向”指的是嵌入部分意义相近,“异向”指的是嵌入部分意义相反。“同形异向、异形同向”指的就是相同的固定部分多与不同的嵌入部分组合,不同的固定部分多与相同的嵌入部分组合,由它们生成的四字格表达的是更为概括、更为抽象的整体义。这一趋势体现出待嵌格式在与其他成分组合时既对立又统一的特点,与我们所得结论一致。

(二)以形象思维为主的思维方式的影响

中西思维方式比较研究表明,西方人擅长抽象思维,而中国人擅长形象思维,不同的思维方式对语言有着不同的影响。英语倾向于使用表达同类事物的整体词来表示具体的事物或现象,用词倾向于虚;而汉语用词倾向于具体,常以实的形式表达虚的概念,以具体的形象表达抽象的内容。游汝杰指出:“古代中国人不善于抽象的理论思维,而善于凭经验直觉行事……这种文化传统在汉语的表达法和词法上都有所反映。”[②]这一思维倾向决定了我们说话追求语言表达的生动传神,深刻细腻,常以具体的形式表达抽象的意义,强调“意在言外”。而待嵌格式生成的四字格描绘性特点比较强,有的四字格还带有明显的色彩意义,能够满足说话人在用词上求形象、求生动和求简洁的心理。

1.一般而言,四字格的形象色彩较之单音节词和双音节词强

杨振兰认为:“形象色彩词一般是标记有形、有声、有色、有状态、有动作的具体的客观事物和现象的,由此抽象概括而来的概念

---

① 刘贤俊:《现代汉语连词联系项的多能性》,《世界汉语教学》2005年第4期。

② 游汝杰:《中国文化语言学引论》,高等教育出版社1993年版,第177页。

本来就偏重于客观存在形象特征的概括、说明,而主体在造词时又将其整体的或某一方面的形象性特征有意识地纳入词的形式中,有意识地在词的形式中加以表现。”[①]从音节数量的角度来看,词有单音节和复音节之分。一般来说,单音词多不蕴涵形象色彩,因为单音词只有一个字,既无从修饰又难以描述,很难作为形象色彩的载体。而复音词中形象色彩词比较多,而且词的音节越长,其形象性的可能性越大。试比较“拐弯”和“七拐八弯”在表情达意方面的不同:

①谁知离我们还有数丈远时两位却坐了下来,车子也加快速度,拐弯进了新华门。(邓友梅《好您哪,宗江大哥》)

②轿车猛拐弯,如同卡通片里一匹莽撞的兽,夸张地急刹在别墅大门前。(莫言《红树林》)

③田平开着车七拐八弯,居然拐入细肠般的小巷。让豆儿如若灌了迷魂汤脑子里糊糊涂涂起来,心觉有趣,油然升一股地下党员找暗号接头的滋味。(方方《白雾》)

④我知道,出左手那条小街就是一撮七拐八弯的小巷子,尽是些小户人家,一排一排的木板房子住着卖豆浆的也有,拖板车的也有,唱莲花落的瞎婆子,削脚剔指甲的,全挤在那里。(白先勇《玉卿嫂》)

实际上,双音节词“拐弯”比单音词的“拐”更能给人一定的形象感,不过与“七拐八弯”相比,后者的形象性更强,能使读者想象、联想到特定的场景或形象,而且从语义上来看,“七拐八弯”并不是简单地拐了七八个弯的意思,而是含有拐了好多弯的主观评价意义,其语义发生了增殖。同时,“拐弯”在例①和例②中只能作谓语,而“七拐八弯”除了在例③中作谓语外,在例④中还作了定语,

① 杨振兰:《现代汉语词彩学》,山东大学出版社1996年版,第99页。

修饰后面的名词“小巷子”,有了形容词的用法,其语法功能明显增加。

2. 四字格采用了不同的修辞格

待嵌格式生成的四字格多具有鲜明的具象特点,这与它们采用的多种修辞格密切相关,这是汉语四字格的突出特色。正如郭绍虞指出的:“西方的语法固然也有部分结合修辞的现象,但总没有像汉语这样突出。汉语的语法可说经常与修辞相结合。”①从整体来看,它们都采用了“镶嵌”这一辞格;从细微处着眼,不同的四字格所采用的修辞格又有所不同。具体来说:

(1)互文。互文是古代汉语中常常采用的一种修辞格。互文中的前后两个部分,前因后省,后承前而略,前后相互包孕,相互补足,从而形成一个整体。如由数词待嵌格式和方位名词待嵌格式生成的四字格,在结构上平行并列,用词交错有致,意义上彼此隐含,彼此渗透,有相互补充之效,属于互文式表达。如“七嘴八舌”表面上看是“七八张嘴七八条舌”,实际上是形容人多嘴杂;“东奔西走”,表面上看是“向东奔走向西奔走”,实际上是表示“四处奔走”的意思。

(2)对比。即有两个部分意义相对相反、另两个部分意义相同或相近从而整合在一起表达一个整体的意义。如“大……小……”(大呼小叫、大惊小怪、大事小情)相对相衬,相反相成,表示“极度、过分”的构式义;再如“紧……慢……”(紧跑慢跑、紧拉慢拽、紧讲慢讲)相对的状态互相映衬,相反而实相成,表示“竭尽全力”的构式义。

(3)夸张。故意言过其实,对客观对象进行扩大、缩小或超前

① 郭绍虞:《汉语语法修辞新探》(上册),商务印书馆 1979 年版,第 6 页。

的描述，这种修辞格就是夸张。如“千……万……”（千军万马、千变万化、千辛万苦），“千”和“万”不表示实际数目，只是虚指，极言其多，表示“数量极多、程度极深”的构式义；“天……地……”（天罗地网、天崩地裂、天公地道），人世间最大者莫过于天与地，用“天”和“地”来形容事物或现象，表示“规模极大、程度极深”的意义。

（4）比喻。比喻就是用本质不同但又有相似点的事物来描绘事物或说明道理的修辞格。如“如……似……”（如花似锦、如狼似虎、如金似玉）、“如……如……”（如火如荼、如云如霞、如诗如画）、“似……似……”（似烟似雾、似刀似剑、似云似锦）等通过比喻，互相映衬，说明某种性质或状态。在以上四字格中，只出现了喻体和喻词，没有出现本体。“这种比喻格式是成语中所特有的……因为成语比喻是‘语言的’而非‘言语的’，因此，它可以省去本体，作语言材料供人们使用。”①

（5）借代。不直接说出本体事物，而是用与它密切相关的形象特征来指称事物本身，这种辞格就是借代。人体名词待嵌格式生成的四字格多用这种修辞手法。如“……头……脑”（贼头贼脑、呆头呆脑、傻头傻脑），用“头”和“脑”来指代人的“智力水平”；再如“……手……脚”（指手画脚、毛手毛脚、轻手轻脚），用“手”和“脚”来指代人的“动作、行为”。

通过以上分析可知，由待嵌格式生成的四字格多具有鲜明的修辞效果，能够表现出汉语的形式整齐、音韵和谐、简洁生动、形象感强等特点。

① 莫彭龄：《成语比喻的文化透视》，《常州工业技术学院学报》1997 年第 1 期。

二、文学作品的影响

语言和文学是密不可分的，文学本身就是语言的艺术，文学对一些语言现象的产生和发展有着极大的推动作用。先秦的四言诗、汉魏晋南北朝时期的佛经翻译以及近代的白话文学作品都深刻地影响了待嵌格式的产生和发展。

(一)四言诗的影响

早在周朝就形成的四言诗一直统治着诗歌领域，直到东汉末年，五言诗才真正出现，四言诗兴盛了一千多年，为汉语积淀了丰富的词汇，留下了大量的四字格词语。从历时的角度来考察，古汉语中的四言作品为待嵌格式的产生提供了丰厚的土壤。前文已经论及，待嵌格式是在四字格形式的言语中提炼出来的一种构造词语的模式，当然，四字格词语在最初产生时，它们是言语单位而非语言单位。

比如在《诗经》中，我们就能看到一些待嵌格式的雏形。《诗经》是我国第一部诗歌总集，在 305 篇作品中，共有四字句 6724 个，占全部诗句(7284 句)的 92.3%。陆志韦曾专门统计过《诗经》中的并立四字格，这类四字格出现了 557 次，证实现代汉语中并立四字格的各种类型在《诗经》中已经出现。我们进行了粗略的考察，发现在《诗经》中已有“如”、“如”对举以及“不”、“不”对举等构成的数量众多的四字格。如：

瞻彼淇奥，绿竹猗猗。有匪君子，如切如磋，如琢如磨。

瞻彼淇奥，绿竹如箦。有匪君子，如金如锡，如圭如璧。

——《诗经·卫风·淇奥》

其他再如：

如兄如弟　如山如河　如山如阜　如冈如陵　如轻如轩

如霆如雷　如几如式　如茨如梁　如坻如京　如蛮如髦

如圭如璋　如埙如篪　如璋如圭　如取如携　如蜩如螗
如沸如羹　如惔如焚　如雷如霆　如震如怒　如飞如翰

不稼不穑，胡取禾三百廛兮？不狩不猎，胡瞻尔庭有县貆兮？（《诗经·魏风·伐檀》）

不忮不求，何用不臧？（《诗经·邶风·雄雉》）

既坚既好，不稂不莠。（《诗经·小雅·大田》）

君子于役，不日不月。（《诗经·王风·君子于役》）

何天之休，不竞不絿，不刚不柔。（《诗经·商颂·长发》）

其他再如：

不宁不令　不戢不难　不识不知　不坼不副　不愆不忘
不僭不贼　不留不处　不测不克　不吊不祥　不显不承
不吴不敖　不吴不扬　不亏不崩　不震不腾　不震不动
不戁不竦　不僭不滥　不骞不崩

在现代汉语中，它们分别发展成为"如……如……"和"不……不……"等格式。孙艳在考察《诗经》中的四字格时指出，"ABAC式是《诗经》中数量最多的格式"，例如"不日不月"、"如切如磋"、"以敖以游"等，"这一格式的特点是重叠部分由虚词构成，形成一种相对稳定的格式，再将实词部分填进去，构成既对称又有一定变化的四音格结构……这样的格式在诗中频繁出现，无非是要营造复沓的音律效果，属于造句格而非造词格"①。必须强调指出的是，就四字格这一语言现象而言，正是因为有《诗经》在四字格形成上的巨大影响，才出现了以后佛经翻译、通俗文学、白话小说等文学作品对四字格进一步形成和发展的促进作用。

① 孙艳：《汉藏语四音格词研究》，中央民族大学2005年博士学位论文，第24－25页。

（二）辞赋、骈体文的盛行、佛经翻译和佛教传播的影响

两汉时期的辞赋中常常会出现四字格的句子，但并非单纯出于追求形式之美，更多的是为内容服务。而到了南北朝时期，文人们则过于追求形式之美，在句法上讲求对偶，句的字数也渐渐趋于骈四俪六，从流传久远的《滕王阁序》、《恨赋》、《别赋》、《哀江南赋》到脍炙人口的《答谢民师书》、《与朱元思书》等，都给后人提供了丰富的四字格素材。

佛经翻译和佛教的传播同样也促进了四字格词语的大量产生。起源于古印度的佛教，在西汉末年传入中国。两千多年来，佛教对中华文化和民族心理产生了深远的影响。相关研究表明，为了便于记诵，译经和佛经语录多采用四字句的句式。佛经翻译采用四言形式是受当时文学语言形式影响的必然结果，反过来，由于佛教的传播和影响，自然又会对汉语产生重要的影响。“佛经翻译利用并激活了汉语固有的四字格模式，使其构词能力大大加强，直接或间接地推动了汉语四字格的蓬勃发展。”①而且，因佛教传播而出现的俗讲、变文对后来的宋元话本特别是明清白话小说有着深刻影响，使得俗白四字格大量涌现。如由数词待嵌格式生成的四字格多见于明清小说中，而其中不少就是早先的佛教词语，如“一男半女”、“三心两义”、“三针两线”、“三茶六饭”、“四面八方”、“四通八达”、“七颠八倒”、“七贫八富”、“千方百计”、“千奇百怪”、“千叮万嘱”、“千般万样”等。

（三）唐宋通俗文学、明清白话小说的推动

唐宋以降，随着俗文学的日益兴盛，俗白四字格得以大量产生，这为一些待嵌格式的进一步发展和成熟奠定了坚实的基础。

① 孙艳：《佛经翻译与汉语四字格的发展》，《中央民族大学学报》2005年第1期。

唐宋以来，各种体裁的白话作品（如“南戏”、“诸宫调”、“杂剧”、“平话”、“小说”等）逐步增多，使得汉语口语词汇迅速发展并源源不断进入到书面文学作品之中。尤其是自宋元话本出现以后，小说语言的白话化已成不可逆转之势，这对于待嵌格式的产生有着极大的催动作用。下面以宋代朱熹的《朱子语类》为例加以说明。

《朱子语类》是一本语录体，它记载了朱熹与其门人弟子讲学答问的语录，其中既有书面语成分，又有口语成分。据曹儒统计，《朱子语类》中的四字语共有243个，其中45个见于上古、中古的语料，其他的198个均产生于近代。在对这些四字语进行细致探讨的基础上，曹文谈到“待嵌格式”这类现象，并指出“一部分待嵌格式可以在《朱子语类》中见到”[①]。文章主要列举了两类格式：一是方位名词待嵌格式，即“东……西……”和“左……右……”；二是数词待嵌格式，即“一……一……”、“千……万……”和“七……八……”等。据陈明娥的研究，在《朱子语类》中出现了大量的固定格式，如“半……半……”、“一……一……”、“千……万……”、“七……八……”、“不……不……”、“有……有……”、“无……无……”、“没……没……”、“彻……彻……”、“前……后……”、“……来……去”等，由这些固定格式生成的四字格近300个。固定格式的使用，“不仅体现了朱熹语录的口语化特点，而且形成了灵活多变的语体风格”[②]。如：

①夷齐处君臣间，道不合则去。泰伯处父子之际，又不可露形迹，只得不分不明且去。（《朱子语类》卷三五）

②三子皆是去事上见得此道理，而子路之言不让，则便是

① 曹儒：《〈朱子语类〉四字语分析》，《南开语言学刊》2006年第1期。

② 陈明娥：《从四字格看〈朱子语类〉的语言特点及对后世的影响》，《阜阳师范学院学报》2009年第6期。

不知不觉违了这个道理处,故夫子哂之也。(《朱子语类》卷四〇)

③若不格物、致知,事至物来,七颠八倒。(《朱子语类》卷一四)

④人也只孝得一个父母,那有七手八脚,爱得许多!能养其父无阙,则已难矣。(《朱子语类》卷一五)

⑤今人只一言一动,一步一趋,便有个为义为利在里。(《朱子语类》卷一一九)

⑥左来右去,尽是天理,如何不快活!(《朱子语类》卷二九)

明清两季是小说发展的高峰期,小说词汇呈现出蓬勃发展的趋势,四字格词语得到了空前的丰富和发展。比如:18 世纪中叶的《红楼梦》是近代汉语向现代汉语过渡时期成就最高的文学作品,也是中国小说史上第一部以北京话为基础方言写成的长篇小说,有极高的语言成就。《红楼梦》中的四字格极为丰富,具有极大的艺术描绘作用,这构成《红楼梦》语言的一大特色。高增良以四字格为对象,编写了专门的《〈红楼梦〉四字格辞典》,共收四字格词语 5000 余条,数量如此众多的四字格为待嵌格式的产生提供了丰厚的土壤。我们对该辞典进行了系统考察,概括出待嵌格式的数量约有 48 个。《现代汉语词典》(第 6 版)所收的 34 个待嵌格式,在《红楼梦》中出现的就有 16 个,占词典所收格式总数的 47% 强。根据固定部分词性的不同,具体可分为:

格式	数量	例子
名词待嵌格式	18	……手……脚、……眉……眼、……嘴……舌、……头……脑、……头……脚、……头……尾、……心……意、……声……气、……前……后、……东……西、天……地……

（续表）

格　式	数　量	例　子
动词待嵌格式	6	有……有……、有……无……、无……无……、……来……去、可……可……
形容词待嵌格式	4	大……大……、大……小……、多……多……、……长……短
数词待嵌格式	11	一……一……、千……万、七……八……、三……四……、一……半……、半……半……
副词待嵌格式	5	不……不……、没……没、忽……忽……、同……同……
其他待嵌格式	4	或……或……、连……带……、似……非……

以上格式有的能产性比较强，如“一……一……”格式，在《红楼梦》中生成的四字格有 36 个，如“一举一动”、“一长一短”、“一五一十”、“一悲一喜”、“一心一计”、“一还一报”、“一冲一撞”、“一山一水”、“一朝一夕”、“一时一刻”、“一生一世”、“一来一去”、“一饮一食”、“一模一样”等；动词“无……无……”生成的四字格有 23 个，如“无缘无故”、“无情无义”、“无胆无心”、“无知无识”、“无知无觉”、“无贪无忌”、“无拘无束”、“无情无绪”、“无踪无影”、“无依无靠”、“无家无业”、“无根无绊”、“无昼无夜”、“无法无天”、“无知无识”等；嵌数词的四字格总数超过了 130 个，如“一来二去”、“三求四告”、“七大八小”、“七言八语”、“七死八活”、“七上八下”、“连三接四”、“拿三搬四”、“推三拉四”、“唠三叨四”、“恨五骂六”、“一男半女”、“低三下四”、“吆五呵六”、“喊七叫八”等。

众所周知，曹雪芹学识渊博，语言功力深厚，他注重对语言的加工润色，语言具有新鲜别致、不拘一格等鲜明特色。而待嵌格式——这一创造新词语的模式恰恰满足了他对语言艺术的追求。如数词待嵌格式“……三……四”,在《红楼梦》中生成的四字格就有19个。通过统计语料库古代汉语部分,我们发现:除了少数四字格如“言三语四”、“低三下四”、“呼三喝四”、“横三竖四”在《红楼梦》以前的著作中已经被使用外,其他的四字格都是在这一名著中首次出现的。它们分别是:

称三赞四　唠三叨四　求三拜四　察三访四　狂三诈四

牵三扯四　拿三撇四　拿三搬四　挑三窝四　调三惑四

调三窝四　牵三挂四　连三接四　推三扯四

这应该是作者在学习前人基础上的一种推陈出新的结果,高增良指出:“……三……四”类四字格“是曹雪芹经心意造的词语,应属于个人的言语创新成分,是曹雪芹为汉语这一语言宝库‘添砖加瓦’的例证”①。这些四字格生动活泼,表现力强,口语色彩鲜明,贬义色彩突出。如:

①今儿听见有人欺负了他兄弟,又是恼,又是气。恼的是那群混账狐朋狗友的扯是搬非、调三惑四的那些人;气的是他兄弟不学好。(《红楼梦》第十回)

②不知天有多高,地有多厚,成日家调三窝四,干出这些没脸面没王法败家破业的营生。(《红楼梦》第六十八回)

③如今咱们家里更好,新出来的这些底下奴字号的奶奶们,一个个心满意足,都不知要怎么样才好,少有不得意,不是背地里咬舌根,就是挑三窝四的。(《红楼梦》第七十一回)

④平儿忙道:“你快去罢,不相干的。我们老太太最是惜老怜贫的,比不得那个狂三诈四的那些人。”(《红楼梦》第三十

---

① 高增良:《〈红楼梦〉四字格辞典》,北京语言文化大学出版社1996年版,第770页。

九回)

⑤袭人笑道:“倘或那件孔雀褂子襟再烧了窟窿,你去了,谁能以补呢?你倒别和我拿三搬四的。”(《红楼梦》第六十二回)

⑥(晴雯)“这位奶奶那里吃了一杯来了,唠三叨四的,又排场了我们一顿去了。”(《红楼梦》第六十三回)

例①中的“调三惑四”、例②中的“调三窝四”和例③中的“挑三窝四”,意思基本相同,都是形容爱搬弄是非,挑拨离间。以上四字格的细微差别使得《红楼梦》的语言灵活多变,富于情趣。例④中的“狂三诈四”,形容诓骗、欺诈。老太太“惜老怜贫”,那些人“狂三诈四”,鲜明对比中,平儿的伶牙俐齿、能言善道可见一斑。例⑤中的“拿三搬四”是装模作样、故意刁难的意思。袭人是主子得宠的丫头,老成圆滑,能说会道,“拿三搬四”用得生动传神。例⑥中的“唠三叨四”形容人说话絮絮叨叨、啰里啰嗦,具有贬义色彩。

我们在第三章曾对部分典型的待嵌格式进行了历时考察,并参考了蔡德荣、张延成、刘志生、孙艳等学者的相关研究成果,似乎可以作出这样一个推断,就是明清时期是一些待嵌格式发展、成熟的关键时期。其成熟的标志在于:第一,它们的使用频率较之前有了很大提高,构造四字格的能力明显增强;第二,一些待嵌格式有了比较凝固的构式义。如数词待嵌格式、方位名词待嵌格式、否定副词待嵌格式、“连……带……”格式、“……来……去”等格式都渐趋于成熟。

第二节　汉语的特点及其发展规律的影响

作为一类重要的框架式结构,待嵌格式之所以能在汉语的土壤中产生并得以不断丰富、发展,与汉语的特点及其发展规律密切相关。

一、汉语特点的影响

(一)汉语中丰富的四字格是待嵌格式得以产生的基础

谈待嵌格式的产生,绕不开一个关键的、核心的概念——四字格。因为:第一,待嵌格式作为一类词汇性框架脱胎于汉语中丰富的四字格词语,如果没有这些四字格作为根基,待嵌格式也就无由产生;第二,待嵌格式生成的语言单位主要是四字格,也就是说,待嵌格式是四字格词语不断丰富和发展的一种重要方式。

1. 汉语的四字格及其特点

(1)汉语的四字格。郭绍虞指出:"汉语的四言词组是一个'所独',因为任何一种语言,都没有象汉语中四言词组那样的形式,而且这种形式又是在汉语中特别发展的。"①王秉钦认为:"汉语是世界上最丰富、最发达的语言之一。它有许多语言现象是其他语言所不拥有的。比如对举词、叠词、四字格等等。"②可见,四字格乃"华文所独",是比较能够体现汉语民族特色的一类语言现象。同时,四字格因类推性强,展示出强大的生命力,在现代汉语词汇中占有较大的比重。时至今日,四字格在现代汉语中的使用数量呈不断上升的趋势。而从成语的角度来看,学界公认的一个观点是:四字格是汉语成语典型的形式标记,在汉语成语中四字格占据绝对的优势地位。

(2)四字格的特点。四字格自古至今为人们所喜闻乐用,正如吕叔湘指出的:"四音节好像一直都是汉语使用者非常爱好的语音

---

① 郭绍虞:《汉语语法修辞新探》(上册),商务印书馆 1979 年版,第 115 页。

② 王秉钦:《对举词 · 叠词 · 四字语运用新探》,《外语研究》1989 年第 4 期。

段落。最早的诗集《诗经》里的诗以四音为主，启蒙的课本《千字文》、《百家姓》、《李氏蒙求》、《龙文鞭影》等等都是四言。亭台楼阁常常有四言的横额。品评诗文和人物也多用四个字（或八个字）的评语。流传最广的成语也是四言为多。”①为什么“四字格”在汉语中如此丰富且备受青睐呢？这与四字格鲜明的特点有关。

第一，从结构上来讲，四字格长短适中，结构对称，具有一种均衡美。刘叔新谈到固定语时指出：“对于固定语来说，四字格的长度很适中，既不至于形成长串的音节而使人发音不畅便，同时又足可表示丰满、复杂的意思和明晰的结构关系。”②从审美的角度来看，四字格最能凸显汉语庄重典雅的特点，最符合汉文化中“以偶为佳”、“以四言为正”的审美要求。从心理的角度来看，陆志韦指出汉语有这样一种特性：“听一段话或是念一段白话文老是会觉得句子里的字（音节）会两个两个、四个四个结合起来。”③可见，在我们的语感里，双音节词或四音节短语最符合认知习惯和接受心理。而待嵌格式生成的单位不仅多是四字格的，而且这些四字格绝大多数对偶工整，形式均衡，前段和后段的结构相同，固定部分与固定部分词性相同，嵌入部分与嵌入部分词性相同，其意义或相近或相反或相类或相关。如“东拉西扯”，“东拉”和“西扯”都是状中结构，固定部分“东”和“西”都是方位名词，意义相类；嵌入部分“拉”和“扯”都是动词，意义相近。“七嘴八舌”，“七嘴”和“八舌”都是定中结构，固定部分“七”和“八”都是数词，意义相类；嵌入部分“嘴”和“舌”都是名词，意义相类。“说长道短”，“说长”和“道短”都是动宾结构，固定部分“说”和“道”都是动词，意义相近；嵌入部

① 吕叔湘：《现代汉语单双音节问题初探》，《中国语文》1963 年第 1 期。

② 刘叔新：《汉语描写词汇学》，商务印书社 2005 年版，第 186 页。

③ 陆志韦：《汉语的并立四字格》，《语言研究》1956 年第 1 期。

分"长"和"短"都是形容词,意义相对。"大慈大悲","大慈"和"大悲"都是状中结构,固定部分是同一个形容词"大";嵌入部分"慈"、"悲"是形容词,意义相近。

第二,从语音上来讲,四字格的基本节奏是两个音节为一拍,即多是2+2的语音模式,音步整齐,平仄抑扬,且"密而不促"①,读来抑扬顿挫,朗朗上口,富有音乐美感,又因其形式简短,便于传诵记忆,具有强大的生命力。冯胜利认为:四字格是汉语韵律构词的必然产物,四字格就是"复合韵律词","正因如此,所有的复合韵律词都会无一例外地表现出前后两段的性质,因为它们是两个韵律模块的合成体。当然,这两个音步不再是各自独立的个体,而是一个新的统一体(复合韵律词),是一中之二"。②

第三,四字格是一种相对经济的表达形式,适宜于传达丰富的语义内涵。汉语词汇经过了由单音节而双音节的发展,扩大了词语的信息包容量。四字格不仅具有一般双音词的这一特点,而且表意更加丰富,信息容量更大。因而,就词语长度与内涵的相对比较看,四字格貌似繁复,实则经济,与社会的快节奏发展相适应。马国凡指出:"语言的发展要求词语内涵深化与外部形式简化能够兼顾。四字格是兼顾提供密集信息而又不使结构形式过繁的最佳形式之一。"③

简而言之,四字格具有三大优点:结构整齐匀称,语音顺口悦耳,表达言约意丰。因此,无论是在日常生活还是在文学作品以及外文翻译中,四字格被大量使用是一个不争的事实。

---

① 刘勰:《文心雕龙·章句》。

② 冯胜利:《汉语的韵律、词法与句法》,北京大学出版社2009年版,第59-60页。

③ 马国凡:《四字格论》,《内蒙古师大学报》1987年第3、4期。

2. 由四字格发展出待嵌格式的方式

四字格的以上优势，加之四字格修辞功能突出的特点，使得四字格成为现代汉语词汇中的一个重要组成部分而大大地发展起来，随着这种发展的深入，就为待嵌格式的产生提供了有利的条件。马国凡指出："四字格是最有活力的一种格式化结构，它的活力几乎是无限的。四字格中有许多相同的格式，这种格式虽不能说是毫无意义，但其意义却极不稳定。作为一种格式，它存在于许多同类的四字格结构之中，它又可以抽取出来变成一种可以根据需要而临时放入需要的成分的格式化结构。"①当然，并不是所有的四字格都能被概括发展成待嵌格式。我们认为由四字格发展成待嵌格式可从以下两个不同的角度加以考察。

第一个角度，从一般意义上来说，待嵌格式的产生依赖于含有相同成分的四字格达到一定的数量，经过人们归纳概括，完成由量变到质变的过程，凝缩为待嵌格式。待嵌格式作为一类框架结构，必须建立在大量的言语事实的基础之上，只有含有某一框架的四字格为社会成员普遍使用，由个体行为变成一种集体行为，它才有产生的可能。对此，可用索绪尔的语言—言语分立学说来加以解释："这两个对象是紧密相联而且互为前提的：要言语为人所理解，并产生它的一切效果，必须有语言；但是要使语言能够建立，也必须有言语。从历史上看，言语的事实总是在前的。"②就待嵌格式而言，只有在言语层面出现了一定数量的由部分相同成分构成的四字格，我们才有可能从中抽取概括出某一表达特定意义的格式，从而使之成为"语言"。比如，正是因为在言语中存在着"千军万马"、

① 马国凡：《四字格论》，《内蒙古师大学报》1987 年第 3、4 期。

② 〔瑞士〕费尔迪南·德·索绪尔：《普通语言学教程》，商务印书馆 1980 年版，第 41 页。

“千山万水”、“千变万化”、“千言万语”、“千难万险”、“千门万户”、“千秋万代”、“千辛万苦”、“千针万线”、“千差万别”、“千真万确”、“千恩万谢”、“千呼万唤”、“千思万想”、“千刀万剐”等含有“千、万”这样相同成分的四字格，我们才有可能抽取出“千……万……”这一格式。使用者可以根据需要利用这一格式临时创造一些新的四字格来表情达意，如创造出“千好万好”、“千说万说”、“千变万变”、“千求万哄”、“千击万磨”、“千淘万漉”、“千恩万爱”、“千愁万恨”、“千筛万选”、“千测万算”、“千村万户”、“千林万壑”等等。对这一格式的熟悉度和使用度越高，这一格式的定型化程度就越高。

第二个角度，从个体的角度来看，待嵌格式的生成得益于语言个体对某一四字格的仿造。很多四字格尤其是成语是被语言使用者作为一个整体储存于大脑之中的，某一特定的情境可能会激活使用者的大脑，他们会摹仿已有的四字格而临时仿造出一些新的四字格以适应当前语境表达的需要。“人具有社会性，每个人在日常活动中，都会受到这样那样的信息的刺激，产生交际欲望。经常作为刺激人们交际欲望的信息表达式就有可能固定下来成为一种语法格式。”[①]比如，“如花似玉”这一成语出自《诗经·魏风·汾沮洳》：

彼汾一方，言采其桑。
彼其之子，美如英。
美如英，殊异乎公行。

彼汾一曲，言采其荬。
彼其之子，美如玉。
美如玉，殊异乎公族。

---

① 石毓智：《论社会平均值对语法的影响——汉语“有”的程度表达式产生的原因》，《语言科学》2004年第6期。

后人套用“如花似玉”构成了“如胶似漆、如饥似渴、如花似锦、如狼似虎”等一些新的四字格，后来逐渐凝固成“如……似……”这一格式，根据这一格式，人们又可以创造出更多的四字格。这一过程可示意如下：

如花似玉
↓
如胶似漆
如饥似渴
如花似锦
如狼似虎
→ 如……似……→
如花似梦
如刀似剑
如云似烟
如画似锦
如诗似歌
如醉似狂
如虹似练

（二）汉语重意合的特点使待嵌格式嵌入部分的语法功能发生变化

1. 汉语重意合特点

现在学界一般认为，从结构的角度来说，世界上的语言可分为四种类型，即孤立语、屈折语、黏着语和复综语，汉语是典型的孤立语，俄语、德语是屈折语的代表。孤立语和屈折语的最大区别是：孤立语缺乏形态变化，而屈折语的形态变化比较丰富，对此，德国语言学家、哲学家威廉·冯·洪堡特早在19世纪就指出了汉语与西方形态语言的明显不同：“在所有已知的语言中，汉语与梵语的对立最为尖锐，因为汉语排斥所有的语法形式，把它们推委给精神劳动来完成，梵语则力图使语法形式的种种细微差别在语音中得到体现。这两种语言的区别显然在于，前一种语言缺乏语法标记，后一种语言有明确显示出来的语法标记。”①所以，西方语言重形

① 〔德〕威廉·冯·洪堡特：《论人类语言结构的差异及其对人类精神发展的影响》，商务印书馆1999年版，第314页。

式,是典型的形合语言;汉语重意义而略于形式,是典型的意合语言。"意合"这一概念是王力提出来的,指的是汉语在词语搭配上注重联想,相对较少注重形式,形成在西方人看来难以解读的超常规、反规范的言语现象。其实,汉语表达的这一特点与我们重领悟、重内容而不重推理、不重形式的思维方式是和谐一致的。

2. 待嵌格式与嵌入部分组合时的意合表现

邢福义指出:"汉语发达的经验理性辨证思维方式,直观体悟的思维方式,不仅使汉语抹上了缺乏形态特征,尚意合、简约的色彩,而且也是汉语语法灵活性的重要基础。"[①]我们看到,待嵌格式在与其他成分搭配而构成四字格时,多能超越句法规律的限制,体现出汉语组词造句的弹性和灵活性。

(1)使不成词语素成了成词语素。众所周知,语素是最小的有意义的语言单位。从功能上来看,语素可以分为成词语素和不成词语素。成词语素能够独立使用,因而具有两种功能:一是与其他语素构成合成词,充当构词语素;二是在言语中独立使用,充当单纯词。而不成词语素不能像成词语素那样独立使用,因而不具备充当单纯词的功能,它只能充当构词语素,在使用时与其他语素组合,构成合成词,这种不成词语素一旦独用,生成的句子可能就是不合法的。但是,在待嵌格式语境中,有些不成词语素可以独立运用,吕叔湘指出:"一般不能单用的语素在四字语里当单词用。"[②]由于现代汉语是由单音节占优势的古代汉语发展而来,古代汉语中单字单用的语法在一定条件下仍在现代汉语中发生作用,造成了现代汉语中的单音节语素即使在一般情况下不能单用,只是构词成分,但在特定场合下,仍有可能作为自由语素,亦作为词来使用。

---

① 邢福义:《文化语言学》,湖北教育出版社 1990 年版,第 273 页。
② 吕叔湘:《汉语语法分析问题》,商务印书馆 1979 年版,第 44 页。

如“不言不语”中“言”和“语”都是不成词语素，在现代汉语中一般不单说或单用，但是一旦进入待嵌格式的框架中，根据同级搭配的原则，应视其为词，都可单说或单用，这体现出汉语语法规律性和灵活性统一的特点。整体考察，无论是待嵌格式的固定部分还是嵌入部分都是这样。如：

A. 非……非……　忽……忽……　屡……不……
……模……样　且……且……　……声……气
无……无……　时……时……

B. 如饥似渴　东奔西跑　大门大户　大是大非
有滋有味　七颠八倒　不卑不亢　半推半就

画横线的部分在古代汉语中都是词，可以独立运用。但从现代汉语的角度看，它们都是不成词语素，不能独立使用，只能与其他语素一起来构词。但是我们看到，一旦它们进入待嵌格式这一特定的语境之中，这些不成词语素就具有词的身份，在四字格中充当某个成分。

(2)临时增加了句法功能。汉语语法属于意合语法，语法规则的控制力有一定的弹性，很多时候只要提供一定的语境条件，某些语法规则就会让步。我们知道，短语是由词组合而成的，但这种组合并不是任意的，是有语义或语法上的一些限制的，假如违反了这些规则，将会构成不合法的结构。但在待嵌格式语境下，则能够突破现有的一些句法规则的限制，使词语的组合能力更强。比如：

名词一般不受否定副词修饰是一条组合规则，如不能说“不人”、“不饭”，但一旦进入待嵌格式就成了合法结构，如“不人不鬼”、“不茶不饭”等。

单音节动词不充当动词“有”的宾语是一条组合规则，但在待嵌格式中可以例外，如“有打有闹”、“有说有笑”、“有商有量”等。

在现代汉语中，数词“一”一般与量词组合成数量短语，但当数词进入待嵌格式后，量词可省略，“一”可以直接修饰后面的不同性质的词，如：

一针一线（名词）　一举一动（动词）　一长一短（形容词）

一左一右（方位词）　一男一女（区别词）

（3）使一些词发生了转类现象。有些成分嵌入待嵌格式后，其词性发生了变化，即出现了临时转类。如：

①母亲反而抚慰她：“好姑娘，不要难过，只要听妈的话，管保咱们有吃有穿，你也还能去上学。”（杨沫《青春之歌》）

②喂同志，感谢你为首都人民没白没黑做的这一切。（王朔《你不是一个俗人》）

③当枪声初起的时候，连贫带富，家家关了门；街上除了那些横行的兵们，简直成了个死城。（老舍《我这一辈子》）

④“我不是中国人，也不是美国人，我不中不西，不土不洋，我不是人，这该好了吧？”许阳真的有点生气了。（白帆《寂寞的太太们》）

“吃”、“穿”在通常情况下是实义动词，但在例①“有吃有穿”这一四字格中，分别是“吃的”、“穿的”的意思，作名词用；“白”、“黑”本是表颜色的形容词，但在例②“没白没黑”这一四字格中，所指是名词性的，是“白天”和“黑夜”的意思；“贫”、“富”本是形容词，但在例③“连贫带富”这一四字格中转类为指人名词，是“穷人”、“富人”的意思；“中”、“西”本是区别词，但在例④“不中不西”中转类为动词，表示“像中国人”、“像西方人”的意思。

二、汉语发展规律的影响

（一）汉语词汇复音化的结果

1. 汉语词汇复音化的特点及原因

汉语词汇由古代以单音词为主到现代以复音词（特别是双音

词)为主是汉语发展的必然趋势,这是学术界公认的事实。虽然古代汉语是以单音词为主,但双音化现象早在先秦就已经出现。据统计,《墨子》中复音词占总词数的 33.4%,《庄子》中复音词占 39.1%,《韩非子》则达到 51%。春秋战国时期双音词的数量增加很大,成为汉语复音化迅速发展的第一个时期;而到了东汉,双音化的步伐开始大大加快。至唐代,双音词为主的词汇系统已经建立,双音化的程度在近代汉语得到进一步提高。在现代汉语的词汇系统里,双音词是最多的。根据周荐的统计,《现代汉语词典》(1996 年版)共收条目 58481 个,其中"双字组合有 39548 个,约占该词典收条总数的 67.625%"①,双字组合之外的单位约占总数的 32.375%。可见,双音节在现代汉语中占有绝对的优势,双音节是汉语词的基本形式。

关于汉语复音词特别是双音词增多的原因,学者们从不同角度提出了不同的看法。"(1)语音简化说,由王力先生在《汉语史稿》一书中提出。(2)义类义象分离说,由徐通锵先生在《语言论》一书中提出。(3)精确表义说,马真、郭锡良、张世禄、史存直、许威汉、唐钰明等先生持此观点。(4)审美观念说,吕云生、杨琳等先生持此说法。(5)韵律构词说,伍宗文先生就持此观点。"②此外,唐子恒又补充了两种观点:一,外语的吸收,这是王力的观点;二,句法结构词汇化,董秀芳持有此观点。我们比较认同以下看法:

一是为了适应语言表达的需要。社会的不断发展,人的认识的不断深化,要求语言能够反映这些变化以适应交际的需要。古代汉语由于是以单音节为主,导致汉语中存在着大量的同音词和多义词,有的音节要对应数十个甚至上百个单音词,或者一个单音

① 周荐:《双字组合与词典收条》,《中国语文》1999 年第 4 期。

② 唐子恒:《也谈汉语词复音化的原因》,《文史哲》2004 年第 6 期。

词往往兼有多项意义。同音词、多义词过多，则无法满足人们迅速、准确、精密地表达思想的需要，而复音化能够克服单音词所存在的同音词多、词义负荷重的不足。殷孟伦指出："由于汉语的特性，当然表达每个概念的词儿不能永久停滞在单音节方面，而汉语中声音相同的词又非常多，如果永久停滞在单音节方面，在使用上就会发生障碍和误解，以至混乱，这也是无可避免的事实。为了语言表达的明确和稳固，不期然而然地就会有这样的发展趋势：单音节不够表达的时候，就使用双音节；双音节表达仍感不够的时候，就会增加成三个音或者四个音的复音构词形式来作表达。因此，在汉语词法当中，除了双音的非常发达、丰富以外，三音的四音的同样也非常发达、丰富。"①

二是由汉语自身发展的规律所决定。因为任何语言的发展都是其词语数量由少到多，由简单到复杂。王力就指出："语言随着社会的发展而发展，词汇必然越丰富越纷繁；即使语音不简化，也不吸收外来语，汉语也会逐渐走上复音化的道路的，因为这是汉语发展的内部规律之一。不过，由于有了这两个重要因素，汉语复音化的发展速度更快了。"②

在汉语复音化的过程中，"同义连用"和"反义连文"现象是比较突出的。"同义连用"指的是意义相同或相近的词连在一起使用，这些同义词的临时组合有一部分会进一步融合凝固成现代汉语中的双音词，而汉语中"同义连用"并列式双音词占的比例比较大。"反义连文"是把意义相对相反的词连在一起使用，这一语言现象在甲骨文中就已经出现，如"上下"、"往来"、"出入"等，这种

---

① 殷孟伦：《关于汉语复音词构词形式二三例的试解》，《文史哲》1958年第4期。

② 王力：《汉语史稿》，中华书局1980年版，第397页。

现象进一步发展的结果是其中的一部分会凝固成反义复词。“同义连用”和“反义连文”现象产生的是我们现代汉语中所说的并列式复合词，前者如“朋友”、“头绪”、“针线”、“改革”、“奔走”、“依靠”等，后者如“功过”、“早晚”、“是非”、“左右”、“褒贬”、“来往”、“轻重”、“反正”等。

2. 利用待嵌格式生成四字格

任何语言的结构都是由简单而复杂，词汇的发展亦然。汉语由单音节到双音节再到四音节，不同的音节形式有着不同的语义内涵。从形式上来看，四音节比单音节、双音节更为复杂，所以它们的语义内涵也会更为复杂。这符合认知语言学的复杂性象似原则：形式和内容之间的关系绝不是任意的，形式上的复杂性反映了概念上的复杂性。“相对简单概念普遍由相对简单的形式表达，而相对的复杂概念则普遍由相对复杂的语言结构表达，处于两极之间的概念的表达形式则依语言而不同……这种趋势正反映了语言的结构和它所代表的外部世界和概念世界的结构的平行性，因而是象似性的一种表现。语言形式的复杂性反映了概念上的复杂性，这种观念早就是著名的标记理论的一个重要方面。有标记的语言形式通常在结构上和语义上都比无标记的形式复杂。”①随着音节的增多，其概念内容也在逐步增大，结构也就逐渐变得复杂起来。

汉语中存在大量固化的双音词，有时为了使语言表达更为形象、更富有表现力，常常会被我们拆开，然后嵌入与之相宜的待嵌格式之中，这种情况被称为“拆词”，这是一种重要的修辞手段。一个固化的双音节词在一般情况下是不能随便被拆开来使用的，而

① 张敏：《认知语言学与汉语名词短语》，中国社会科学出版社 1998 年版，第 153－154 页。

在特殊条件下把它拆开嵌入待嵌格式,所构成的四字格显得活泼而不呆板,灵活而不拘泥,有着积极的修辞作用。其实,吕叔湘早在20世纪60年代就谈到了这一点,“有些不重字的四字格实际上也只包含两个成分。例如把一个双音词拆开,分别在前面(有时候在后面或中间)加两个数目字”①或其他字,如把“朋友”、“头绪”、“干净”、“颠倒”拆开后嵌入数词格式,可构成“三朋四友”、“千头万绪”、“一干二净”、“颠三倒四”等四字格,把“公道”一词拆开嵌入“天……地……”格式,可构成“天公地道”等,两个组成部分互相依赖,互相融合。吕叔湘据此指出汉语音节结构具有可伸缩性的特点:“由于单音节和双音节有通过扩充和压缩互相转换的可能,我们常常可以看到同一内容有时候用四个字来说,有时候用两个字来说,也就是有伸缩的可能。”②可见,双音节、四音节之间的弹性是建立在单、双音节弹性的基础上的,是对这一理论的发展。

我们认为,在双音词基础上构成四字格最主要的方式是并列式复合词的拆用。如:

①一朵梅花五只瓣,二爷一如既往,不急不躁,烙成一瓣再添一瓣,像一个心诚艺高的工匠。(尤凤伟《石门呓语》)

②更不能软骨头,你要是往后退,他会一丝一丝往上顶,像滑过来一样,没声没响地就逼到你跟前来了。(张炜《秋天的愤怒》)

③逍遥派,这是当年人们对逃避运动和劳动锻炼、拒绝分清大是大非的那种人的称呼。(铁凝《大浴女》)

在现代汉语中,“急躁”、“声响”、“是非”均为并列式复合词,

① 吕叔湘:《现代汉语单双音节问题初探》,《中国语文》1963年第1期。

② 吕叔湘:《现代汉语单双音节问题初探》,《中国语文》1963年第1期。

前两个词的构成语素是近义关系,后一个词的构成语素是反义关系,把它们拆开分别嵌入"不……不……"、"没……没……"、"大……大……"格式即构成"不急不躁"、"没声没响"、"大是大非"等四字格。

把一些并列式复合词拆开嵌入待嵌格式,其生成的四字格较原来的双音节词具有明显的功能增殖倾向。如在特定的语境中,单用"喊叫"已不能达到充分的表情达意的需要,把它们嵌入"大……大……"格式生成"大喊大叫",其形式比前面的双音节动词复杂,其表达的意义也更为复杂,描述性特征更为突出,其功能有所增加。

胡裕树、范晓就单音节动词和双音节动词进行过比较,得出这样的结论:"从宏观上看,单音节动词具有义项多、动作性强度高等语义特征,而双音节动词反之,具有义项单一、动作性强度弱等特点,因而,双音节动词的功能极易增殖……它一方面保留了动词的固有功能,另一方面又增加了一些其他词类的句法功能、语义功能和交际功能,在功能上都或多或少的有别于单音节动词(典型动词),根据语言的发展规律,大有自成一类的可能性。"①较之双音节动词,四音节动词更是如此:

喊、叫—喊叫—大喊大叫

最左端的单音节动词动词性最强,最右端的四字格动词性减弱,描述性有所增强。

(二)汉语造词法完善的结果

1. 汉语造词法的发展

造词法是汉语创造新词的方法。新中国成立以来,孙常叙、任学良、葛本仪、刘叔新等几位学者对造词法与构词法的关系以及汉语造词法的分类多有精辟论述。李如龙则从历时的角度阐发了汉

① 胡裕树、范晓:《动词研究》,河南大学出版社1995年版,第222页。

语造词法的发展历程,指出:从古到今,汉语词汇衍生的方式大体上都可以归入下列四个大类,即音义相生、语素合成、语法类推、修辞转化。文章从上古汉语分析到现代汉语,探讨了这四种造词法各自活跃的历史时期,认为古今汉语的词汇衍生方式都可以纳入这四种方式里,而且这四种方式的先后顺序也是符合语言流变的。"从人类思维的发展过程来看,汉语词汇衍生的四种基本方式的更替也是符合逻辑的。有声语言一经形成,词汇的滋生沿着音义辗转相生相承,这是和初民的具体思维和音响感觉相适应的。有了语素的观念和语素合成的理解能力,这是思维发展到了一个新阶段的重要标志。而语缀及虚词的产生,则标志着抽象思维的进一步发展。由语法类推到修辞转化,逻辑思维与形象思维齐头并进,是语言表达水平进一步发展的结果。"①可见,"修辞转化"这种词汇衍生方式丰富了汉语的词汇,使得汉语的造词法更为完善。所谓"修辞转化"指的是"经过修辞加工的多音词或作为词用的固定词组。从词义说,这些多音词的词义往往不是由语素义的简单相加,而是经过一定的修辞手段加工而成的;从词形说,从音节数到语音的组合,也都经过适当的修饰"②。我们认为,由待嵌格式生成的四字格属于修辞转化的范畴。

2. 由待嵌格式生成四字格属于仿拟式造词法

汉语中的一部分词语是用修辞方法创造出来的,任学良在1981年最早提出"修辞学造词法"一说,并列举了比喻式、借代式、夸张式、敬称式、谦称式、婉言式、对比式和仿词式8种修辞造词法。我们认为,把单音节词或双音节词嵌入待嵌格式中生成四字

① 李如龙:《汉语词汇衍生的方式及其流变》,《河北师范大学学报》2002年第5期。

② 李如龙:《汉语词汇衍生的方式及其流变》,《河北师范大学学报》2002年第5期。

格属于仿词式或仿拟式造词法。所谓仿拟式造词法,就是利用语言中原有的词,更换其中的部分语素,仿造出一个或一类新词的造词法。从历时的角度来考察,这种仿照某一格式创造新词语的造词法在近代汉语中就出现了。向熹在考察汉语发展历史时指出:"用某一个或两个一般的词作基础,构成多个意义不同的联合式成语,是近代汉语发展的一个普遍方式。"[①]如"不……不……"、"天……地……"、"……天……地"、"东……西……"等格式,这是近代汉语成语发展的一般规律,也是近代汉语中创造新词语的一种方法。许多四字格词语,尤其是四字成语,长期使用,不断反复,从而成为派生新词语的基本范式。仿照这种范式,可以通过改换一定的语素,形成一系列同模式的新词语,这种同模式的新词语不仅因语素的更换而表达出新义,而且还获得不同格式所特有的构式义。这种造词法的优势在于:用相同成分作为框架可以构成更多的意义不同的四字格,能够细腻描绘事物或现象的特点,表现它们的细微差别。

在新时期,仿拟式造词法得以广泛运用,成为汉语新词语增加的主要方式之一,仿拟法"以其强大的能产性在修辞造词法中占据了仅次于比喻和借代的重要地位,其所造的词约占此类新造词语的21.6%"[②]。沈孟璎指出新时期创造新词语的主要修辞方式有比喻、借代、仿拟等,刘兰民也认为新时期最常见的修辞造词法是比喻造词法和仿词造词法。杨晓黎在探讨新时期的四音节新词语时指出,格式仿照是生成四音节新词语的重要方式,"即以汉语词语中典型格式为仿照对象,构成表达新事物、新概念的词语。这些

① 向熹:《简明汉语史》(上),高等教育出版社1993年版,第744页。

② 徐国珍:《仿拟造词法的外部理据——造词法理据探析的个案研究》,《修辞学习》2008年第1期。

格式主要是四字语型”[①]。其中之一是仿成语固定格式，利用成语固有格式，通过改换其中的相关词素，构成新词语的能力较强。常用格式如“大……大……”（大男大女、大操大办、大明大摆、大进大出、大包大揽）、“能……能……”（能上能下、能官能民、能说能写、能爱能恨）、“一……两……”（一国两制、一院两制、一校两制、一厂两制、一球两制、一地两制）等。

3. 在待嵌格式生成四字格的过程中，节奏、韵律起着比较重要的作用

节奏是宇宙中一切系统运动和演化的基本规律，它是指物质运动缓急的交替和周期的间隔。语言中亦是充满着节奏。自马建忠以来，学者们逐步认识到节奏、韵律之于汉语造词的重要意义。马建忠谈到名词时指出单音节名词与双音节名词的不同：“按古籍中诸名，往往取双字同义者，或两字对待者，较单辞只字，其辞气稍觉浑厚。”[②]也就是说，双音节名词比单音节名词有加强语气的作用。郭绍虞在《中国语词之弹性作用》一文中，系统论述了节奏对表达形式产生的种种影响。他指出，为求音节的协调，人们可有意识地调整音节的数量，主要有四种方法：第一，有时可以化单为复；第二，有时可以化复为单；第三，可以化单或双为三；第四，可以化单或双为四音节。以上调整会产生良好的表达效果，“单复相合，短长相配，于是整齐中含铿锵，参差中合自然，而文章掷地真可作金石声了”[③]。郭绍虞谈到的第四点与我们所说的把单音词或双音词嵌入待嵌格式生成四字格的方式是一致的。徐世荣在《汉语语词结构的音乐性》一文中首次提出“音乐性”是汉语造词的一条规

---

① 杨晓黎：《四音节新词语及其成因》，《江淮论坛》1996 年第 4 期。

② 马建忠：《马氏文通》，商务印书馆 1983 年版，第 38 页。

③ 郭绍虞：《照隅室语言文字论集》，上海古籍出版社 1985 年版，第 74 页。

律。“现在讲词汇结构(造词法)的,多从词性、词义立论,语音条件考虑较少。至多谈到‘拟声’‘重叠’(重叠也多从汉字字形着眼),而没有提出借‘音乐性’增强表达效果这一原则。这不仅仅是‘修’辞的问题,也是‘造’词的一条规律。这条规律实际上是存在的,历史上已按这条规律造成若干语词,而成为语言中表情达意的好材料。”①在新时期,将音节与骈偶两者结合起来,提出比较完整的理论体系的是冯胜利,他先后出版《汉语的韵律、词法与句法》和《汉语韵律句法学》两本著作,建立了“汉语韵律句法学”这一新的理论体系。

在待嵌格式生成的四字格中,凡是“AXAY”型、“AXBX”型、“XAXB”型的四字格都具有这样的音乐性特点,徐世荣称以上形式为“跳跃式”重叠格式。如AXAY型,即固定部分是同一个成分的:

半工半读　一模一样　非亲非故　大红大绿　现学现卖
百伶百俐　有家有业　又哭又闹　若有若无　且走且停
如梦如幻　不慌不忙　忽左忽右　没黑没白　如诗如画
可大可小　随叫随到　边走边唱　时高时低　忽上忽下

AXBX型和XAXB型,即嵌入部分是同一个成分的:

三说五说　千难万难　左劝右劝　七弄八弄　似懂非懂
东扯西扯　爱吃不吃　大书特书　三闹两闹　前看后看
笑眉笑眼　笨手笨脚　问东问西　风言风语　呆头呆脑

第三节　语言机制的影响

语言机制指的是语言的内部组织和发展变化的规律,它指导并制约人们对语言的使用。较早对语言机制集中进行论述的是伍

① 徐世荣:《汉语语词结构的音乐性》,《中国语文》1959年第2期。

铁平，在其《普通语言学概要》一书中细致剖析了语言的几种机制，即预设机制、排除机制、补偿机制、多余机制、类推机制、对称机制、经济机制七个方面。孙艳在谈到汉藏语四音格词的演变动因时，吸收了伍氏的思想，从对称机制、羡余机制、经济机制、类推机制四个角度进行了阐发。以上学者的观点对我们启发颇深。我们认为待嵌格式的产生和发展同样也受到语言内部普遍机制的影响，主要表现在以下几个方面。

一、对称机制

(一)概述

什么是对称？《现代汉语词典》(第6版)释义为："指图形或物体对某个点、直线或平面而言，在大小、形状和排列上具有一一对应关系。"那么，什么是语言中的对称？语言中的"对等和平衡现象，同质和类似的现象依时空维度重复出现。语言中的押韵、对偶，音乐中的重复，都表现了这种对称"①。伍铁平在谈到对称机制时，从人体天生具有对称的生理特征谈到汉语中的各种对称现象，诸如对联的对称、诗词格律的对称、骈体文的对称、修辞中的对称等，同时还具体阐发了汉语中双音节词的词素的对称、汉语四字格的对称、句法上的对称等②。可见，对称机制在汉语中表现得十分突出。

对称机制是利用语言结构形式的和谐对称特征来制约语言运用的一种语言机制。童山东认为，在"人类语言的组成结构和表达艺术的诸种形态中，对称的结构也被广为运用，它是一种为人类所

① 严辰松：《语言临摹性概说》，《国外语言学》1997年第3期。

② 详见伍铁平：《普通语言学概要》，高等教育出版社1993年版，第59－64页。

偏爱的语言结构形态和重要的艺术形式”①。喜欢并讲究对称，这是汉民族的文化心理特点在语言观上的反映。“华夏民族自古以来对成双作对的现象有着比其他民族更为强烈的崇尚和追求，以偶俪对称为美的观念可以说是已成为华夏民族的文化‘基因’，深入人心，代代相传。”②公元前11世纪的《周易》中就提出“一阴一阳谓之道”、“刚柔相对，变在其中矣”等观点。受这种对客观世界对立统一认识的素朴的辩证思想的影响，逐步形成了汉民族的对称观念，这一观念深刻地影响到汉语的结构。“一种语言的结构特点，通常和使用该语言民族的习俗爱好、心理素质有密切关系。比如说，汉族人民自古以来形成这样一种审美观点，就是讲究对称……这一心理素质和审美观点反映到语言上，就是讲究成双成对的语言片段和节奏，单音节要变成双音节，三音节要变成四音节。”③这与西方的思维习惯和审美观念是不同的。我们知道，东西方的思维方式是存在显著差异的，东方人感性思维发达，具有较强的情感性和直观性，喜欢“异”中求“同”，往往是见到统一就忽略了差别；西方人的理性思维发达，具有较强的逻辑性和科学性，喜欢“同”中求“异”，往往是发现了区别就忽略了统一。因此，西方文化的特征是强调矛盾与冲突，认为不和谐的才是美的。不同的文化特征和思维习惯使得东西方有着不同的语言审美观，那就是汉语以和谐对称为美，而西方语言以参差错落（即不和谐对称）为美。

（二）对称机制在待嵌格式中的表现

从前文的分析可知，待嵌格式生成的四字格绝大多数是并列

---

① 童山东：《论人类语言对称艺术的发生及形态》，《中南民族学院学报》1999年第1期。

② 杨琳：《汉语词汇与华夏文化》，语文出版社1996年版，第199页。

③ 程湘清：《汉语史专书复音词研究》，商务印书馆2003年版，第38页。

结构,而并列本身就是一种对称关系的表达方式。Schachter 在 1997 年曾提出一条"并列构造限制"原则,其"定义为'并列构造的成分必须属于同一个语法范畴,并且具有相同的语义功能'。这条限制实际上说的是构成并列结构的一项基本要求:并列的成分必须既在句法上又在语义上相互平行"①。综合考察,待嵌格式的对称性主要表现在:

第一,语音上的对称。待嵌格式构成的四字格多是 2+2 的语音模式,音节清晰,富于变化,抑扬顿挫,节奏和谐。

第二,结构上的对称。由于对称的需要,待嵌格式中的固定部分大多数词性相同,嵌入部分词性也多相同,由其生成的四字格以并列结构为主,这符合汉语作为语义型语言的基本特点。"汉语既无形态,又少形式,无法像西方语言那样通过形态、形式反映的语词间关系来确定意义,而只能采取别的手段,这就是向内通过字形字音来表现字义,向外,通过相对应的位置来映称字义。并列式结构的词可以通过相互对待来确定其整个词的意义。"②

两段都是主谓关系:每段中前面的成分是被说明、描写、陈述的对象,后面的成分是说明、描写、陈述前面成分的,如"风吹/雨打"、"眉清/目秀"、"此起/彼伏"、"灯红/酒绿"、"自言/自语"、"一唱/一和"。

两段都是动宾关系:每段中前面的成分表示动作,后面的成分承受前面成分发出的动作,如"说东/道西"、"改朝/换代"、"呼风/唤雨"、"穿红/戴绿"、"思前/想后"、"缺吃/少穿"、"有勇/无谋"、"有产/有业"。

---

① 张敏:《认知语言学与汉语名词短语》,中国社会科学出版社 1998 年版,第 169 页。

② 潘文国:《汉英语对比纲要》,北京语言文化大学出版社 1997 年版,第 352 页。

两段都是偏正关系:每段中后面的成分是中心成分,前面的成分是修饰、限制后面成分的。又可细分为状中关系,如“半推/半就”、“大吹/大擂”、“百依/百顺”、“不冷/不热”、“胡编/乱造”、“时快/时慢”;定中关系,如“大街/小巷”、“东邻/西舍”、“一心/一意”、“大风/大浪”、“千山/万水”、“前因/后果”。

第三,语义上的对称。认知语言学认为:“对称的概念和对称的语言形式相对应。我们知道,语言里有很多对称的概念要表达,如相互的关系、同时发生的事件、互相依存的事件、交替出现的事件等等。”①待嵌格式的语义对称主要表现在语义上具有相近、相反或相类等的关系。如:

近义相对:一官半职、千奇百怪、小偷小摸、没姿没色

反义相对:忽升忽降、时高时低、半推半拉、有老有少

类义相对:不年不月、边说边笑、大红大绿、万水千山

二、类推机制

(一)概述

什么是类推?“类推是指概念上相互关连的语言成分之间通过语言变化而达到语音相似或相同,或者通过语音变化来产生许多新的形式。所以,类推被视为追求概念的经济性和便于习得的结果。”②类推机制是语言中具有的一种使同类现象向一个现象看齐的力量,在具体语言系统中,同类现象达到一定数量就可以归纳出规则,从而实现类推。语言学中有关类推的理论形成于19世纪末20世纪初,主要是由青年语法学派创建,其代表人物是保尔。

---

① 张敏:《认知语言学与汉语名词短语》,中国社会科学出版社1998年版,第167页。

② 〔德〕哈杜默德·布斯曼:《语言学词典》,商务印书馆2003年版,第29页。

研究语言的这种类推机制有助于我们揭示语言的体系、构造及语言运用的普遍规律。

语言学界一般都认为，音变和类推是促进语言发展变化的两大因素。瑞士语言学家索绪尔称“类推”为“类比”，其定义为“类比形式就是以一个或几个其他形式为模型，按照一定规则构成的形式”①；并认为，类推形式并不是一种语言变化，而是语言创造。类推是构造新词语的极其重要的思维方式，以某个词语为对象，采用类义、近义、反义联想类推可以创造出一个或一系列新词语。类推机制是世界上许多语言所共有的特点，通过有规则的类推能够帮助说话人从自己所熟悉的词库中很容易转至新形式的创建，说出自己没有听到过的语言形式；通过类推，格式的使用范围不断扩大，使用频率也随之增加，会促使格式进一步凝固化。

（二）类推机制在待嵌格式中的体现

由前文的论述我们知道，待嵌格式是一类框架式结构，构成其框架的成分是固定的，嵌入其中的也多是意义或相同或相近或相反或相关的成分，具有进一步进行类推仿造的基本条件。姜德梧认为：“汉语中有些结合比较固定的四字词组，人们称之为四字格或四字语。有些四字格的结构中，其中一部分是固定不变的，另外一部分可以更换搭配的词语，如：‘不……不……’‘……街……巷’‘千……万……’‘……三……四’等。我们把这些固定的结构称之为四字格语型。这种语型是在长期的使用过程中逐渐凝固形成的，它具有极强的组合搭配能力，可以孳乳新的词组。”②

汉语中的待嵌格式与成语的关系是极为密切的，有些待嵌格

① 〔瑞士〕费尔迪南·德·索绪尔：《普通语言学教程》，商务印书馆 1980 年版，第 226 页。

② 姜德梧：《汉语四字格词典·说明》，北京语言文化大学出版社 2000 年版，第 1 页。

式就是从众多的同类成语中抽取概括出来的。崔益勇就归纳概括出成语中存在的 19 个格式[①],它们分别是"不……而……"、"不……不……"、"半……半……"、"东……西……"、"大……大……"、"前……后……"、"七……八……"、"千……万……"、"……三四……"、"三……五……"、"无……无……"、"一……半……"、"一……不……"、"一……二……"、"一……而……"、"一……一……"、"有……有……"、"有……无……"、"左……右……"等。以上这些格式都被收录在《现代汉语词典》之中。

对待嵌格式的运用一般有两种方法:一种方法是在了解待嵌格式基本特点的基础上,说话者可以套用既有的框架类推出其他的意义不同的新的四字格;另一种方法是由于成语多具有历史性和经典性而广为大众熟悉,言语个体基于对某一成语较高的熟悉度,会以内含某一格式的成语为范本进行模仿创造,从而类推出更多的四字格,这在修辞学上被称为"仿词"。"类推仿造与修辞学中的仿词本质上是一致的,同指一种词汇生成现象,都是运用既有的词语模式仿造成新词。修辞中的仿词对替换语素的限制很大,只有具有相关、相对或相反关系的语素才可以作为替换的备用材料,而类推仿造的限制因素则很小,它是仿词的泛化、推而广之的结果,它已经走出修辞格的范围,进入造词领域。"[②]

孟广道曾讨论过汉语词汇的"转化孳生"现象,通过对两万多条成语的粗略抽样调查,得出结论:"从成素、结构和语义三方面统而观之,其中属于相对孤立存在的只近 40%,而结构相同或近似、部分存在相同成素(即部分存在不同成素)、彼此间有着语义关系

① 详见崔益勇:《成语的几种格式》,《汉语学习》1981 年第 2 期。

② 刘晓梅:《当代汉语新词语造词法的考察》,《暨南大学华文学院学报》2003 年第 4 期。

的成语则占60%多。”①并就一对多的转化形式举例加以说明，如在《庄子·天下》中出现“疾风甚雨”后，又出现了“疾风暴雨”、“狂风暴雨”、“迅风暴雨”、“骤风狂雨”、“狂风骤雨”、“暴风骤雨”、“疾风骤雨”、“急风暴雨”等四字格，从而形成了“……风……雨”格式。在这一格式产生后，我们可以仿造类推出“和风细雨”、“轻风柔雨”、“斜风细雨”、“凄风苦雨”等新的四字格。钱韵、余戈在考察现代汉语成语的词汇化等级时指出，书面语系统来源的成语有四类：一是来源于寓言故事，二是来源于神话或其他传说，三是来源于历史事件，四是来源于作品中的名句、典故。他们还补充了成语的第五类来源，即“利用已有成语仿造或改造或类推出新的成语”，这一“来源的成语词汇化程度相对较低，这也与它们表意的浅白及与此相应的结构上的浅明有关”②。这些研究都说明成语的创造的确存在着“转化孳生”的现象，其中类推机制起着主要作用。

三、经济机制

（一）概述

语言学中的“经济原则”术语是由法国语言学家马丁内最早提出的，在他以前，语言学家用“省力原则”这一术语解释一些语言现象。萨丕尔指出：“一切语言都有一种内在的趋势，力求表达上的精简。”③可见，经济机制是各民族语言典型的共有特征之一，汉语亦是如此。早在两千多年前，孔子就说过：“辞达而已矣。”《世说新语·文学》也主张：“辞约而旨达。”汉语中的经济原则与汉语重意合的特点

① 孟广道：《汉语词汇中的“转化孳生”》，《青海师专学报》1999年第4期。

② 钱韵、余戈：《现代汉语四字格成语的词汇化研究》，《语言科学》2003年第6期。

③ 〔美〕爱德华·萨丕尔：《语言论》，商务印书馆1985年版，第33页。

是相辅相成的。邢福义认为:“汉语语法重于意而简于形。在结构形式的选择上,常用减法;在结构语义的容量上,则常用加法……我们使用汉语,一贯遵守一条语用原则。这就是:借助言语背景,言语尽可能经济简练。”①人们在语言运用时一般多遵循经济原则,这一原则主要体现在语言表达式的缩短和简化上,即能用简单明了的语言形式传达信息,就不用复杂的语言形式,能省则省。其实,大多数有标记形式产生的动因就是为了获得表达上的经济性。

（二）经济机制在待嵌格式中的体现

伍铁平认为在语音、构词、句法、修辞等方面都可以观察到经济机制的作用,例如“缩略词的广泛采用,用复合词代替词组,某些词组的构成,句子成分的省略,借代的广泛使用”②等。考察待嵌格式生成的四字格,经济机制的作用主要体现在:

第一,从整体上来看,待嵌格式作为一种可类推的框架结构,它们本身就是人们为实现语言表达经济简约的一种手段和方式,符合“用少量的词来表达尽可能多的语义内容”的特点。如:

①回到家,父亲母亲简言少语:是的,他们觉得,至少看起来女孩配不上自己的儿子。(段漠《爱的方式》,《青年文摘》2004年第5期)

②武汉一位不愿透露姓名的老教授告诉记者,自己的一名女博士就因为时间太忙,教书读书照顾孩子,整天连轴转,等到博士一毕业,也累出了一身病,而今在学校只能是半养半休。(雷宇《妈妈讲师正“爬”人生最陡的坡》,《中国青年报》2009年3月5日)

---

① 邢福义:《汉语语法结构的兼容性和趋简性》,《世界汉语教学》1997年第3期。

② 伍铁平:《普通语言学概要》,高等教育出版社1993年版,第66页。

例①中的"简言少语"是在"……言……语"格式的基础上创造出来的,写出了父亲母亲在得知儿子找了一个来自农村的女朋友之后,表面上沉默寡言,实则不安、惶恐及内心激烈的思想斗争,收到了言简意丰的效果;例②中的"半养半休"是在"半……半……"格式基础上生成的新的四字格,在上面的语境中完全可以用较多的文字形式"一边静养一边休息"来替换,但在这里采用尽可能少的文字形式"半养半休",表达简练,语言经济。

第二,在待嵌格式生成的四字格中存在着一些省略现象,主要是省略动词、量词等。如:

①梁大婶见他手里提的肉和酒,就问:"不年不节的,你买这个干什么?"(浩然《新媳妇》)

②"不逢年不过节吃的啥肉?扎得村里人眼痛,谁见谁气。"(乔典运《香与香》)

③教室里点着三盏荧光灯,有一盏总是一明一灭。(王小波《白银时代》)

例①中的"不年不节"这一四字格就是例②中"不逢年不过节"的省略形式,省略了动词"逢"和"过",语言形式更为简洁;例③省略了量词,补足后就是"一会儿明一会儿灭"。

待嵌格式中的省略主要靠的是语境,作为一个整体性结构,待嵌格式中的两个部分互相提供了语境。需要注意的是,待嵌格式中的省略和一般我们所说的省略有所不同。对此,刘云的解释是颇有说服力的:"对举式中的省略主要是省略对举项的动词,这与我们平常所说的省略有较大的不同。平常我们说的省略主要是承前和蒙后省略主语和宾语,省略动词的较少,而对举式恰恰相反,主要省略动词。这主要是由于两个方面的原因造成的。一是对举式的特性,对举式为了加强其对举性一般有对举标,而对举标一般是方位词、代词等,动词作对举标的较少,对举标一般是不能省略的,不作对举标的成分被省略的可能性当然要大于作对举标的成分;二是省略了动词之后对举式的黏着性更强,汉语中的句子以动词为中心造句,如果省略了动词,那么这个句子独立成句的能力就大大降低了,这样就需要对举使黏着的成分变自由。"①

第三,待嵌格式生成的四字格中存在着借代形式。如:

①附近各村的人们,男的、女的、骑毛驴的、步行的,穿红戴绿,都往汉家山来了。(马烽、西戎《吕梁英雄传》)

②那个女克格勃和你的关系好像不同一般呀,伶牙俐齿,不像是个寻常人物。(柳建伟《突出重围》)

例①中的"穿红戴绿","红、绿"本为形容词,在这里代指颜色艳丽的衣服,转类为名词;例②中的"伶牙俐齿",以具象的人体名词"牙、齿"代指人的语言能力。

第四,在待嵌格式中还有几个紧缩形式,也是经济机制在起作用。如:

①董永……说,你们爱信不信,我要回家了,七仙女还等我回去吃饭呢。(苏童《新天仙配》)

②"大家来,集体批。不破不立,破一点就立一点。"(杨绛《洗澡》)

例①中的"爱信不信"是"爱信,就信;爱不信,就不信"的紧缩形式。该格式中"爱……"和"不……"之间本来没有联系,"但是,汉语语言单位的组合通常不受形态变化的约束,而是较多地利用语言环境以及语义因素的连索作用,把具有内在联系的语言单位贯串起来,使其相互衬托,以收到言简意丰的独特效果"②。例②中

① 刘云:《现代汉语中的对举现象及其作用》,《汉语学报》2006 年第 4 期。

② 李卫中:《析"爱 A 不 A"固定格式》,《平顶山师专学报》2003 年第 4 期。

的“不破不立”是“如果不破，那就不立；如果破了，那就立”的紧缩形式，表示假设关系。四字格的形式简约，而短句形式繁复，两种形式给人不同的语言感受。

四、羡余机制

(一)概述

我们上面谈的是经济机制，现在谈羡余机制[①]。两种机制表面上看似矛盾，实则相辅相成。因为从语言运用的角度来说，语言一方面要求适当的经济，一方面要求适当的羡余。有时为了更好的交际，需要给出比实际需要更多的一些信息。如“独一无二”，“独一”就是“无二”，“无二”是羡余成分，这两个音节可以不要，但是加了这两个音节，意思就更加清楚明白。随着语言学研究的深入发展，现在学界一般把“羡余”看成是语言的三大本质特征[②]之一，是语言的内部机制之一。

在现代汉语研究中，“羡余”这一术语最早由赵元任于1956年在《汉语结构各层次间形态与意义的脱节现象》一文中提出，如“虽然如此”中的“然”即“如此”的意思，后面的“如此”就是羡余成分。目前，有很多学者展开对汉语中羡余现象的研究，并取得了较为丰硕的成果，其中最具代表性的是韩陈其和潘先军两位学者分别在2001年和2012年出版的学术专著，对汉语中的羡余现象进行了细致描写和阐释。

羡余现象在各语言中都大量存在，在汉语中同样存在着诸多羡余现象，如汉字羡余、词汇羡余、语法羡余、语用羡余等。前文研

① 伍铁平称“羡余机制”为“多余机制”，我们认为“多余”一词有贬义意味，因此采用“羡余”的名称。

② 语言的羡余性、语言的模糊性、语言的生成性，被称为20世纪国际语言学界对自然语言本质的三大发现。

究表明，待嵌格式生成的四字格多是类固定短语和固定短语，它们都是羡余现象的能产形式。

待嵌格式涉及的羡余问题属词汇羡余的范畴。所谓词汇羡余，指的是"词汇系统在表达语义内容的最小需要量上增加使用构成成分的一种自我调节活动。羡余词汇所包含的词，其中至少有一个词（语素）与另一个词（语素）的意义显得重复，或陪衬、或强化、或弱化。从严格的逻辑学立场来看，至少有一个词是多余的；但从语用学的角度来看又是必需的、不可舍弃的"①。李卫中最早对待嵌格式中的羡余现象进行了研究，具体考察了"半 A 不 B"和并列结构"不 A 不 B"，指出它们后半段的"不 B"是一种积极的羡余信息，因为"不 B"或从反义或从同义的角度重述了"半 A"和"不 A"的语域，因此，"不 B"可看做是前面成分的羡余成分②。

（二）羡余机制在待嵌格式中的体现

在吸收借鉴前人研究成果的基础上，综合考察待嵌格式中存在的羡余现象，我们认为主要有两种表现形式：

第一，同义羡余。它指的是在待嵌格式生成的四字格中，前面的两个音节与后面的两个音节意义相同或相近，我们就可以认为，后面两个音节是前面两个音节的羡余成分。如"无穷无尽"，因为"穷尽"是一个并列式复合词，其构成语素"穷"和"尽"的意义相近，都有"尽头"的意思，从意义来看，也就是"无穷 = 无尽"，因此，我们可以说"无尽"是"无穷"的羡余成分，反过来说亦可。再如"七猜八猜"，"七、八"不表示具体的数目义，而是模糊地表示次数多的意思，因此"七猜 = 八猜"，"八猜"是"七猜"的羡余成分。

---

① 樊立三：《现代汉语词汇中的羡余形式及形成原因》，《鲁东大学学报》2006 年第 1 期。

② 李卫中：《析"爱 A 不 A"固定格式》，《平顶山师专学报》2003 年第 4 期。

樊立三在考察现代汉语词汇中的羡余成分时总结道:“同义成分是造成羡余的主要形式,由于同义成分表义基本相同或相近,组合后生成的新词所表达的完整意义与两个构词成分的原义基本相同,因而其中的一个结构项所表示的必然是羡余信息。”[1]潘先军认为:“汉语的固定短语以四音节形式占绝大多数,又因为双音词是汉语词汇的主流,所以四音节短语以‘2+2’形式为主,其中又有相当部分为联合短语,这样就……极容易衍生同指羡余成分。”例如:各行各业、东奔西走、十全十美。“同指式羡余是两个核心,同义复现,不能说哪个是羡余成分。”[2]实际上,待嵌格式中的羡余现象也多以同义羡余为主。如:

①(汪百龄)回家拿出扫帚,和大家一起,把巷子扫得干干净净,同时向众人千谢万谢,百般道歉。(陆文夫《清高》)

②家珍一个人在家里伸直了脖子等我回去说些凤霞的新鲜事,左等右等不见我回来,心里当然要焦急。(余华《活着》)

③在阳雀山谷四周其他民族的和平居民,只要在夜间惊闻风暴一般的马蹄声,就魂飞魄散、大哭小叫了。(白桦《呦呦鹿鸣》)

④要结婚的话,我得自己去相看,不能马马虎虎就凭媒人的花言巧语。(老舍《我这一辈子》)

⑤这样思来想去,就彻底想通了,就一不做二不休,决定第二天斗争孙实根。(刘震云《故乡天下黄花》)

⑥朱海鹏道:“丫丫和我娘已经来了C市,方副司令要我一心一意,不要三心二意。”(柳建伟《突出重围》)

---

① 樊立三:《现代汉语词汇中的羡余形式及形成原因》,《鲁东大学学报》2006年第1期。

② 潘先军:《现代汉语羡余现象研究》,北京语言大学出版社2012年版,第31页。

例①的“千谢万谢”、例②的“左等右等”，是把同一词嵌入不同的待嵌格式而生成的四字格，“万谢”是“千谢”的羡余成分，二者并列共同表达“程度”义，“非常感谢、很感谢”的意思。“右等”是“左等”的羡余成分，二者并列强调“等”这一动作的持续。例③的“大哭小叫”、例④的“花言巧语”，是把意义相近的词嵌入不同的格式中。“大哭小叫”是互文现象，“小叫”是“大哭”的羡余成分；“花言巧语”中，“花言”即“巧语”，后者是前者的羡余成分。例⑤的“思来想去”、例⑥的“一心一意”和“三心二意”，是把一个并列复合词拆开嵌入不同的待嵌格式，“思来”即“想去”，“一心”即“一意”，“三心”即“二意”，后者是前者的羡余成分。

第二，反义羡余。它指的是待嵌格式生成的四字格中，前面的两个音节与后面的两个音节意义相反或相对，我们就可以认为，后面两个音节是前面两个音节的羡余成分。如“半死不活”，“死”和“活”是一对反义词，而“不活”就是从反面解释了“半死”，有突出语义的作用。其他再如：

①阿妹伺候着朱品吃完了早饭，又替朱品穿上一套干净平整、半新不旧的卡其布外衣。（陆文夫《人之窝》）

②简少芬没再说什么，她对姐姐的话半信半疑，但一种受骗的感觉还是像阴云一样浮上心头。（苏童《另一种妇女生活》）

③不能老这么犹犹豫豫的，她得赶快动手，趁东阳不死不活地躺在床上，赶紧把细软敛到娘家去。（老舍《四世同堂》）

例①中“新”与“旧”是一对反义词，而“半新”肯定“不旧”，后者是前者的羡余成分；例②中“信”与“疑”是一对反义词，“半信”就是不完全相信，还有所“怀疑”，“半疑”是“半信”的羡余成分；例③中的“死”与“活”是一对反义词，“不活”从反面解释了“不死”。

在待嵌格式生成的四字格中，同义羡余是比较常见的，反义羡余现象较为少见。不论是同义羡余还是反义羡余,都有着积极的修辞作用。主要表现在:一是作为羡余成分的后两个音节,它们的存在使得某些待嵌格式得以固定下来,使整个格式形成了固定的框架,有了固定的构式义;二是羡余成分有凸显、强化语义重心的作用,使整个语义表达更为充分、更为明晰。如"傻头傻脑"这一四字格,它的核心意义就是"傻"。四字格形式表面看似繁赘,然而它比单音节形式更为生动形象,表义更为丰富;除以上意义外,它还含有说话人主观的情绪、态度。这些表达效果是单说一个"傻"字所表现不出来的。

第五章　待嵌格式应用研究

在语言研究中,本体研究的最终目的是服务于应用研究,而应用研究反过来会推动、拓展本体研究。因此,在以上几章对待嵌格式进行本体研究的基础上,本章主要从应用的层面来探讨"待嵌格式与对外汉语实践"和"待嵌格式与词典编纂"两个方面的问题。

第一节　待嵌格式与对外汉语实践

20 世纪 90 年代以来,随着对外汉语教学的大力推进,待嵌格式受到越来越多学者的重视。陆俭明曾探讨过对外汉语教学对于格式研究的拓展和推动作用,他认为:如果不研究这类格式,"不把这些格式所表示的语法意义以及它们的用法告诉留学生,留学生是不了解的,更不会去用。而且,也很难从工具书上找到现成的答案,因为以往的汉语本体研究中对这种固定格式是不研究的。正是对外汉语教学的需要,推动了我们对这种固定格式的研究"①。可喜的是,近 20 年来,针对留学生在学习汉语时比较容易出现的

① 陆俭明:《汉语研究与对外汉语教学》,《苏州市职业大学学报》2005 年第 4 期。

误解或偏误，很多学者不但重视对相关待嵌格式进行理论阐发，而且从实用的角度关注对外汉语教学中涉及的相关格式，揭示某一格式嵌入部分的特点、格式构式义及生成四字格的意义特点及其语法功能等。尽管对待嵌格式的共性研究还有待进一步拓展，但对某些格式的个体研究已相当深入，这对于留学生学习汉语起到了很好的指导作用。

一、待嵌格式教学的作用

对外汉语教学从初级、中级到高级，每个阶段都有自己的教学重点。在初级阶段，应该侧重于语音教学、汉字教学、词汇教学等。在中级、高级阶段，除了要强调语用教学和文化教学之外，还应该加强格式教学，这里的格式教学就包括我们所探讨的待嵌格式教学。因为进行语言学习时，除了要掌握一定数量的词和固定短语等语言材料外，还要掌握组词造句的一些规则。学习汉语时，掌握一定数量的待嵌格式对于提高留学生组词造句的能力是比较有用的。从某种意义上可以说，对待嵌格式的掌握是留学生汉语水平达到高级阶段的标志之一。我们认为，待嵌格式教学的重要作用主要表现在以下几个方面：

第一，待嵌格式是对外汉语教学中的一个难点，加强待嵌格式教学，有利于纠正留学生在运用方面的一些偏误。同西方语言相比，汉语在语音、词汇、语法等方面都有自己的独特之点，对于留学生来说，这些独特之点往往是他们学习的难点。通过前面的论述我们知道，待嵌格式是汉语所有而西方语言所无的一类语言现象，留学生在掌握这些格式时普遍感到难度较大。因此，应该把待嵌格式作为对外汉语教学的一个重点，有意识、有计划地加以传授。

由于每一个待嵌格式都有固定的构式义和用法，并有各自独特的表达效果，它能给汉语学习者提供运用的线索，能帮助学习者理解汉语中的一些四字格以及恰当地运用这些四字格进行语言表达。但是,在实际的对外汉语教学中,由于没有很好地把握某一待嵌格式的特点和用法,留学生在运用待嵌格式时会出现这样、那样的一些偏误。黄利通过问卷调查和学生习作两种方式调查了少数民族学生和留学生在使用 ABAC 格式时存在的一些偏误①。偏误主要有:形式书写错误,如"大咸大叫"、"半信半意";语义理解有误,如"我的爷爷身体高大,看上去大手大脚的";句法运用错误,如"这次晚会上,他有声有色的跳舞吸引人的注目";语用处理有误,如"我全心全意跑起来,但终究迟到了";感情色彩使用错误,如"周老师总在教室外探头探脑"。我们也对某校留学生掌握待嵌格式的情况进行了粗略调查,发调查问卷 50 份,收到有效问卷 37 份。

调查结果显示:留学生在掌握待嵌格式方面存在着两个较为突出的问题。第一个问题,对有些待嵌格式嵌入部分的特点不甚了解,因而会造出像"东散西步"、"左来右来"、"小说小声"、"忽吵忽静"、"忽闹忽安"、"现要现有"、"不冷不暖"之类的四字格;第二个问题,对由待嵌格式生成的四字格不能正确地加以运用,因而造出的一些句子是不合格的。如:

①今天我去朋友的家,可是到一半路我就左顾右盼。

②考试的时候,每个学生都是七下八上。

③这件衣服太贵,我七折八扣。

④他真感谢了我的小恩小惠。

⑤他说得很流利,但他的行为总是小改小革。

⑥今天是爸爸的生日,妈妈做饭很大鱼大肉的。

⑦这个楼离超市很近,天天大吵大闹。

---

① 黄利:《对 ABAC 格式在第二语言习得中的偏误分析》,《西北民族大学学报》2006 年第 3 期。

⑧我觉得学外语时，现学现卖是效果最大。

⑨爱这就是忽阴忽晴的东西。

⑩他受伤了，左拐右拐地走路。

附：我们设计的调查问卷举例如下：

留学生掌握待嵌格式情况调查问卷

国籍______ 年级______

一、照前面的格式给后面的四字格填上合适的字：

有根有据	有____有____	有____有____	有____有____
无法无天	无____无____	无____无____	无____无____
有增无减	有____无____	有____无____	有____无____

二、造句（请选择第一题中您填出的三个四字格分别造一句话）：

例句：事如果不是有根有据，有名有姓，真令人难以相信。

第二，掌握待嵌格式有利于留学生进行类推学习。待嵌格式生成的四字格多是类固定短语，它们的意义是由两部分构成的：一部分是待嵌格式的构式义，另一部分是嵌入部分的意义。待嵌格式的构式义支配着嵌入部分的意义，两部分意义整合在一起，形成了一个四字格的意义。正是由于这种支配作用，人们在掌握了待嵌格式的构式义以后，就可以类推出由它生成的四字格的意义。如：

"半……半……"表示"相反、相对的性质、状态或动作同时存在"的构式义，那么，"半人半鬼"、"半文半白"、"半工半读"则分别表示"人"和"鬼"、"文"和"白"、"工"和"读"这些相反相对的性质、状态或行为同时存在。

"忽……忽……"表示"变化不定"的构式义，那么，"忽明忽暗"表示明暗变化不定，"忽聚忽散"表示聚散变化不定，"忽东忽西"表示向东向西变化不定。

从学习规律来看，掌握待嵌格式有助于留学生进行大量的类推，能够举一反三，快速扩大他们的词汇量，对于词汇掌握有较大作用。“格式实际上就代表了一系列的词组，学生掌握了一个格式，等于掌握了一系列的词组，这样可以大大提高学生学习的效率。例如，如掌握了格式‘不A不B’，实际上基本就掌握了‘不多不少’、‘不大不小’、‘不紧不慢’、‘不冷不热’、‘不前不后’、‘不上不下’这些词组，或者很容易就可以掌握这些词组，这对于加强学生的汉语交际能力来说大有裨益。”①

此外，由待嵌格式生成的四字格描述性强，具有较强的表现力，若被恰当使用，会使语言表达增光添色。在书面语中使用，会使表达言简意赅，严整隽永；在口语中使用，比较生动活泼，会使人感到说话者汉语说得地道、有味儿。

二、对外汉语教材中的待嵌格式

正是因为待嵌格式教学在对外汉语教学中具有重要的意义和价值，所以，我们看到一些编者有意识地把一些待嵌格式收释到对外汉语教材之中，作为一类重要的语言知识让留学生加以把握。对此，我们分阶段进行了考察。初级阶段考察了杨寄洲主编的《汉语教程》，北京语言文化大学出版社1999年出版，以下简称杨本；周健主编的《游学在中国》（语言文字篇），外语教学与研究出版社2005年出版，以下简称周本。中级阶段考察了陈灼的《桥梁——实用汉语中级教程》（上、下册），北京语言文化大学出版社2000年出版，以下简称陈本；王珏主编的《汉语中级综合教程》（上、下册），北京大学出版社2008年出版，以下简称王本。高级阶段考察了姚殿芳主编的《汉语高级教程》（一、二册），北京大学出版社1992年出版，以下简称姚本；姜德梧主编的《高级汉语教程》（1—4册），经济

① 程乐乐：《论格式及格式教学》，《云南师范大学学报》2007年第6期。

科学出版社2002年出版，以下简称姜本。

（一）杨本和周本比较

杨寄洲主编的《汉语教程》是对外汉语本科（语言技能类）一年级教材，是为初学汉语的留学生编写的一套教材。共有3册，每一册又分上、下两部分。这3册教材涉及的待嵌格式共有4个，列表如下：

册　数	出现位置	待嵌格式	页　数
第三册（上）	第六十七课 词语用法	……来……去	75
第三册（上）	第六十八课 词语用法	一……一……	86
第三册（下）	第八十三课 词语用法	或……或……	27－28
第三册（下）	第九十八课 词语用法	不……不……	230

我们看到，杨本的第一册和第二册都没有涉及此类格式，只在第三册涉及了数量不多的待嵌格式。这样安排是有道理的，因为当留学生刚刚开始接触汉语之际，应以语音教学和汉字教学为主，在掌握了一定数量字词的基础上，可以适当地把握一些此类格式。

周健主编的《游学在中国》，其编写目的和编写体例与杨本不同。这一教材分《语言文字篇》和《文化艺术篇》两册，是专门为外国人短期学习汉语和中国文化而编写的实用型语言文化综合教材。在《语言文字篇》的第182－183页“文化交际知识”部分，专门介绍了“汉语中的固定格式”，指出汉语中有不少固定格式，如“没……没……”、“左……右……”、“半……不……”、“东……西……”等；并介绍了固定格式三个方面的特点：形式上多为四字格，前后两部分结构相同；这类格式中有两个字是固定的，另外插入的两个字是可变的，但不是随意的，插入成分的语义必须与固定成分相关，并且有固定的顺序；这些格式语义不限于字面意义，多数含有明显的语气和情态，以贬义、不满居多。同时，作者特别提醒学习者注意同样的形式结构也可能会有不同的语法和语义内涵,并以“不……不……”格式生成的四字格为例具体加以说明①。

周本为外国人短期学习汉语使用,所以采用专题介绍的形式还是比较合理的。当然,我们知道,待嵌格式之间存在着诸多共性特征,但也有不少个体差异,这有赖教师在教学中有意识地加以强化和点拨。

(二)陈本和王本比较

陈灼的《桥梁——实用汉语中级教程》可供学完现代汉语基本语法并已掌握2500个词的外国人学习使用。在这套教材中,对待嵌格式的解释多是出现在每课后的“语法例释”部分,极个别出现在“词语搭配与扩展”部分,上册共有3个格式,下册共有7个格式,共计10个待嵌格式。列表如下:

册　数	出现位置	待嵌格式	页　数
上册	第二课 语法例释	既……又……(连)	24
	第四课 词语搭配与扩展	似……非……	55
	第五课 语法例释	一……就……	74
下册	第二十课 语法例释	东……西……	96
	第二十课 语法例释	……来……去	97
	第二十一课 语法例释	……长……短	117
	第二十五课 语法例释	忽……忽……	210
	第二十六课 语法例释	有……有……	231
	第二十九课 语法例释	愈……愈……	298
	第三十课 语法例释	无……无……	330

① 周健:《游学在中国》,外语教学与研究出版社2005年版,第182－183页。

我们认为，陈本所收的待嵌格式都比较典型，其编排也较为合理，上册收了 3 个格式，下册所收数量明显增加，为 7 个。而且在编排时采用了随文例释的形式，即前面课文中涉及一个含有某一待嵌格式的组合，在课后的"语法例释"部分就对其加以解释。如在下册的第 96 页，因前面的课文中有"外孙女的衣服很多，东一件西一件扔得满处都是"，在此基础上，解释了"东……西……"这一格式。陈本对每一个格式的解释都比较全面，即说明嵌入部分的词性、意义关系，解释格式的意义，并举例加以说明。

王珏的《汉语中级综合教程》是留学生本科汉语教材（语言技能系列）。这套教材只收了一些语法格式，如"之所以……是因为……"、"以……为……"等，没有收一个待嵌格式。王本距今较近，却没有吸收各家编写之长而忽视了"待嵌格式"这一知识点，显然是值得商榷的。

（三）姚本和姜本比较

1. 两本教材收释的待嵌格式

姚殿芳的《汉语高级教程》共 2 册，第一册有 8 个待嵌格式，第二册有 4 个待嵌格式，总计 12 个。这些格式绝大多数出现在"词语例解"部分，少数出现在"生词"部分。列表如下：

册　数	出现位置	四字格	待嵌格式	页　数
第一册	第二课 词语例解	一前一后	一+方1+一+方2	17
	第五课 词语例解	三年五载	三……五……	46
	第六课 生词	大吃大喝	大……大……	55
	第六课 词语例解		边……边……	58
	第六课 词语例解	左说右劝	左……右……	59
	第九课 词语例解	时高时低 时明时暗	时……时……	100

（续表）

册 数	出现位置	四字格	待嵌格式	页 数
第一册	第十二课 生词		愈……愈……	135
	第十四课 词语例解	有板有眼	有……有……	174
第二册	第十七课 词语例解	欢天喜地	……天……地	27
	第十九课 词语例解	七枝八叉	七……八……	52
	第二十五课 词语例解	非懒即馋	非……即……	133
	第二十五课 词语例解	似笑非笑	似……非……	134

姜德梧主编的《高级汉语教程》，共 4 册，第一册有 7 个格式，第二册有 3 个格式，第三册有 7 个格式，第四册有 7 个格式，共计 24 个待嵌格式。列表如下：

册 数	出现位置	待嵌格式	页 数	练习中涉及的格式
第一册	第一课 词语例释	……眉……眼	16	
		……手……脚	17	
		似……非……	17－18	
	第二课 词语例释	东……西……	39	
	第六课 词语例释	不……而……	169	……头……脑、……手……脚、不……而……、一……而……、大……大……、自……自……、左……右……
		大……大……	170－171	
		自……自……	171－172	
第二册	第二课 词语例释	半……半……	64	半……半……、有……有……
	第三课 词语例释	……来……去	108	……来……去、三……两……、……三……四
	第六课 词语例释	可……可……	211	可……可……

（续表）

册　数	出现位置	待嵌格式	页　数	练习中涉及的格式
第三册	第一课 词语例释	不……之……	37	不……之……
	第三课 词语例释	一……不……	134	一……不……、一……而……
		一……而……	134－135	
	第四课 词语例释	……言……语	187－188	说……道……、没……没……、尽……尽……
		左……右……	188－189	
	第五课 词语例释	七……八……	238	似……非……、七……八……、一……而……、非……即……、不……不……
	第七课 词语例释	出……入……	324	
第四册	第三课 词语例释	风……雨……	106	风……雨…… ……风……雨
		……风……雨	106	
	第四课 词语例释	一……再……	145	
		明……暗……	146－147	
	第六课 词语例释	……而……之	253－254	似……非……、……三……四、一……而……
	第七课 词语例释	有……有……	296－297	有……有……、惟……是……、多……多……
		惟……是……	298	

2. 两本教材收释待嵌格式比较研究

(1)收释待嵌格式的异同。综合起来看，姜本与比它早10年出版的姚本，在收释待嵌格式方面有一些共同之处：所收的待嵌格式大多数较为典型；在“词语例释/解”部分解释了相关格式后，在后面附有相关的练习题。二者的不同点也是比较明显的:从数量来看,姜本收释待嵌格式的数量明显多于前者,这和教材的容量、教材内容的选择等有关;在姜本中,所列待嵌格式都是以独立形式出现的,即在"词语例释"部分直接对"半……半……"、"有……有……"、"……手……脚"、"……来……去"等待嵌格式加以解释,在姚本中,所列待嵌格式多是以依附于含有某一格式的四字格的形式出现的,比如在第二册第二十六课课文中出现了"非懒即馋"这一四字格,在第133页的"词语例解"部分就对"非……即……"这个格式加以解释:

"非……即……"意思是"不是……就是……",用在两个意义相关的单音节名词、动词之间,指必然存在两种情况中的一种,或指两种现象交替出现。如:"非亲即故""非此即彼""非打即骂""非攻即守"。

(2)收释待嵌格式的不足之处。

A.姚本的不足之处。

第一,对待嵌格式的解释内容不统一。如第二册的第27页涉及"……天……地"这一格式:

欢天喜地

"欢天喜地"是非常高兴的意思。"……天……地"是四字格式之一。这种格式还有"顶天立地""翻天覆地""铺天盖地""哭天喊地""冰天雪地""战天斗地"等。

而第二册的第52页涉及"七……八……"这一格式:

七枝八叉

数词"七"和"八"连用,分别嵌入相关的词语,表示多或多而杂乱。最常见的格式是"七……八……",中间嵌入名词或动词。例如:

1.几个小伙子七手八脚,不大工夫就把几个大箱子搬走了。

2. 听说发生了这件意外的事情,大家七嘴八舌,纷纷议论起来。

3. 在这紧急情况下,他心里七上八下的,不知如何是好?

在解释了成语"欢天喜地"的意思后,仅仅指出了"……天……地"是一种四字格式。那么,这一格式表达什么构式义,能够嵌入什么成分,嵌入成分之间的意义关系如何,编者就不置可否了,只是在后面列举了由"……天……地"构成的一些四字格。如果没有教师的深度指导,留学生看了这样的解释,是很难掌握这一格式并对其正确地加以运用的。而对"七……八……"格式的解释要好得多,不仅说明了这一格式表达的构式义及其嵌入其中的词的词性,而且还以例句的形式具体加以说明。

第二,在"词语例解"部分出现的待嵌格式与后面练习的内容不能相互照应。如在姚本第二册的第181页有这样一个练习:

练习二:照前面的格式给后面四字格填上合适的字:

千恩万谢　千____万____　千____万____

不三不四　不____不____　不____不____

东张西望　东____西____　东____西____

但是,在本课的"词语例解"中根本就没有对"千……万……"、"不……不……"、"东……西……"这三个格式的解释。我们的相关研究表明,这三个格式的能产性是比较强的,都是典型的待嵌格式,完全有必要在"词语例解"部分出现。

B. 姜本的不足之处。

第一,对有些格式的释义粗疏。如第一册第一课后(第17页)对"……手……脚"这一格式的解释:

在"……手……脚"中间插入意义相同或相近的两个单音节形容词、动词,表示人的行为动作。例如:

(1)"……拙手笨脚没人要,就把你嫁到严村吃胡萝卜

去!”(拙手笨脚:形容手脚笨拙,不灵活)

(2)小王过日子大手大脚的,因此他爱人经常和他吵架。(大手大脚:形容花钱、用东西不节省,过于浪费)

(3)护士轻手轻脚地走进病房,怕影响病人休息。(轻手轻脚:形容手脚动作轻,响声小)

(4)有的领导不喜欢深入实际,调查研究,只在上面指手画脚。(指手画脚:形容说话兼用手势示意,也形容轻率地指点、批评)

(5)这小子干什么事总是毛手毛脚的。(毛手毛脚:形容动作鲁莽,做事不细致)

(6)遇到一点小事,他就搓手顿脚干着急。(搓手顿脚:形容焦急不耐烦的样子)

在对人体名词待嵌格式进行研究时,我们知道,“……手……脚”格式多引申指人的动作行为,同时从色彩意义来看,由这一格式生成的四字格多具有贬义色彩。以上例子中,除“轻手轻脚”外,其他“拙手笨脚”、“指手画脚”、“毛手毛脚”、“搓手顿脚”都是具有不满、贬斥等感情色彩的四字格,如果在对“……手……脚”格式进行解释时,能够指出这一点,将更加有利于留学生对这一格式的掌握和运用。

第二,在“词语例释”部分出现的待嵌格式与后面的练习不配套。具体表现为:某课的“词语例释”对某一格式进行了解释但课后的练习中没有涉及。如第一册的第一课对“似……非……”格式进行了解释,但后面没有相应的练习题,一直到第三册的第五课“似……非……”才出现在其后的练习题中。有的是在某一课的练习部分出现了某一待嵌格式,但前面的“词语例释”中没有出现。如第二册第二课要求学生做“有……有……”格式的练习,而对“有……有……”格式的解释出现在第四册的第七课中。这种所学与所练不配套的情况显然不利于留学生对格式的把握。

在以上研究的基础上,我们认为,在编写对外汉语教材涉及待嵌格式时应注意三点:第一,尽量收释一些典型的待嵌格式,而且在高级阶段收释数量可更多一些,当然这对编者选文提出了更高的要求;第二,对待嵌格式的释义应全面,具体包括三个部分:格式的构式义(主要是理性义,色彩意义鲜明的应加以说明),嵌入部分的词性和意义关系,举例句来加以说明;第三,在设计格式练习的题目时,应与前面"词语例释/解"部分涉及的待嵌格式配套,做到一课一练,方能见成效。

三、待嵌格式教学的原则和方法

(一)待嵌格式教学的原则

1. 随机教学的原则

陆俭明指出:在对外汉语教学中,"需要恰到好处地给学生一些汉语知识,包括语音知识、词汇知识、语法知识和汉字知识等,但又不宜学院式地对学生大讲汉语知识,得随机教学,而且得采取点拨式教学法"①。让留学生掌握待嵌格式亦应如此,应融待嵌格式教学于日常的阅读教学或词汇教学(包括成语教学)之中,通过随机教学的形式加以把握,这样掌握起来较为容易,而没有必要以专题的形式进行科学、系统地传授,大讲特讲这些知识点会让学生感觉索然无味,还会增加他们的学习负担。

2. 分级教学的原则

汉语中的待嵌格式数量较多,因此,在对外汉语教学中不可能让学生对这些格式一一掌握,应注意对格式的分级教学。一是根

① 陆俭明:《汉语研究与对外汉语教学》,《苏州市职业大学学报》2005年第4期。

据其典型程度来进行分级教学。在待嵌格式范畴中,存在典型待嵌格式与非典型待嵌格式,这就决定了在教学中应先加强对典型格式的教学。二是根据难易程度进行分级教学。现代汉语中的格式内部存在着难易之别,所以格式教学也有分级的必要,难易程度不同的格式应安排在不同的教学阶段或不同的教学环节中。

3. 化繁为简的原则

邵敬敏、罗晓英指出:"作为汉语语法的本体研究,可以运用不同的理论和方法,从各个角度进行分析。只要你能够准确地描写、合理地解释,我们都应该承认这一研究是有效的。但是要把这些研究成果引入对外汉语教学,则不能简单地直接导入。而需要在研究与教学之间架起一座桥梁,做好这个转化工作,关键问题就是必须化繁为简,'为我所用'。因为研究语法,从理论上讲,越细致越有价值,但是作为教学,就必须简明扼要,不能什么都说。"①待嵌格式教学亦应遵循这一原则,讲解时抓住重点,讲解语言尽可能深入浅出,通俗易懂,易于学生理解和把握,切忌面面俱到,理论讲解切忌艰深晦涩。

(二)待嵌格式教学的方法

1. 全面把握待嵌格式的特点

(1)把握固定部分。固定部分是构成待嵌格式的基础,也是应用待嵌格式的基础。只有掌握了固定部分,我们才能归纳出嵌入某一格式的成分的特点,才能对其生成的四字格正确地加以应用。通过前面的分析,我们知道,待嵌格式的固定部分是比较有特点的,其中有些部分文化蕴涵还极为丰厚。因此,围绕着固定部分的一些特点,可以作适度的延伸和拓展,不但可以激发学生的兴趣,

---

① 邵敬敏、罗晓英:《语法本体研究与对外汉语语法教学》,《暨南大学华文学院学报》2005 年第 3 期。

开拓学生的文化视野，还能深化他们对某些待嵌格式的把握，可谓一举而三得。比如讲到数词待嵌格式时，“一……二……”、“三……四……”、“五……六……”、“七……八……”、“千……万……”等格式，它们的共同点是奇数在前、偶数在后，小数在前、大数在后。在此，老师就可以把汉民族“以奇数为阳、以偶数为阴”的观念渗透给学生，可以向学生指明数词待嵌格式多以升序排列为主的特点。

(2)把握嵌入部分。一个待嵌格式，只有在框架中嵌入一些成分生成四字格，才能用来造句。因此说，嵌入相应成分是待嵌格式应用的关键一步，而嵌入的恰当与否又成为决定其所构成的四字格合法与否的关键。我们知道，不同的待嵌格式对嵌入部分有着不同的要求，因此，深入细致地把握嵌入部分的特点显得尤为重要。一般来说，把握嵌入部分需从三个方面着力：一是嵌入部分的词性，二是嵌入部分之间的意义关系，三是嵌入部分的语序。前面我们列举了一些留学生由于对嵌入部分的特点把握不到位而造出不合法的四字格的例子，现略加以分析：留学生用方位名词待嵌格式造出“东散西步”这样的四字格，从理论上来探讨，嵌入“东……西……”格式的多是意义相近或相类的自主动词，“散步”虽是自主动词，但是双音节复合词——“散步”，其构成语素“散”与“步”不是“相近”或“相类”的意义关系，而是相关的意义关系；从结构上看，它们之间是一种动宾关系，而不是并列关系。留学生造的“考试的时候，每个学生都是七下八上”这个句子，我们大概能明白所要表达的意思，但是“七下八上”这个说法是不合格的。也就是说，就嵌入部分而言，还需要注意前后两个成分的语序，按照空间顺序原则，嵌入部分的排列顺序应是“先上后下”，“七上八下”的组合才合乎规范。

(3)把握格式的构式义。要想正确把握一个四字格的意义，需要对生成这一四字格的构件——待嵌格式的构式义加以准确把握。在汉语发展的过程中,很多待嵌格式都形成了自己稳固的构式义,大多数四字格的意义就是由格式的构式义和嵌入部分的意义有机整合而成的。如果留学生对某一个待嵌格式的构式义把握得不够准确,那么他在构造四字格或者用四字格造句方面就可能会出现一些问题。如留学生造出的这个句子:“今天是爸爸的生日,妈妈做饭很大鱼大肉的。”我们一看这个句子就别扭,原因有多方面,其中之一是:“大鱼大肉”的构件“大……大……”这一格式本身有表“规模大、程度深”的构式义,这决定了“大鱼大肉”也是含有程度义的,因此,不能再用程度副词“很”来修饰。再如:“他真感谢了我的小恩小惠。”“小恩小惠”这一四字格,嵌入部分——“恩惠”虽是一个褒义词,但“小……小……”这一格式本身有表“规模小、程度浅”的构式义,并且还有“多含贬义”的附加义,这决定了“小恩小惠”是一个贬义成语,放在以上语境中是不合适的。

2. 结合具体语境进行教学

众所周知,语言总是在特定的语言环境中出现的,因此,要理解和使用语言,离不开一定的语言环境。语境一般分为上下文语境和情景语境。在掌握待嵌格式时应注重结合具体语境进行教学,如果孤立地学习,让学生死记硬背一些规则和用法,他们会感到枯燥乏味,效果不可能好。在 20 世纪 80 年代,学者们就已注意到这一问题,李玉敬、孙瑞珍在《文选课的词语教学》一文中,以举例的形式提到在对留学生进行词语教学时所确立的重点,比如《小二黑结婚》一文,要让学生掌握的格式有“装模作样”、“风言风语”、“七手八脚”等“常用的或可以套用的词语和结构”①。学生只

① 李玉敬、孙瑞珍:《文选课的词语教学》,《语言教学与研究》1980 年第 2 期。

要弄明白这些框架结构的特点和规律,就可以进行扩展和套用,这样既便于理解又便于记忆,应该说,这是理解和掌握词语的一条捷径。

近年来,一些学者如杨晓黎、潘先军等在谈到对外汉语成语教学时,都涉及了成语的格式化问题。成语是汉语在长期发展的过程中形成的固定短语,许多成语在形式上呈现出明显的模式化框架结构,把其框架抽取出来即成为待嵌格式。依据一定的格式,通过改换其中的某些成分,便可引入一系列同一格式的成语,教学时可依据这些具有派生能力的格式,举一反三,从而让学生掌握更多的四字格。潘先军特别强调:"教学中,主要是针对中高级阶段的留学生,在专门的词汇或相关的语言材料的学习中,如果遇到类固定短语或有与类固定短语相同构式的成语,教师就可以在语义和格式两方面进行讲授,之后引导学生按照格式要求替换相应语素,并运用到交际中。"①如在教学中涉及"七……八……"这一格式,教师首先要讲清这个格式的基本构式义,即表示"多或多而杂乱",然后举同格式成语以加深理解,如"七嘴八舌"、"七手八脚"、"七拼八凑"、"七折八扣"、"七长八短"、"七高八低"、"七零八落"等,这样学生就比较容易把握这一格式了。

3. 加强对待嵌格式的比较分析

在待嵌格式范畴中,每一个待嵌格式都不是孤立存在的,而是彼此之间存在着联系。为了更为准确地掌握待嵌格式,在教学中,教师可以选择恰当的时机对意义相近的待嵌格式进行比较分析,从嵌入部分、构式义、所生成四字格的色彩意义等角度来辨明这几个格式的相同之点表现在哪些方面,不同之点表现在哪些方面,只

① 潘先军:《类固定短语与对外汉语词汇教学》,《汉字文化》2009 年第 2 期。

有知其异同，才能更好地帮助学生对其正确地加以应用。如“随……随……”和“现……现……”这两个格式，嵌入其中的都是意义相关的动词，表示这两个动作行为一先一后接连进行，它们的意义似乎相同。但仔细辨析，我们会发现：“随……随……”只表示后一动作行为紧接着前面的动作行为发生，如“随写随印”；而“现……现……”除了表示两个动作行为相连发生外，更强调动作行为的目的性，为了进行时间上在后的动作行为，临到它发生前去进行时间在前的动作行为，如“现吃现做”。简言之，嵌入“现……现……”格式的两个动词，前一个是目的，后一个是条件；而嵌入“随……随……”格式的两个动词则没有此种关系。

4. 加强练习，真正做到学以致用

我们的问卷调查发现，一些留学生在运用待嵌格式生成的四字格造句时存在不少问题。应该说，把握待嵌格式的嵌入条件和构式义相对来说容易一些，但是对其生成的四字格正确地加以运用是教学上的一个难点。在语言运用中，待嵌格式生成的四字格需与其他成分组合成一个句子才能表达完整的意思。但是，这些四字格能与什么成分组合，不能与什么成分组合，在句子中它可以充当哪些句法成分，对于留学生来说，这些掌握起来难度较大。如前面所举留学生所造的句子——“这个楼离超市很近，天天大吵大闹。”这个句子属语法中的主谓搭配不当，“大吵大闹”在句子中作谓语，它的动作发出者应是有生命之“人”，而不能是无生命之“楼”。这就需要教师能够设计合理的练习题，通过让学生反复练习，不断纠错，从而形成良好的语感，对这些四字格加以正确运用。

第二节　待嵌格式与词典编纂

研究词典中收释的待嵌格式是汉语应用研究的一个重要方面。众所周知,语言研究成果对词典编纂实践具有重要的指导作用,尤其是在当下信息化、网络化的时代背景下,没有语言理论作指导的词典编纂是不可想象的。本书前几章对待嵌格式的理论探讨有助于我们对不同词典中收释待嵌格式的优点和不足作出一个相对公允的评价。

我们看到,尽管待嵌格式在现代汉语的实践中被大量运用,有很强的生命力,但是收录此类格式的词典、辞书不多,绝大多数工具书并不关注待嵌格式本身,而是直接将由待嵌格式生成的四字格中已经词汇化为成语的单位作为具体条目加以收释。这样,无论是以汉语为母语的读者来说,还是把汉语作为第二语言进行学习的外国留学生来说,当他们遇到词典上没有的由待嵌格式生成的一些类固定短语时,在理解或运用上就可能会存在一些困难。

目前,能见到的收录待嵌格式的词典只有《现代汉语词典》、《应用汉语词典》、《汉语四字格词典》等几部。从功用来看,前一部属于规范型词典,后两部属于查考型词典。规范型词典是为促进民族共同语规范化服务的词典,它的规范作用体现在收词、释义以及通过释义和举例所体现出来的对词的语法功能的规定上;查考型词典是为解决阅读和语言使用中的疑难而编纂的词典,各种历时性词典、特定内容的词典和以特定人群为读者对象的词典等都属于查考型词典。晁继周认为:"从语言学的角度来看,应该对规范型词典给以特殊的重视,因为只有规范型词典才能反映某一现代语言词汇系统的全貌。著名苏联词典学家谢尔巴强调指出,从纯语言学观点来看,只有规范型词典才是'科学的'词典,因为这种词典的对象是具体的、实际的语言——某一语言统一的词汇体系。”[①]因此，本节重点考察《现代汉语词典》，兼对《应用汉语词典》中的待嵌格式进行探讨，同时确立词典收释待嵌格式的基本原则。

一、词典中收释的待嵌格式

（一）《现代汉语词典》中的待嵌格式

《现代汉语词典》是为推广普通话、促进汉语规范化服务的中型语文词典，自初版到最新版都收释了一些待嵌格式。目前，研究《现代汉语词典》中的待嵌格式的有代表性的成果是周荐、李传军、王吉辉等的文章。下面，我们先对《现代汉语词典》（第6版）所收释的待嵌格式进行综合考察，并介绍相关的研究成果；然后对不同版本的《现代汉语词典》收释待嵌格式的情况进行比较分析。

1.《现代汉语词典》（第6版）收释的待嵌格式

《现代汉语词典》（第6版）共收释34个待嵌格式，从词性的角度来看，可分为以下几类：

方位名词待嵌格式。它们是：东……西……、左……右……、前……后……，共3个。

动词待嵌格式。它们是：有……有……、有……无……、无……无……、说……道……，共4个。

形容词待嵌格式。大……大……，1个。

数词待嵌格式。它们是：半……半……、一……半……、一……一……、一……二……、三……五……、四……八……、七……八……、千……万……，共8个。

副词待嵌格式。它们是：不……不……、非……非……、没……没……、且……且……、随……随……、现……现……，共6个。

① 晁继周：《语文词典论集》，商务印书馆2005年版，第123页。

其他待嵌格式。它们是:爱……不……、半……不……、不……而……、大……特……、道……不……(方言格式)、非……即……、连……带……、似……非……、一……不……、一……而……、一……再……、一……就……,共12个。

为了查阅方便,我们把《现代汉语词典》(第6版)收释的待嵌格式所在页数列表如下:

待嵌格式	页数	待嵌格式	页数	待嵌格式	页数	待嵌格式	页数
爱……不……	5	半……半……	37	半……不……	37	不……不……	110
不……而……	111	大……大……	239	大……特……	245	道……不……	269
东……西……	310	非……非……	375	非……即……	375	连……带……	803
没……没……	880	七……八……	1014	千……万……	1031	前……后……	1035
且……且……	1049	三……五……	1118	说……道……	1225	四……八……	1233
似……非……	1235	随……随……	1246	无……无……	1376	现……现……	1416
一……半……	1522	一……不……	1522	一……而……	1524	一……二……	1524
一……就……	1525	一……一……	1529	一……再……	1530	有……无……	1580
有……有……	1581	左……右……	1744				

对于《现代汉语词典》中的待嵌格式,已有学者展开讨论,有代表性的首推周荐。在《〈现代汉语词典〉中的待嵌格式》一文中,他具体考察了1996年第4版《现代汉语词典》,对其中收释的33个待嵌格式进行了细致而深入的探讨,给人启发颇深。

首先,对于《现代汉语词典》中为什么设立待嵌格式这种条目,周荐阐发了个人的看法;其次,作者具体指出词典在处理待嵌格式时存在的三种不同的情况,他最为认可的一种做法就是为待嵌格式所举的例子就仅仅是准四字格式的类固定语,不再以四字格式的固定语的身份作条目出现在这部词典中;再次,作者就词典应该收什么样的待嵌格式、不该收什么样的待嵌格式谈了自己的三点看法，并提出词典还应适当增收一些待嵌格式；最后，作者指出词典不该收“自相……”这一格式，并深入阐发了个中原因。周文观点明晰，论述精辟，对于词典编纂工作有着十分重要的借鉴价值。我们看到第5版和第6版的《现代汉语词典》删掉了“自相……”这一格式，很可能就是受到了周文观点的影响。

周荐之后，李传军在其硕士论文《类固定短语相关问题研究》中对“类固定短语与《现代汉语词典》收条”进行了专门探讨，他指出《现代汉语词典》(第5版)在收释待嵌格式时存在的六个方面的问题①：格式的型式单一，格式数量偏少，格式之外的类固定短语不应完全抛弃，收录方言格式的时机尚不成熟，格式的说解需要进一步规范，固定短语重复出现。我们认为，李文较为全面地指出了《现代汉语词典》在收释待嵌格式方面的一些不足之处。

此外，王吉辉在其专著《固定语研究》中专门列有“固定格式与固定语”的内容，详细论述了影响固定格式与固定语之间关联程度的各种因素，并采用综合分值计算的方法把固定格式与固定语之间的关联状况直观地表现了出来，其论述给人颇多启发。

当然，对于以上学者的看法，我们并不完全认同，对此在“词典收释待嵌格式的原则”部分集中进行阐述。

2. 不同版本的《现代汉语词典》收释的待嵌格式

收释待嵌格式是《现代汉语词典》一以贯之的做法。2012年第6版的《现代汉语词典》收有34个此类格式，它们全是一三字显、二四字隐的“A……B/A……”型格式，与2005年所收格式相同，我们并称其为第5、6版。这两个版本跟其他版本(1978年第1版、1983

① 李传军：《类固定短语相关问题研究》，上海师范大学硕士学位论文，2008年，第74－78页。

年第2版、1996年第3版、2002年第4版)的《现代汉语词典》相比,在收释待嵌格式方面呈显出一些不同。下面,我们对不同的版本进行比较分析,一方面,可从中体会词典编者在收释待嵌格式时的审慎态度和严谨作风;另一方面,探究不同版本的《现代汉语词典》对某些待嵌格式或增或删的理由。

(1)第1版与第5、6版相比,另收有“……三……四”、“……头……脑”和“……来……去”三个“……A……B”型格式和“装……作……”一个“A……B……”型的格式,而自第2版起,以上四个格式全部被删去。这一做法的理由可能是:第一,“……A……B”型格式在现代汉语中的数量远远要少于“A……B/A……”型格式。前面已经提到,在我们的考察对象中,“A……B/A……”型格式有171个,占总数的71%,“……A……B”型格式有69个,只占总数的29%,可见“……A……B”型格式数量是有限的,而且其能产性也多不如“A……B/A……”型格式。第二,“……A……B”格式在词典中存在技术处理上的难度——头一个字隐含,则无法在以音序为主要检索手段的《现代汉语词典》中立定条目。至于“装……作……”这一由动词构成的待嵌格式,我们发现它的能产性比较弱,在语料库现代汉语部分我们得到语料1077条,其中“装腔作势”出现330次,“装模作样”出现301次,“装聋作哑”出现83次,其他多是对以上成语的灵活运用,如“装眉作样”、“装腔作怪”、“装腔作态”、“装妖作怪”、“装聋作傻”、“装痴作聋”、“装神作怪”,总共才10个。这种能产性不强的格式显然没有必要收在规范性词典之中。

(2)第1版和第2版都未收“一……再……”格式,而自第3版始收,一直延续到第5、6版。此格式中,“一”是数词,“再”是副词,表示“又一次”的意思,“一……”与“再……”之间是一种递进关系。这一格式的能产性相对较强,我们搜集到120多个由这一格式生成的四字格，嵌入此格式中的成分规律性也比较强，多是同一个单音节动词，格式具有“表示同一动作多次重复”的构式义。如：

①痛定思痛后，苒青才绝望地发现，自己从一开始就错了，然后是一错再错！错得太完美了——竟然没有什么可挽回的。（百合《哭泣的色彩》）

②中途姑娘还来过两次，可我的“绿卡”一直未拿到手，一拖再拖，后来姑娘等待不住，不了了之。（陆步轩《屠夫看世界》）

其他再如：

一改再改	一变再变	一说再说	一问再问	一唱再唱
一审再审	一让再让	一搬再搬	一拉再拉	一想再想
一画再画	一买再买	一忍再忍	一找再找	一换再换
一误再误	一退再退	一输再输	一催再催	一用再用
一播再播	一写再写	一转再转	一讲再讲	一修再修
一误再误	一夸再夸	一送再送	一试再试	一迁再迁
一犯再犯	一减再减	一缩再缩	一躲再躲	一跌再跌
一看再看	一调再调	一涨再涨	一胜再胜	一跳再跳

“一……再……”格式能产性比较强，在日常口语以及书面语中使用频率也比较高，因此，我们认为《现代汉语词典》收这一格式是有道理的。

（3）第5、6版与前4版相比，增收了“爱……不……”格式，删去了“自相……”格式。

第一，关于“爱……不……”格式，搜集语料库得到由其生成的四字格仅有28个。具体如下：

爱吃不吃	爱搭不理	爱答不理	爱读不读	爱打不打
爱丢不丢	爱懂不懂	爱管不管	爱跟不跟	爱喝不喝
爱借不借	爱结不结	爱戒不戒	爱磕不磕	爱看不看

爱理不理　爱来不来　爱卖不卖　爱买不买　爱念不念

爱去不去　爱怕不怕　爱说不说　爱上不上　爱听不听

爱信不信　爱要不要　爱钻不钻

仅由此点看，这一格式的能产性是比较弱的。但是，我们看到：吕叔湘主编的《现代汉语八百词》、武柏索等编的《现代汉语常用格式例释》、姜德梧的《汉语四字格词典》、张卫国的《现代汉语实用语型》以及《应用汉语词典》等都收了这一格式，而且关于"爱……不……"格式的相关研究成果也比较多，如俞敦雨、许维翰、迟永长、李卫中、刘承峰等从不同角度对此格式加以研究，探讨了这一格式的来源、功能及语义等问题。如果这一格式能产性比较弱、特点不突出的话，可能不会引起太多的关注。我们的解释是：语料库中多是文学作品和报纸等书面性较强的材料，而"爱……不……"格式的口语性比较强，多是出现在人们日常的口语交际之中，张清常在为《现代汉语常用格式例释》所作的"序"中，就特别提到"爱……不……"这一格式："在我青年时期，讲课喜欢举这么个例子：'爱听不听''爱来不来'。这话的意思就是'你爱听你就听，你不爱听你就不要听''你爱来你就来，你不爱来你就不要来'。汉语讲求精炼，它能够把在一般情况下要用十多个字来表达的紧缩为四个字。"①此外，他还区别了"爱听不听"与"爱听不爱听"、"爱听不听"与"愿听不听"等的不同。可见，这一格式是特别耐人寻味的，颇值得研究。另外，在以上所举四字格的基础上，我们可举出更多的例子。如：

爱玩不玩　爱骑不骑　爱笑不笑　爱跑不跑　爱搬不搬

爱倒不倒　爱进不进　爱写不写　爱看不看　爱跳不跳

① 武柏索等：《现代汉语常用格式例释·序》，商务印书馆 1988 年版，第1页。

爱送不送	爱叫不叫	爱找不找	爱戴不戴	爱穿不穿
爱办不办	爱做不做	爱学不学	爱干不干	爱拿不拿
爱吹不吹	爱帮不帮	爱问不问	爱改不改	爱抓不抓
爱唱不唱	爱查不查	爱提不提	爱讲不讲	爱救不救
爱回不回	爱听不听	爱用不用	爱开不开	爱走不走
爱想不想	爱教不教	爱认不认	爱读不读	爱离不离
爱种不种	爱养不养	爱抬不抬	爱拉不拉	爱记不记
爱坐不坐	爱生不生	爱闹不闹	爱踢不踢	爱选不选
爱哭不哭	爱端不端	爱点不点	爱换不换	爱游不游
爱骂不骂	爱脱不脱	爱翻不翻	爱懂不懂	爱挑不挑
爱调不调	爱钓不钓	爱怪不怪	爱捧不捧	爱量不量
爱描不描	爱拧不拧	爱蹦不蹦	爱拿不拿	爱带不带
爱画不画	爱站不站	爱起不起	爱洗不洗	爱等不等
爱嫁不嫁	爱娶不娶	爱喂不喂	爱瞧不瞧	爱藏不藏
爱骗不骗	爱敲不敲	爱挖不挖	爱锁不锁	爱争不争
爱租不租	爱收不收	爱传不传	爱罚不罚	爱修不修
爱扛不扛	爱捡不捡	爱演不演	爱刷不刷	爱练不练
爱扫不扫	爱请不请	爱补不补	爱花不花	爱尝不尝

以上又列举了“爱……不……”格式生成的100个四字格，可以看出，大多数单音节自主动词都可嵌入此格式中，其义为“无论选择哪一种都随便，含不满情绪”，这一构式义主观性比较突出，情感色彩较为鲜明。

第二，《现代汉语词典》的前4版都收有一个“AB……”型格式，即“自相……”，我们认为第5、6版的《现代汉语词典》将其删去是有道理的。“自相……”的能产性是比较弱的，我们在语料库中只收集到35个由它生成的四字格，如“自相矛盾”、“自相残杀”、“自相惊扰”、“自相抵触”、“自相践踏”等。周荐认为：“‘自相’这样的单位，还是还其词这样一种条目的本来面目为佳，是不必硬将其拉作待嵌格式而立目为‘自相……’的。因为‘自相’这样的单位原本就是一个完整的词汇单位，而‘半……半……’和‘……头……脑’这样的单位并非一个完整的词汇单位，它们必得等待镶嵌好了一些成分之后才有可能成为词汇单位。前者不待嵌而完整，后者待嵌才完整，两者是不同类的词汇现象。”①这一解释准确到位。

附：不同版本的《现代汉语词典》所收的待嵌格式

待嵌格式	第 1 版	第 2 版	第 3 版	第 4 版	第 5、6 版
半……半……	+	+	+	+	+
半……不……	+	+	+	+	+
不……不……	+	+	+	+	+
不……而……	+	+	+	+	+
大……大……	+	+	+	+	+
大……特……	+	+	+	+	+
道……不……	+	+	+	+	+
东……西……	+	+	+	+	+
非……非……	+	+	+	+	+
非……即……	+	+	+	+	+
连……带……	+	+	+	+	+
没……没……	+	+	+	+	+
七……八……	+	+	+	+	+
千……万……	+	+	+	+	+
前……后……	+	+	+	+	+

① 周荐：《〈现代汉语词典〉中的待嵌格式》，《中国语文》2001 年第 6 期。

（续表）

待嵌格式	第1版	第2版	第3版	第4版	第5、6版
且……且……	+	+	+	+	+
三……五……	+	+	+	+	+
说……道……	+	+	+	+	+
四……八……	+	+	+	+	+
似……非……	+	+	+	+	+
随……随……	+	+	+	+	+
无……无……	+	+	+	+	+
现……现……	+	+	+	+	+
一……半……	+	+	+	+	+
一……不……	+	+	+	+	+
一……不……	+	+	+	+	+
一……而……	+	+	+	+	+
一……二……	+	+	+	+	+
一……就……	+	+	+	+	+
有……无……	+	+	+	+	+
有……有……	+	+	+	+	+
左……右……	+	+	+	+	+
一……再……	−	−	+	+	+
装……作……	+	−	−	−	−
……来……去	+	−	−	−	−
……三……四	+	−	−	−	−
……头……脑	+	−	−	−	−
爱……不……	−	−	−	−	+
自相……	+	+	+	+	−

（二）《应用汉语词典》中的待嵌格式

《应用汉语词典》是一部实用型的汉语词典，特色是“标词性，讲用法，辨析同义词等，使词典不仅仅要解释词义，理解语言，还要更多地着眼于用法，帮助读者使用语言”[①]。据笔者统计，《应用汉语词典》中共收释26个待嵌格式，尽管数量少于《现代汉语词典》（第6版），但相较于其他一些汉语词典比如《现代汉语规范词典》来说，它给予了待嵌格式应有的一席之地，就这一点而言，是难能可贵的，可以看出词典编纂者从编写理念上是重视此类格式的。

从整体上考察这25个待嵌格式，它们多具有典型性、能产性强的特点，读者若能通过词典把握此类格式，不仅能解其意，还能套用这些格式进行自主创造。更为可贵的是，该词典注意了相似格式之间的用法比较，如第1469页在对“一……半……”格式进行解释的基础上，比较了“一X半Y”、“半X半Y”、“半X不Y”、“半X不X”这四个格式。详情如下：

> [辨]一X半Y、半X半Y、半X不Y、半X不X：分属数词、副词两类。数词：一X半Y，X、Y是同义或近义的单音节名词，如“一年半载”“一官半职”“一时半会儿”。副词：a）半X半Y，X、Y是反义的单音节动词、形容词或名词，如“半真半假”“半生半熟”“半推半就”“半睡半醒”“半人半鬼”“半土半洋”。X、Y有时并非意义相反，只是意义不同，如“半痴半癫”“半羞半恼”“半聋半哑”。b）半X不Y，X、Y是反义的单音节动词、形容词或名词（有时含有嫌憎的意思），如“半大不小”“半生不熟”“半死不活”。c）半X不X，意思同b）项，如“半信不信”“半懂不懂”“半唱不唱”。

① 商务印书馆辞书研究中心：《应用汉语词典·前言》，商务印书馆2000年版，第1页。

以上比较主要着眼于两点:第一点,指出了嵌入四个格式的成分的不同词性和它们之间的意义关系;第二点,指出“一X半Y”、“半X半Y”、“半X不Y”、“半X不X”这四个格式中,虽都含有固定部分“半”,但在不同的格式中“半”的词性是不同的。在“一X半Y”中,“半”是数词,“一”也是数词,因此,整个格式具有数词性;而在“半X半X”、“半X不Y”、“半X不X”三个格式中,“半”不是数词,而是副词,“不”是副词,所以后三个格式是副词性的。一般认为,用于动词、形容词前及某些四字格中的“半”可视作副词。吕叔湘认为“半”既有数词用法,也有副词用法[①],他认为“半A半B”、“半A不B”、“半A不A”中的“半”都是副词。

当然,不容否认的是,尽管该词典以“科学性、知识性、实用性、规范性完美地统一”为编选原则,但在收释待嵌格式方面存在着明显的不足之处,离“科学性、规范性”还有相当大的距离。具体表现在:

1. 标示形式不统一

在该词典中,绝大部分待嵌格式采用的是“A……B/A……”形式,即固定部分出现在格式的一、三位,嵌入部分用省略号“……”表示出现在二、四位,如“半……半……”、“没……没……”、“连……带……”、“左……右……”等。但是在列举由形容词“大”前后对举构成的格式时,采用了“大A大B”的形式。嵌入部分用“A”、“B”来表示,这种表示法能在一定程度上提醒读者:嵌入该格式的不能是同一个单音词,可是由副词“半”前后对举构成的格式中,嵌入部分同样也有此特点,即只能嵌入“反义的单音节动词、形容词或名词”而不能嵌入同一个单音节词,却又为什么能用“半……半……”表示呢?此外,“爱X不X”,嵌入部分又采用了“X”

① 吕叔湘:《现代汉语八百词》,商务印书馆1980年版,第54页。

的形式。可能词典编者想强调由“爱”、“不”对举构成的待嵌格式嵌入的必须是同一个单音节词，如果有此特点的格式统一采用此种表示法也可，但是在列举由“大”、“特”对举构成的待嵌格式时，又采用了“大A特A”的形式，嵌入部分又采用了“A”的形式。最让人觉得奇怪和别扭的是这样一个格式，即第746页的“来……去”：

来……去 lái……qù 〔动〕用在同一动词或意义近似的动词后，表示动作多次反复：翻~复~｜颠~倒~｜走~走~｜研究~研究~｜说~说~，你还是老一套。

从以上所举例子来看，这一格式应该是“……来……去”。因为在“翻来复去”中“来”前有动词“翻”，“走来走去”中“来”前有动词“走”，“说来说去”中“来”前有动词“说”，正常情况下，是不可能有“来复去”、“来走去”、“来说去”这种说法的。这一格式以“来……去”这种形式出现，不仅让中国读者感到荒谬可笑，也让学习汉语的外国读者感到困惑不解。当然，从另一角度来讲，我们也是能够理解词典编者在收释此格式时的难言之隐的。一则，“……来……去”这一格式的形式与该词典中收释的其他格式是有别的，其他格式是固定部分在前，嵌入部分在后，如“七……八……”、“有……无……”、“连……带……”等，而这一格式是固定部分在后，嵌入部分在前，这就给词典编纂工作带来了一些困难。“固定部分在前，嵌入部分在后”的格式好说，把相关的格式放在对应的词下面作为一个词条出现就可以了，如“一……而……”格式就是列在“一”词之后，与其他的词如“一度”、“一把手”、“一本正经”、“一唱一和”等共同作为词条出现。而“固定部分在后，嵌入部分在前”的格式就难办了，若采用“……来……去”这种形式，那此形式与其他以“来”开头的“来宾”、“来不及”、“来访”、“来龙去脉”等词条相比，形式上不是那么整齐，于是，该词典列出了惟一一个此种形式的格式“来……去”。编者的想法可能是:这种形式虽然别扭,可是该格式的能产性是非常强的,实用性是比较大的,不收实在可惜,细心的读者只要观其例就能知其用。然而,按照科学的编选精神,类似“来……去”这种形式实在是不可取的。

2. 收释体例不统一

《应用汉语词典》收释待嵌格式主要以三种形式出现:

(1)单独设条。如:不……不……、一……半……、一……二……、有……有……、左……右……,有14个。

(2)作为一个词的某一义项出现,有5个。这又可以细分为两种情况:

第一,以显性形式出现。如第1203页“随”的第6个义项:

⑥〔副〕“随……随……”分别用在两个动词或动词性词组前面,表示后一动作紧接前一动作:~叫~到|雪~下~化|文件~印~发。

再如第1485页“以”的第2个义项:

②〔动〕构成“以……为……”的格式,表示“把……作为……”、“认为……是……”或“比较起来怎么样”的意思:民~食为天|人~为鉴,可以明得失|这块地~种瓜为宜。

第二,以隐性形式出现,就是不直接列出格式,而是采用文字说明的形式。如第103页“不”的第10个义项:

⑩〔副〕跟“而”搭用,表示虽不具备某种条件,也产生某种结果(用于成语):~寒~栗|~胫~走|~谋~合|~期~遇|~言~喻|~约~同。

再如第1015页“且”的第5个义项:

⑤〔连〕两个平列的动词,用两个“且”来连接,有强调同时的意思(相当于“一边……一边……”或“一方面……一方面……”):~谈~走|~歌~舞|~喜~怜。

(3)在某一词条后以【注意】的形式出现,有 8 个。如在第 220 对“大”进行释义后,以【注意】的形式指出:

【注意】a)“大 A 大 B”,构成习惯用语。A、B 是意义相近或相关的单音节名词、动词、形容词。表示规模大,程度深。例如“大手大脚”(比喻铺张浪费,花钱多)“大鱼大肉”“大吃大喝”“大鸣大放”“大荤大素”“大红大紫”。b)“大 A 特 A”,构成习惯用语。A 是动词,限于单音节。表示规模大,程度深。例如“大书特书”“大讲特讲”“大叫特叫”。

再如第 288 页,在对“东西”进行释义后,以【注意】的形式指出:

【注意】“东……西……”表示“这里……那里……”的意思,例如“东拉西扯”(说话没有中心)“东张西望”“东一句西一句”“东一榔头,西一棒子”(做事没有一定目标)。

3. 某些格式重复出现

(1)在第 780 页,“连”词头后列出了“连”的一个义项:

⑥〔介〕“连……带……”,表示两种动作同时发生,不分先后:大伙~说带笑高兴得很|把他~推带拉让进了屋里。

在后面又单独设有“连……带……”这一词条:

连……带…… lián……dài…… ①〔连〕表示前后两项包括在一起:~本~利一块还。②〔连〕表示两个动作同时进行:~说~唱|~蹦~跳。

实际上,“连”的第 6 个义项和“连……带……”格式的第 2 个义项意义是一样的,完全可以让这一格式以单独词条的形式出现,这样做更为简洁明了。

(2)在第 850 页,对俗语“没边儿没沿儿”进行释义后,以【注意】的形式指出了“没……没……”的一种用法:

【注意】“没……没……”这个框架,用上两个近义的名词、动词或形容词,表示简直没有,例如“没皮没脸”“没完没了”

"没羞没臊"等等。

其后,在对"没大没小"进行释义后,又以【注意】的形式指出了"没……没……"的另一种用法:

【注意】"没……没……"这个框架用上两个反义的形容词,表示混淆应有的区别,模糊原有的界限,例如"没老没少""没深没浅"等等。

"没……没……"格式的这两种用法、两个意义,完全可以统而为一,以单独设条的形式列出,既简洁明晰又集中紧凑。

此外,还有一点值得讨论:在第 980 页对成语"七嘴八舌"释义后,以【注意】的形式说明了"七……八……"的用法,可是,同样是成语,为什么能放在"七嘴八舌"后就不能放在该页的另一个成语"七手八脚"后呢?

4. 释义内容不统一,表述欠严密

《现代汉语词典》在对格式进行释义时,一般包含三个方面的内容:第一,说明待嵌格式中嵌入部分的词性、词义关系;第二,说明格式所表达的构式义;第三,举例加以证明。但是,《应用汉语词典》在这方面不够统一。如:

《应用汉语词典》第 5 页,在对"爱"进行释义后,以【注意】的形式指出:

【注意】a)"爱"跟"不"呼应构成"爱 X 不 X",表示无论选择哪一种都随便,含有不满情绪。例如"爱去不去""爱听不听""爱信不信"。

《现代汉语词典》(第 5 版)第 5 页对"爱……不……"的释义[①]

① 《现代汉语词典》(第 6 版)在对"爱……不……"释义后,仅举了嵌单音节词的例子,"~管~管 | ~说~说 | ~来~来"。我们认为,这一做法不如第 5 版合理,故采用第 5 版的释义。

是：

【爱……不……】分别用在同一动词前面，表示无论选择哪一种都随便，含不满情绪：~管~管｜~说~说｜~来~来｜~参加~参加。

《应用汉语词典》只是说明了“爱X不X”格式的构式义，而《现代汉语词典》不仅指出了格式的构式义，还指出了这一格式嵌入部分的特点，即必须是同一个动词，同时通过所举的四个例子，能让读者领会：这一格式嵌入的主要是一些单音节动词，当然也不排除一些双音节动词，而《应用汉语词典》的举例仅限于单音节动词。

再如：《应用汉语词典》第980页对“七……八……”的释义是：

【注意】在现代汉语中，“七……八……”是一种格式，可以嵌用名词、形容词、动词，如“七手八脚、七嘴八舌、七长八短、七高八低、七拼八凑、七拉八扯、七零八落、七上八下”等等。

《现代汉语词典》（第6版）第1014页对此格式释义如下：

【七……八……】嵌用名词或动词（包括词素），表示多或多而杂乱：~手~脚｜~嘴~舌｜~拼~凑｜~颠~倒｜~零~落｜~上~下｜~长~短｜~扭~歪｜~折~扣（折扣很大）。

《应用汉语词典》只是说明了嵌入“七……八……”格式成分的词性，没有指出它的构式义，而《现代汉语词典》这两部分内容都包括了。而且《应用汉语词典》在举“七……八……”生成的四字格例子时，是把几个四字格共用一个引号引起来，而在举其他待嵌格式生成的四字格例子时，是每一个四字格都用引号引起来，形式上不统一。

此外，在对待嵌格式的释义、举例方面，《应用汉语词典》也有一些不够严谨之处。如“连……带……”格式的第2个义项“表示两个动作同时进行”,可是像“连说带唱”、“连哭带笑”之类的四字格,“说”和“唱”、“哭”和“笑”都是嘴部发出的动作,这两个动作是不可能“同时进行”的,只能是一先一后紧接着进行。因此,这一释义就不如《现代汉语词典》准确:“表示两种动作紧接着,差不多同时发生。”再如:

> “随……随……”分别用在两个动词或动词性词组前面,表示后一动作紧接前一动作:~叫~到|雪~下~化|文件~印~发。

前面的表述是“分别用在两个动词或动词性词组前面”,而后面举的全部是嵌入动词的例子“叫”、“到”、“下”、“化”、“印”、“发”,没有一个“动词性词组”的例子。

附:《应用汉语词典》中所收的待嵌格式

待嵌格式	出现的页数	注释方式	备　注
爱X不X	5	【注意】	
爱X就X	5	【注意】	
半……半……	37	单独设条	
半……不……	37	单独设条	
“边”字连用	76	“边”的第8个义项	
“不”跟“而”搭用	103	“不”的第10个义项	
不……不……	104	单独设条	
大A大B	220	【注意】	列于“大”的第6个义项后
大A特A	220	【注意】	列于“大”的第6个义项后
东……西……	288	【注意】	
来……去	746	单独设条	
连……带……	780	“连”的第6个义项	
连……带……	780	单独设条	

（续表）

待嵌格式	出现的页数	注释方式	备　注
没……没……	850	【注意】	列在“没边儿没沿儿”后
没……没……	850	【注意】	列在“没大没小”后
七……八……	980	【注意】	列在“七嘴八舌”后
用两个“且”连接	1015	“且”的第5个义项	
随……随……	1203	“随”的第6个义项	
一……半……	1469	单独设条	
一……不……	1470	单独设条	
一……而……	1471	单独设条	
一……二……	1471	单独设条	
一……就……	1473	单独设条	
一……一……	1477	单独设条	
以……为……	1485	“以”的第2个义项	
有……无……	1531	单独设条	
有……有……	1531	单独设条	
左……右……	1703	单独设条	

二、词典收释待嵌格式的原则

在对《现代汉语词典》和《应用汉语词典》收释待嵌格式的情况进行探讨的基础上，针对已有的研究成果，我们就词典收释待嵌格式的原则谈谈看法。

（一）能产性强、使用频率高是词典收释待嵌格式的首要原则

综合考察《现代汉语词典》和《应用汉语词典》中所收的待嵌格式，我们认为大多数格式的能产性是比较强的，如“东……西……”、“连……带……”、“有……有……”、“一……一……”、“不……不……”、“没……没……”等。但有的格式能产性较弱，就没

有必要收在此类词典之中，如“说……道……”格式，《现代汉语词典》从初版到最新版都收了这一格式，对其释义是：

> 说……道…… 分别嵌用相对或相类的形容词、数词等表示各种性质的说话：～长～短|～三～四|～黑～白（任意评论）|～东～西（尽情谈论各种事物）|～亲～热（说亲近话）|～千～万（话说得很多）。

而《应用汉语词典》未收这一格式，我们认为不收是有道理的。第一，在语料库中搜集到的“说……道……”格式的四字格仅有24个，与典型的待嵌格式相比，它的能产性是比较弱的。第二，从理论的角度来进行分析，“说”和“道”都是言说类动词，其语义较为实在，而且它们在四字格中作谓语这一核心成分，决定了这两个动词难以发生语法化，由它们构成的格式，其能产性肯定不会太强。与之同类的格式如“装……作……”，除第1版外，在《现代汉语词典》其他版中都被删去了，其主要原因就在于它们的能产性不强。基于对语言事实的基本尊重，我们认为“说……道……”这一格式没有必要收在规范型词典——《现代汉语词典》之中，收在专门性词典如《汉语四字格词典》中尚可。此外，《应用汉语词典》也没有必要收“以……为……”这一格式，道理与上述相同。

我们看到，《现代汉语词典》中收的数词待嵌格式比较多，有“半……半……”、“一……半……”、“一……一……”、“一……二……”、“三……五……”、“四……八……”、“七……八……”、“千……万……”8个，占该词典所收待嵌格式总数的近四分之一，《应用汉语词典》收了5个此类格式。通过本书第三章对数词待嵌格式的探讨，我们知道，以上格式中，“一……一……”、“千……万……”、“七……八……”、“半……半……”的能产性是比较强的，而其他格式相对较弱。比如“一……二……”这一格式，我们搜集到的由其生成的四字格不过19个，而且词典对这一格式进行释义时所举的例子“一干二净”、“一清二楚”、“一清二白”，前两个四字格使用频率是比较高的，在语料库中分别出现了389次、599次（“一清二白”是24次），完全可以作为成语单独列词条加以解释，而像“一……二……”之类的能产性不强的格式没有必要以单独设条的形式出现。

此外，在已有的研究成果中，周荐、刘贤俊、李传军都认为《现代汉语词典》中所收的格式数量“偏少”，建议将更多的条目收入其中，我们主要针对周荐的建议谈一下看法。周荐建议将“大……小……”、“千……百……”、“添……加……”、“如……似……”、“有……没……”、“天……地……”等格式收录词典之中。我们认为：

第一，在我们对空间维度形容词待嵌格式进行考察时发现，“大……大……”的能产性是最强的（397个），“大……小……”（146个）和“小……小……”（127个）生成的四字格相差不大，要收“大……小……”格式，“小……小……”格式似乎也不能不考虑。

第二，在对数词待嵌格式考察时我们发现，“千……百……”格式的能产性不是太强，我们检索到由其生成的四字格有68个，可收在专门性词典之中，而没有必要收在《现代汉语词典》之中。

第三，如果把“添……加……”这一格式收录在专门性词典——《汉语四字格词典》中尚可，但若收到规范性词典——《现代汉语词典》中则值得商榷。因为在此格式中，固定部分是一般性动词“添”和“加”，它们的意义较为实在，这就决定了“添……加……”格式的能产性不会太强，通过语料库得到由其构成的四字格也不过30个。就如同“装……作……”这一格式一样，“装……作……”只被《现代汉语词典》第1版收释，而在其他版本中被删去，有其深刻道理。

第四，在我们的考察中，由比类动词构成的“如……似……”格式构成的四字格有117个，而“如……如……”格式构成的四字格达237个，“似……似……”格式构成的四字格的数量和“如……似……”差不多，有100个，要收“如……似……”格式而不收“如……如……”和“似……似……”格式，似乎说不过去。

第五，我们搜集到由“天……地……”构成的四字格约有69个，这一格式反倒不如“……天……地”格式的能产性强，后者构成的四字格有158个，要是能收“天……地……”格式的话，“……天……地”格式似更应该收释。

我们认为，在遵循格式能产性强、使用频率高这一原则的基础上，可以考虑把以下待嵌格式收录到规范型词典中，它们分别是：如……如……、边……边……、忽……忽……、或……或……、时……时……、又……又……。

（二）所收待嵌格式应是普通话范围内的，没必要收方言格式

《现代汉语词典》中收了唯一一个方言格式——“道……不……”，《应用汉语词典》未收，我们认为不收是有道理的。我们曾翻阅由李荣主编的《现代汉语方言大词典》，发现在《武汉方言词典》中收有“道……不……”格式，其释义[①]如下：

> [道……不……]重复嵌入同样的动词，表示想做而又故意不做的样子：道耳理睬不耳｜道说不说｜道笑不笑｜道答应不答应｜道点头不点头｜道起身不起身

《现代汉语词典》对这一格式的释义与上述完全不同：

> 【道……不……】〈方〉嵌入意义相反的两个单音的形容词，表示“既不……也不……”的意思：~长~短（说长不算长，说短不算短）｜~高~矮｜~大~小｜~多~少。

以上两部词典对“道……不……”格式的解释，不仅嵌入部分的词性不同，而且构式义也完全不同，因此，对于《现代汉语词典》

① 朱建颂：《武汉方言词典》，江苏教育出版社1995年版，第182页。

中这一格式的来源仍需考索。

如果“道……不……”格式能收，其他能产性较强的方言格式好像也应该收。如在某些方言中，有些由人体名词构成的待嵌格式比在汉语普通话的构词能力更强，构成的同义词语更多，表现力更强。张光明搜集到忻州方言中由“A眉B眼”构成的200多个俗语四字格，并从意义的角度分成五类①：第一类，描写人的外貌肖像，如：人眉丢眼、分眉利眼、细眉细眼、标眉致眼、马眉虎眼、疤眉混眼、猴眉猴眼；第二类，描写人的性格品质，如：憨眉憨眼、倔眉二眼、僵眉悻眼、灰眉六眼、曲眉曲眼、假眉弄眼；第三类，描写人的表情动作，如：变眉失眼、笑眉唬眼、抠眉挖眼、丢眉扯眼、恶眉霸眼、揉眉脏眼、瞅眉剜眼；第四类，描写人的智慧才能，如：灵眉利眼、急眉溜眼、挣眉舀眼、羞眉出眼、痴眉呆眼；第五类，其他，如：土眉悻眼、小眉掖眼、讹眉罩眼、神眉佛眼、涩眉蹙眼。这200多条“A眉B眼”型四字格，能产性不可谓不强，表现力不可谓不足，为什么不收呢？收其一而不及其余，显然有厚此薄彼之嫌。可能有读者会说，“……眉……眼”是前嵌式不好收，可是下列方言中的格式不但能产性强，而且是后嵌式的，为什么不收呢？如在晋语中“少X没Y或没X倒Y”格式的能产性比较强。如：

少轻没重、少墙没壁、少钱没货、少心没事、少心没意、少衣没裳、少儿没女、少盐没醋、少秧没气、少守没摞、少人没亲、少家没教、少精没神、少穿没戴、少做没弄、少说没道、少调没和、少皮没毛、少铺没盖、少风没水、没钱倒火、少牙没口、没秧倒水、没精倒神

而“不X不X”或“不X半X”格式的能产性也不弱。如：

① 张光明：《忻州方言“A眉B眼”式俗语例释》，《语文研究》1987年第1期。

不跑不跳、不方不便、不稳半重、不打不算、不当不正、不迭不断、不凉不热、不时不晌、不中不上、不实不全、不长不圆、不知不来、不爽不整、不知不拉、不朝不理、不精半明、不焦不炽、不瞧不搁、不亲不疼、不接不救、不心不事、不香不臭、不羞不臊、不引不诱、不荤不素、不红不绿、不依不让、不看不觑、不歇不住、不斜不起①

对此,我们的看法是:典型的普通话待嵌格式应该归入《现代汉语词典》的范畴,典型的方言待嵌格式应该归入方言词典的范畴。但是,已进入普通话词典中的“待嵌格式”这一语言现象基本没有引起方言词典编纂者的注意。对此,孙毕在探讨吴方言时指出方言词典收释待嵌格式的必要性:“和普通话一样,方言中也有相当于词的待嵌格式,这种格式有时对方言异形词的整理工作有所启发,并给方言词典的收词适当与否提供重新考察的视角。”②

(三)在立足于现代汉语层面的基础上,可酌收一些文言格式,如“无……无……、非……非……、不……而……、且……且……”等

尽管在现代汉语中,上述文言格式的能产性已经不强,但是由它们生成的四字格很多已经词汇化为成语,而被词典单独作为条目加以收录。而在规范型词典中适当地收释一些文言格式,当学习者遇到由这些格式构成的一些类固定短语时,可以方便他们查阅,帮助他们更好地把握这些短语的意义,深化他们的理解。在这一方面,《现代汉语词典》的做法是值得推广的。《现代汉语词典》收释了包括以上格式在内的一些文言格式,而《应用汉语词典》只收释了在现代汉语中比较活跃的一些格式,没有收一个文言格式。

① 参见李如龙:《晋语读书札记》,《语文研究》2004年第1期。

② 孙毕:《从方言词典编纂谈吴语研究存在的问题》,王福堂:《吴语研究:第四届吴方言学术研讨会论文集》,上海教育出版社2008年版,第244页。

（四）在对某一个待嵌格式进行释义时应尽量全面、准确、简洁

一般来说，待嵌格式的释义应包括以下三部分：格式的构式义（色彩意义鲜明的应加以说明）、嵌入部分的词性和意义关系、举例来加以说明。我们认为《现代汉语词典》在对待嵌格式释义时总体上做得比较好，而《应用汉语词典》在这一方面存在着严重的不足，上文已具体加以说明。当然，“甘瓜苦蒂，天下物无全美”。我们认为，《现代汉语词典》在释义方面也有值得进一步商榷的地方。如对“有……无……”格式的释义，有些过于繁复，应更精简一些。

有……无……①表示只有前者而没有后者：～行（háng）～市（有货价却无成交）|～己～人（自私自利，只顾自己，不顾别人）|～口～心|～利～弊|～名～实|～始～终|～头～尾|～眼～珠|～益～损|～勇～谋。②表示有前者没有后者（强调的说法）：～过之～不及|～加～已|～增～减。③表示有了前者就可以没有后者：～备～患|～恃～恐。④表示似有似无：～意～意。

《现代汉语词典》列出“有……无……”格式的四个构式义，而通过对相关语料的分析，我们认为，词典没有必要列出第3个构式义和第4个构式义。原因是：具有类似构式义的四字格非常少，像“表示有了前者就可以没有后者”这一意义的四字格只列出了两个例子“有备无患”和“有恃无恐”，而我们检索语料库得到的也仅此两例，它们的出处可见：

有其善，丧厥善；矜其能，丧厥功。惟事事，乃其有备，有备无患。无启宠纳侮，无耻过作非。（《尚书·说命》）

室如悬磬，野无青草，何恃而不恐。（《左传·僖公二十六年》）

在现代汉语中，“有备无患”和“有恃无恐”都已固化为成语，《现代汉语词典》、《应用汉语词典》、《成语大词典》等都是把它们

单独作为词条来加以收释的。

“表示似有似无”这一构式义的四字格也非常少，我们只得到了“有意无意”和“有心无心”两例。一般而言，“例不十，法不立”，而“例不十，立了法”，其统摄性、规律性就比较差，显然没有必要。

还有一点值得探讨，就是从形式上来看，《现代汉语词典》和《应用汉语词典》所收的基本是“A……B/A……”型待嵌格式，“……A……B”型格式极为少见。李传军认为：“应该考虑将更多其他型式的类固定短语一并收进来，格式的型式应该体现出多样性。”[①]但凡事总是说起来容易做起来难。如果按照李文所说，将几类不同的格式如偶位内嵌型（七……八……）、奇位内嵌型（……红……绿）、组块内嵌型（不堪……）、首尾内嵌型（……不胜……）、一字支撑型（……而……）都收入词典，那么，词典应该怎样具体安排呢？更为重要的是，作为规范型词典，《现代汉语词典》具有较强的示范性和规整性，其性质决定了它不可能像一些专门性词典那样把多种形式的格式收容其中。同时，我们认为《现代汉语词典》只收“A……B/A……”型格式，未收其他格式是编者们深思熟虑的结果：第一，“A……B/A……”型格式较之其他类型格式的数量是最多的，占的比重最大；第二，就整体而言，“A……B/A……”格式的能产性比其他类型格式的能产性相对要强，更具典型性，冯胜利的研究成果以及我们在本书前几章的探讨都能证明这一点。对此，我们的意见是：《现代汉语词典》可继续保留收释待嵌格式的原有形式，只收“A……B/A……”型待嵌格式。如果要增收“……A……B”型待嵌格式，可采纳周荐的建议，以附录的方式把它们集中列于词典之后。

① 李传军：《类固定短语相关问题研究》，上海师范大学硕士学位论文，2008年，第75页。

结　语

在这一部分，我们对本书的主要观点和不足之处进行总结，并明确今后的研究方向。

一、本书的主要观点

第一，我们认为，待嵌格式指的是两个字间隔显现、两个字间隔隐含而形成的具有特定构式义的框架结构，运用时需语言主体根据表情达意的需要将隐含的成分镶嵌进去从而构成一些新的四字格。从性质来看，待嵌格式是汉语中一类特殊的词汇单位，是为汉语所有而西方语言所无的一种语言现象，依据构式语法理论，它属于图式构式的一种。待嵌格式具有理据性、固定性和能产性等特点。

第二，能够构成待嵌格式框架的词（即固定部分）具有鲜明的特点，多是基本词汇范畴中的成员，如方位名词、人体词、存在动词、数词、否定词、时间副词等。能够作为固定部分的名词、形容词、数词等多属于基本等级范畴，具有认知上的显著性，且多具有文化附加义。就动词来说，非典型动词多具有作为固定部分的资格。同时，固定部分在其生成的四字格中会发生不同程度的语法化，其语法化等级与其意义变化及其在四字格中的句法位置密切相关。

第三，能够嵌入待嵌格式的主要是名词、动词、形容词这三大类实词，嵌入部分或者是一个并列式复合词的分解形式或者是具有同义、近义、相对或相反、相类以及相关等意义关系的实词。就一般倾向而言，嵌入部分的排序遵循一致性、显著性、文化规约性、空间性及时间性等原则。

第四，待嵌格式生成的四字格发生了不同程度的词汇化，可从形式是否凝固、意义融合度、使用频率高低这三个角度进行考察。从语义特点来看，待嵌格式生成的四字格多具有主观增量的意义。此外，四字格还具有良好的语用效果：使行文整齐，音韵和谐；写景状物时，生动形象，表现力强；表情达意时，或强调突出或褒贬鲜明。

第五，在待嵌格式范畴中，比较典型的是方位名词待嵌格式、人体名词待嵌格式、存在动词待嵌格式、空间维度形容词待嵌格式、数词待嵌格式、否定副词待嵌格式及时间副词待嵌格式等。当然，在以上每一类待嵌格式中，几个待嵌格式构造四字格的能力是强弱不均的，嵌入部分和构式义同样既存在共性特点，也具有个体差异。

第六，待嵌格式的产生及发展主要有三个方面的动因：一是社会文化的影响，如汉民族的思维方式、文学作品的影响等；二是受到汉语的特点及其发展规律的影响，如汉语中四字格丰富的特点、汉语重意合的特点以及汉语复音化的趋向等；三是语言内部存在的普遍机制的影响，如对称机制、类推机制、经济机制、羡余机制等。

第七,从实践层面看,待嵌格式研究对于语言学习和词典编纂等具有重要的指导价值。一些对外汉语教材中选收了一部分待嵌格式,但对格式的释义、练习设计等方面还有待进一步完善。我们认为,进行待嵌格式教学应遵循随机教学原则、分级教学原则、化繁为简原则等,要全面把握待嵌格式的特点,注重结合具体语境进行教学,并加强对待嵌格式的比较分析等。从词典编纂的角度来看,《现代汉语词典》和《应用汉语词典》收释了一些待嵌格式,但在选收条目、具体编排形式方面还有值得进一步推敲之处。我们认为,应该把能产性强、使用频率高作为词典收释待嵌格式的首要原则。

二、本书的不足及今后的研究方向

第一,尽管在本书第一章已指出,以往的研究存在多共时考察、少历时追溯的不足,但是由于时间和精力有限,本书也主要是从共时层面探讨了待嵌格式的相关问题,而未对待嵌格式产生、发展的历史脉络进行全面梳理。在今后的研究中,将对待嵌格式进行细致的历时考察,以探索其产生、发展的基本规律。

第二,在本书第三章对待嵌格式的分类描写中,用力不均,对有些格式的论述较为深入,对有些格式的探讨则相对肤浅。进一步深化对某些待嵌格式的研究将是今后工作的一个重点。

第三,在本书第五章《待嵌格式应用研究》部分,只从“待嵌格式与对外汉语实践”和“待嵌格式与词典编纂”两个角度进行了论述,涉及面有些窄。张卫国、张谊生等都提到待嵌格式与自然语言的计算机处理的重要关系,在以后的研究中,将围绕这一点展开细致而扎实的探讨。

参考文献

一、著作类

1. 曹 炜:《现代汉语词义学》,学林出版社 2001 年版。

2. 陈嘉映:《语言哲学》,北京大学出版社 2003 年版。

3. 陈建生:《认知词汇学概论》,复旦大学出版社 2008 年版。

4. 程湘清:《先秦汉语研究》,山东教育出版社 1992 年版。

5. 戴昭铭:《文化语言学导论》,语文出版社 1996 年版。

6. 丁喜霞:《中古常用并列双音词的成词和演变研究》,语文出版社 2006 年版。

7. 董秀芳:《汉语的词库与词法》,北京大学出版社 2004 年版。

8. 冯胜利:《汉语韵律句法学》,上海教育出版社 2000 年版。

9. 符淮青:《现代汉语词汇》,北京大学出版社 2004 年版。

10. 符淮青:《词义的分析和描写》,外语教学与研究出版社 2006 年版。

11. 葛本仪:《现代汉语词汇学》,山东人民出版社 2001 年版。

12. 顾之川:《明代汉语词汇研究》,河南大学出版社 2000 年版。

13. 郭锐:《现代汉语词类研究》,商务印书馆 2002 年版。

14. 贺国伟:《汉语词语的产生与定型》,上海辞书出版社 2003 年版。

15. 兰宾汉:《汉语语法分析的理论与实践》,中国社会科学出版社 2002 年版。

16. 蒋绍愚:《近代汉语研究概要》,北京大学出版社 2005 年版。

17. 李大忠:《外国人学汉语语法偏误分析》,北京语言文化大学出版社 1996 年版。

18. 李国南:《辞格与词汇》,上海外语教育出版社 2001 年版。

19. 李临定:《现代汉语动词》,中国社会科学出版社 1990 年版。

20. 李宇明:《语言学概论》,高等教育出版社 2000 年版。

21. 刘润清:《西方语言学流派》,外语教学与研究出版社 2002 年版。

22. 刘中富:《对比描写与统计分析——〈现代汉语词典〉专题研究》,山东人民出版社 2006 年版。

23. 吕叔湘、王海棻:《〈马氏文通〉读本》,上海教育出版社 2001 年版。

24. 马清华:《语义的多维研究》,语文出版社 2006 年版。

25. 马庆株:《语法研究入门》,商务印书馆 1999 年版。

26. 潘文国、谭慧敏:《对比语言学:历史与哲学思考》,上海教育出版社 2006 年版。

27. 潘文国、叶步青、韩洋:《汉语的构词法研究》,华东师范大学出版社 2004 年版。

28. 齐沪扬:《现代汉语空间问题研究》,学林出版社 1998 年版。

29. 齐沪扬:《与名词动词相关的短语研究》,北京语言大学出版社 2004 年版。

30. 曲彦斌:《神秘数》,河北人民出版社 1997 年版。

31. 任学良:《汉语造词法》,中国社会科学出版社 1981 年版。

32. 沈家煊:《认知与汉语语法研究》,商务印书馆 2006 年版。

33. 沈锡伦:《中国传统文化和语言》,上海教育出版社 2004 年版。

34. 石安石:《语义论》,商务印书馆 1993 年版。

35. 石毓智:《语法化的动因与机制》,北京大学出版社 2006 年版。

36. 束定芳:《认知语义学》,上海外语教育出版社 2008 年版。

37. 苏宝荣:《词汇学与辞书学研究》,商务印书馆 2008 年版。

38. 孙常叙:《汉语词汇》,商务印书馆 2006 年版。

39. 孙德金:《对外汉语词汇及词汇教学研究》,商务印书馆 2006 年版。

40. 孙维张:《汉语熟语学》,吉林教育出版社 1989 年版。

41. 唐松波、黄建霖:《汉语修辞格大词典》,中国国际广播出版社 1989 年版。

42. 王德春:《词汇学研究》,山东教育出版社 1983 年版。

43. 王军:《汉语词义系统研究》,山东人民出版社 2005 年版。

44. 汪维辉:《东汉—隋常用词演变研究》,南京大学出版社 2000 年版。

45. 吴福祥:《语法化与汉语历史语法研究》,安徽教育出版社

2006 年版。

46. 武占坤、王勤:《现代汉语词汇概要》,内蒙古人民出版社 1983 年版。

47. 徐时仪:《汉语白话发展史》,北京大学出版社 2007 年版。

48. 杨吉春:《汉语反义复词研究》,中华书局 2007 年版。

49. 杨元刚:《英汉词语文化语义对比研究》,武汉大学出版社 2008 年版。

50. 杨振兰:《动态词彩研究》,山东人民出版社 2003 年版。

51. 杨振良:《水远山长——汉字清幽的意境》,北京大学出版社 2005 年版。

52. 张亚军:《副词与限定描状功能》,安徽教育出版社 2002 年版。

53. 张谊生:《现代汉语副词研究》,学林出版社 2000 年版。

54. 赵元任:《汉语口语语法》,商务印书馆 1979 年版。

55. 周荐:《词汇学词典学研究》,商务印书馆 2004 年版。

56. 周荐:《汉语词汇研究百年史》,外语教学与研究出版社 2006 年版。

57. 周荐:《20 世纪中国词汇学》,中国人民大学出版社 2008 年版。

58. 周光庆:《从认知到哲学:汉语词汇研究新思考》,外语教学与研究出版社 2009 年版。

59. 周祖谟:《汉语词汇讲话》,外语教学与研究出版社 2006 年版。

60. 朱德熙:《语法讲义》,商务印书馆 1982 年版。

61. 朱广祁:《诗经——双音词论稿》,河南人民出版社 1985 年版。

二、论文类

1. 卜海艳:《方位词东西与南北的不对称性及成因探析》,《郑州大学学报》2008 年第 2 期。

2. 蔡德荣:《“七 A 八 B”式短语初探》,《河北大学学报》1993 年第 3 期。

3. 蔡德荣:《略论“连 A 带 B”格式短语》,《天津外国语学院学报》1995 年第 1 期。

4. 蔡振生:《“不 A 不 B”结构浅析》,《语言教学与研究》1988 年第 4 期。

5. 常虹:《浅谈数字“四字格”的镶嵌语义特征及其英译》,《四川教育学院学报》2004 年第 9 期。

6. 曹大为:《说“ABAC”格式》,《泰安师专学报》2000 年第 5 期。

7. 曹大为:《〈醒世姻缘传〉中的 ABAC 格式》,《泰山学院学报》2003 年第 5 期。

8. 陈昌来、王鸣宇:《类固定短语“可 A 可 B”的多角度考察》,《柳州职业技术学院学报》2009 年第 1 期。

9. 陈昌来、周宁:《类固定短语“A1 来 A2 去”格式的多角度考察》,《柳州职业技术学院学报》2007 年第 3 期。

10. 陈昌来、朱艳霞:《类固定短语“边 V1 边 V2”的多角度考察》,《云南师范大学学报》2009 年第 5 期。

11. 陈满华:《构式语法理论对二语教学的启示》,《语言教学与研究》2009 年第 4 期。

12. 迟永长:《“爱 V 不 V”句式谈》,《辽宁师范大学学报》1995

年第 1 期。

13. 储泽祥、谢晓明:《异类词联合短语研究》,《中国语文》2003 年第 3 期。

14. 戴庆厦、孙艳:《四音格词在汉藏语研究中的价值》,《汉语学习》2003 年第 6 期。

15. 丁金国:《汉语特质说略》,《汉字文化》2007 年第 2 期。

16. 董燕萍、梁君英:《走近构式语法》,《 现代外语》2002 年第 2 期。

17. 范庆华:《"东、西、南、北"及其文化内涵》,《汉语学习》1991 年第 2 期。

18. 付琨:《标记理论的介绍与应用》,《汉语学习》2005 年第 3 期。

19. 龚群虎:《人体器官名词普遍性的意义变化及相关问题》,《语文研究》1994 年第 4 期。

20. 蒋文钦、陈爱文:《关于并列结构固定词语的内部次序》,《中国语文》1982 年第 4 期。

21. 金周永:《"又 A 又 B"格式之考察》,《汉语学习》1999 年第 4 期。

22. 赖慧玲:《名词的量性特征和"有 + 名词"结构》,《苏州大学学报》2009 年第 3 期。

23. 李慧贤:《试析汉语人体词语隐喻投射现象》,《内蒙古大学学报》2008 年第 5 期。

24. 李晋霞:《"V 来 V 去"格式及其语法化》,《语言研究》2002 年第 2 期。

25. 李晋霞、刘云:《从概念域看单音方位词语法化的非匀质性》,《语言科学》2006 年第 4 期。

26. 李卫中:《“非 A 不 B”与“不 X 不 Y”格式的比较》,《汉语学习》2002 年第 3 期。

27. 李卫中:《“连 V1 带 V2”格式的认知研究》,《沈阳师范大学学报》2008 年第 1 期。

28. 李宇明:《空间在世界认知中的地位——语言与认知关系的考察》,《湖北大学学报》1999 年第 3 期。

29. 廖秋忠:《现代汉语并列名词性成分的顺序》,《中国语文》1992 年第 3 期。

30. 刘大为:《流行语的隐喻性语义泛化》,《汉语学习》1997 年第 4 期。

31. 刘兰民:《汉语修辞造词法初探》,《语言文字应用》2007 年第 S1 期。

32. 刘振前:《汉语四字格成语语义结构的对称性与认知》,《世界汉语教学》2000 年第 1 期。

33. 刘志生:《近代汉语中的“V 来 V 去”格式考察》,《古汉语研究》2004 年第 4 期。

34. 刘志生:《试论近代汉语中的叠加式词语模》,《长沙理工大学学报》2005 年第 2 期。

35. 刘志生、黄友福:《近代汉语中的不 X 不 Y 格式考察》,《惠州学院学报》2008 年第 1 期。

36. 刘中富:《现代汉语词汇特点初探》,《东岳论丛》2002 年第 6 期。

37. 梅立崇:《从汉民族具象思维的角度对汉语进行审视》,《世界汉语教学》1992 年第 3 期。

38. 孟祥英:《"左 V1 右 V2"格式初探》,《山东师范大学学报》2008 年第 4 期。

39. 孟祥英:《方位词待嵌格式构词能力的不均衡性及成因》,《修辞学习》2009 年第 5 期。

40. 孟祥英:《"东……西……"格式初探——兼与"南……北……"格式比较》,《宁夏大学学报》2009 年第 6 期。

41. 孟祥英:《汉语待嵌格式研究综述》,《山东教育学院学报》2010 年第 1 期。

42. 孟祥英:《〈应用汉语词典〉中的待嵌格式及比较研究》,《山东理工大学学报》2011 年第 2 期。

43. 孟祥英:《规范型词典收释待嵌格式的情况和原则》,《山东师范大学学报》2011 年第 4 期。

44. 邵敬敏:《"V 一把"中 V 的泛化与"一把"的词汇化》,《中国语文》2007 年第 1 期。

45. 沈孟璎:《修辞方式的渗入与新词语的创造》,《山东大学学报》1988 年第 3 期。

46. 沈阳:《"大 + 时间词(的)"》,《中国语文》1996 年第 4 期。

47. 史有为:《"东、西、南、北"与趋向》,《汉语学习》1982 年第 5 期。

48. 宋玉柱:《"大"的区别词用法》,《中国语文》1994 年第 6 期。

49. 孙艳:《试论类推机制在汉语新词语构造中的作用》,《西北师大学报》1998 年第 2 期。

50. 王灿龙:《词汇化二例——兼谈词汇化和语法化的关系》,《当代语言学》2005 年第 3 期。

51. 王丽彩:《“又 VP1 又 VP2”格式浅析》,《广西社会科学》2005 年第 1 期。

52. 王弘宇:《“一边 A,一边 B”的内部语义关系分析》,《中国语文》1997 年第 2 期。

53. 王菊泉:《节奏在汉语词语结构中的作用所引起的汉英语法差异》,《外语研究》1989 年第 4 期。

54. 王希杰:《说“大”话“小”》,《汉语学习》1984 年第 5 期。

55. 汪维辉:《〈词汇化:汉语双音词的衍生和发展〉评介》,《语言科学》2006 年第 2 期。

56. 闻政华:《形容词“大”的文化蕴涵》,《忻州师范学院学报》2008 年第 1 期。

57. 吴长安:《“大……的”说略》,《世界汉语教学》2007 年第 2 期。

58. 吴福祥:《否定副词“没”始见于南宋》,《中国语文》1995 年第 2 期。

59. 吴福祥:《汉语语法化研究的当前课题》,《语言科学》2005 年第 2 期。

60. 吴志霄:《一种对称词组》,《汉语学习》1986 年第 4 期。

61. 向 平:《“有 X 有 Y”格式的语形特点》,《华中师范大学学报》2000 年第 3 期。

62. 解海江、张志毅:《汉语面部语义场历史演变——兼论汉语词汇史研究方法论的转折》,《古汉语研究》1993 年第 4 期。

63. 徐时仪:《论词组结构功能的虚化》,《复旦学报》1998 年第 5 期。

64. 徐时仪:《否定词“没”“没有”的来源和语法化过程》,《湖州师范学院学报》2003 年第 1 期。

65. 徐时仪:《"一味"的词汇化与语法化考探》,《语言教学与研究》2006 年第 6 期。

66. 许德楠:《并列式词语在构词中的自补自注功能》,《语言教学与研究》2000 年第 2 期。

67. 许维翰:《"爱……不……"与"爱……不……的"》,《汉语学习》1982 年第 2 期。

68. 杨荣祥:《近代汉语否定副词及相关语法现象略论》,《语言研究》1999 年第 1 期。

69. 杨玉玲:《认知凸显性和带"有"的相关格式》,《修辞学习》2007 年第 5 期。

70. 殷志平:《对举短语的结构特点和语义理解》,《南京社会科学》1995 年第 4 期。

71. 俞敦雨:《"爱×不×"式的分析》,《汉语学习》1982 年第 2 期。

72. 岳长顺:《论类推创造新词》,《世界汉语教学》1993 年第 2 期。

73. 曾传禄:《也谈"V 来 V 去"格式及其语法化》,《语言教学与研究》2008 年第 6 期。

74. 张伯江:《词类活用的功能解释》,《中国语文》1994 年第 5 期。

75. 张国宪:《并列式合成词的语义构词原则与中国传统文化》,《汉语学习》1992 年第 5 期。

76. 张 虹:《谈"V 来 V 去"》,《山东师范大学学报》2007 年第 1 期。

77. 张谊生、许歆媛:《浅析" ×客"词族——词汇化和语法化的关系新探》,《语言文字应用》2008 年第 4 期。

78. 张豫峰:《"有"字句研究综述》,《汉语学习》1998 年第 3 期。

79. 资中勇:《现代汉语中的对举结构》,《湖南人文科技学院学报》2005 年第 1 期。

80. 周洪波:《修辞现象的词汇化》,《语言文字应用》1994 年第 1 期。

81. 周　静:《“大”与“小”的对称与不对称及相关动因》,《修辞学习》2006 年第 5 期。

82. 周统权:《“上”与“下”不对称的认知研究》,《语言科学》2003 年第 1 期。

83. 庄文中:《固定短语的结构和功能》,《汉语学习》1984 年第 3 期。

三、学位论文

1. 杜　鹃:《现代汉语“不 X 不 Y”格式研究》,上海师范大学,2006 年。

2. 胡　纯:《人体词的认知研究》,湖南师范大学,2004 年。

3. 胡　琳:《试论现代汉语中非固定短语的熟语化过程及其成因》,四川大学,2005 年。

4. 邱　斌:《古今汉语方位词对比研究》,复旦大学,2007 年。

5. 文贞惠:《现代汉语否定范畴研究》,复旦大学,2003 年。

6. 余桂林:《〈现汉〉四字词语的分类及其特点》,厦门大学,2002 年。

7. 赵　倩:《汉语人体名词词义演变规律及认知动因》,北京语言大学,2007 年。

8. 祝爱华:《“现 X 现 Y”及其相关格式研究》,暨南大学,2007 年。

后　记

本书是在我的博士学位论文《汉语待嵌格式研究》的基础上修改完成的。

2007年9月我考入山东师范大学文学院，师从刘中富教授攻读汉语言文字学方向的博士学位。而在2000-2003年攻读硕士期间，我所学专业是课程与教学论(语文)，转专业对我来说是一个极大的挑战。幸运的是，我遇到了很多给我悉心帮助的老师和朋友，使我较快地摆脱了转向后的茫然，进入到汉语言文字学研究的新天地，并于2010年通过论文答辩，顺利毕业。

在我读博期间，刘中富老师奔波于济南和青岛之间，其辛苦可想而知。每次上课，老师都特别认真，帮我们复印资料，介绍科研方法，推荐好的研究课题。"汉语待嵌格式研究"就是刘老师在与我们探讨周荐先生文章的基础上推荐的，并由此确定了我的论文研究方向。记得我写的第一篇研究论文是《"左V1右V2"格式初探》，拿给刘老师看。原想老师工作繁忙，也就宏观地指导一下。没想到的是，老师批改得特别细致，大到论文框架、研究的理论基础，小到词语、标点的使用，都一一予以指导，这让我非常感动。刘老师没有做老师的架子，为人十分谦和。其中一个表现是：刘老师对我们这些学生的称呼比较特别，不直呼名，而是称我们为老师（可见称谓词值得研究）。比较有名的一个例子是：在济南大学工作的师妹刘红梅给刘老师打电话，红梅这边打招呼："刘老师，您好！"刘老师那边回应："哦，刘老师呀。"如果要总结一下"读博三年最大的收获是什么"，我想应该是——从老师那里学得的严谨的科研态度以及平和的处世方式。感谢老师！

在论文开题、预答辩和答辩过程中，中央民族大学的戴庆厦教授、山东大学的葛本仪教授、山东师范大学文学院的张文国教授、吴庆峰教授、王开扬教授、刘静敏教授、王兆鹏教授、张金霞教授对我论文的结构框架、基本观点等提出了很好的修改意见，使我的研究思路不断拓展，研究内容更为充实。在此，对老师们的指导和帮助表示由衷的感谢。

感谢山东师范大学文学院的李海英老师和陈长书老师、济南大学的刘红梅博士以及同专业的任永军博士和安志伟博士对我论文的修改。

感谢家人。我的父母帮我照管孩子，料理家务，为我解除了后顾之忧；在遇到写作瓶颈时，是爱人的鼓励给了我继续写下去的信心；感谢我的儿子，他的那些小体贴给了我很多快乐。

感谢齐鲁书社，感谢本书的责任编辑及全体编校人员。

本书的出版得到了齐鲁师范学院博士科研启动基金的部分资助，在此特别鸣谢。

孟祥英

2014 年 5 月于龙泉山庄